한국
페미니즘의 문화지형과 여성주체

한국 페미니즘의 문화지형과 여성주체

지은이 | 손자희

초판인쇄 | 2009년 11월 2일
초판발행 | 2009년 11월 7일

발행인 | 손자희
발행처 | 문화과학사
출판등록 | 제1-1902 (1995. 6. 12)
주소 | 120-831 서대문구 연희동 421-43호
전화 | 02-335-0461
팩스 | 031-972-0466
e-mail | transics2@gmail.com

값 16,000원
ISBN 978-89-86598-89-6   93330

문화과학 이론신서 56

한국 페미니즘의 문화지형과 여성주체

손자희

문화과학사

서문

이 책은 지난 세기인 1992년부터 쓴 글을 묶은 결과물이다. 그런데 이 책을 엮어 나가면서 이 책에 '한국 페미니즘···'과 같은 거창한 표제를 달 수 있는 것인지 내겐 그것이 우선 스스로에게 묻는 질문이 되었다. 이런 표현을 쓰는 데서 오는 문제에 내가 감당할 수 있는 것인가? 라는 내 자신의 역량 문제를 우선은 고민하고 있었다고 말하는 것이 솔직한 표현이리라. 그러나 그 고민 뒤에 날 위안시킬 만한 요소들을 몇몇 끄집어 내 보았는데, 그건 이렇다.

이것은 한국사회의 젠더정치의 일단을 이루고 있으며 현 시기 우리 여성들을 둘러싸고 있는 문화환경을 지형적 관점을 가지고 이론적, 분석적 작업을 한 책이라는 점이다. 기실 젠더는 다양한 투쟁 영역에서 성적 차이를 자연화하려는 정치에 도전하면서 이론화된 개념이다. 이 때 이 성적 차이를 자연화하려는 시도가 가장 격렬하게 일어나는 지점이 문화인 것은 두말할 나위 없다. 따라서 젠더정치는 일견 문화정치의 양상을 띠고 일어날 수밖에 없다. 이 점 역시 이 책이 함의하고 있는바 중의 하나이다. 그리고 실제로 각각의 글 속에서 그것이 가능하다면 나름의 대안을 구상해 보려고 했는데, 그것은 우리 사회에서 성적 차이를, 지배적 젠더 가치를, 의미 등속을 결정하는 기존의 억압된 또는 이항대립적 단선 구조의 의미생산 과정을 단절시킬 새로운 문화정치를 실천적으로 견인해내려는 시도였다.

그리고 또 다르게 중요하게 생각한 요소는 '계급' 문제였다. 오랜 기간에 걸쳐 하나씩 작성된 글이지만 한편 한편을 쓸 때마다 '계급' 문제를 젠더나 섹슈얼리티, 그리고 역량이 닿는다면 새로운 재현의 양식 등(여기에서 더욱 나아가 페미니즘 미학의 문제도 다루어보고 싶었다)과 가로지르게 하려고 노력했다는 점을 밝혀놓고자 한다. 이렇게 가로지른 이유는 신자유주의 시대 한국사회의 여성 문제가 탈젠더화된 계급문제만으로 환원되어서도 안 되기 때문이다. 그러나 또 동시에 분명한 것은 한국 페미니즘, 혹은 더욱 범위를 좁혀 문화와 관련된 한국 페미니즘 문제가 21세기의 첫 10년 동안에도 우리 사회에서 역시 계급 문제와 불가분리의 관계에 끊임없이 놓여져 왔다는 점이다. 미국의 흑인 페미니스트 사상가 벨 훅스(bell hooks)는 사람들이 이제 계급이 문제시되지 않는다고 생각하며 그 문제를 기각해 버리는 데에 딴지를 걸며 2000년 펴낸 자신의 저서 『계급에 대해 말하지 않기』(Where we stand: Class matters)에서 오히려 "계급은 중요하다. 인종과 성은 계급 정치학이 폭로하는 가혹한 현실에서 관심을 끌기 위한 미끼일 뿐이다"라고 간명하게 피력하기도 했다.

위에서의 이야기와 중복되는 감이 없지 않지만 이 책에 수록한 글 대부분에서 나는 한국사회 내에서 페미니즘의 문화지형이 어떻게 전개 되는지를 보려고 하였다. 즉, 현 시기의 한국 여성을 둘러싸고 있는 문 화적 환경이 어떠하며, 더불어 그것들이 다시 여성주체를 생산하거나 재생산하는 여러 동인들과 어떻게 관련되는지를, 그리고 그 동인들의 작동 방식을 살펴보려고 하였다. 우선 여성주체를 둘러싸고 있는 공간 의 문제와, 여성주체의 생산, 혹은 형성, 재생산에 관여하는 이데올로기 국가장치(ISA), 여성의 몸과 관련하여 외화된 스타일의 문제 등을 다루 었다. 그러나 물론 현 시기 한국사회의 여성들을 둘러싼 여러 문화적 환경을 주요 지점 별로 제대로 다 다룬 것은 아니어서 부족한 점이 많 다는 것도 밝혀둔다.

이 책은 크게 4부로 구성되어 있다.

'여성주체 구성'이라는 큰 제목으로 묶은 1부는 기존의 억압된 또는 이항대립적 단선 구조의 의미생산 과정을 단절시키는 데 있어서 가장 강 력한 관건은 새로운 여성주체의 생산과 관련된다는 문제의식에서 구상된 장이다. 이 책 전체를 시작하는 첫 번째 글인 「한국 페미니즘의 문화 형 세와 여성주체 구성의 문제」에서 우선 남성과 여성의 차이만을 적극적으 로 드러내는 급진적 성향의 페미니즘이라는 단일한 방향으로만 정향되고 있는 한국 페미니즘의 최근 전개에 대해 문제제기하며 이들 문제에 등장 하는, 생산 문제에 대한 무관심 내지 폄하를 문제 삼는다. 이를 극복하는 방안의 하나로 새로운 여성주체 구성을 제시하는데, 사실 그것은 새로운 주체의 구성이 새로운 사회 구성과 새로운 사회 실천을 담보한다는 생각에서 촉발된 것이었다. 주체 구성의 문제는 이데올로기 비판과 욕망의 문제설정을 동시에 고려해야만 한다. 기실 이 둘은 별개의 문제가 아니라 한 주체를 구성하는 내부의 각축이기 때문이다. 두 번째 글 「새로운 유물론적 여성 형상화를 위한 이론적 소고―<밥·꽃·양>, 그리고 <조폭마누라>를 둘러싼 형상화의 정치학」에서는 현재 한국사회에 대별적으로 나타나고 있는 '(기호, 이미지로서의)여성'과 '(살아 움직이는)여성들'의 관계를 실제 재현물들을 통해 설명하고자 하였다. 따라서 첫 번째 글에서 미처 다루지 못하고 과제로 남긴 여성주체 형태에 대한 구체적인 분석글로 보면 되겠다. 이 두 편의 글은 연속적으로 순서에 맞추어 읽는 것이 좋겠다. 「페미니즘/여성주체/문화공학」은 대구 가톨릭대 태혜숙 선생님과 공동 작업으로 1998년에 작성했는데, 앞의 두 글에서 보인 주체구성의 문제를 문화의 생산과정에, 문화의 실제 작동에 주목하고자 하는 방법론인 문화공학적 접근법을 가지고 풀어나갔다. 여기서는 특히 페미니즘과 과학의 문제, 여성주체 교육과 생산의 장으로서 대학 내의 커리큘럼과 제도권 외부의 '여성연구소' 문제를 더 언급했다.

2부에서는 여성을 둘러싼, 아니 그보다는 여성이 특정한 형태의 여성주체로서 실제 존재하고 있는 장소로서의 공간 문제를 다루었다. 많은 공간이 있겠지만, 조금은 총체적으로 본다는 의미에서 우선은 전지구적 자본의 공간을 다루었다. 그리고 그 속에 놓인 아시아 여성, 더욱 범위를 좁혀 IMF 시기의 한국 여성을 보고자 했다.(「세계화/여성/문화과정」) 그리고 또 특정 장소로서의 집창촌에 존재하는 성노동하는 여성들, 백화점이라는 소비공간을 전유하는 소비적 실천자로서의 여성을 살펴보았다. 앞의 두 글이 생산과 관련된 공간·여성에 관해 입장을 밝힌 글이라면, 뒤의 두 글은 소비와 관련된 공간과 여성주체 문제를 구체적으로 분석한 글로 볼 수 있다.

3부에서는 이데올로기 국가장치(ISA) 중 여성과 특히 관련이 깊다고 보이는 텔레비전과 광고를 중심으로 여성주체 구성의 문제를 분석해 보았다. 다양한 영역에서 성적 차이를 자연화하고 기존 체제에 복속된 여성주체를 재생산하려는 자본의 시도 대부분은 이데올로기 국가장치를 통해서 이루어진다. 우선 광고를 중심으로 여성주체가 소비주체로서 자본주의 사회 내에서 어떻게 재생산되고 있는지를 비판적으로 바라보았다. 체제에 순응한다는 의미에서 동일시 주체, 혹은 그와 대적되는 체제에 역행하는 반동일시 주체 모두 다 자본주의 체제를 지속시킨다는 점에서 크게 다르지 않다는 판단이 뒤따른다. 특히 이 3부에서 광고를 다룬 두 글은 알튀세르의 문제설정에 의거하며 미셸 페쇠(Michel Pêcheux)의 개념들을 분석틀로 삼았다. 그리고 「텔레비전과 여성─여성주체 형성을 위한 미디어」에서는 미디어 시청 행위를 통해 우리 여성들에게 우리 몸의 이미지뿐만 아니라 동시에 우리 자신의 사고양식에 대한 이미지를 갖게 함으로써, 즉 그녀들이 시청 행위를 예술 행위로 바꿈으로써 앞에서와 같이 광고-구매-소비행위로 연결되는 자본주의적 여성주체가 아니라 정서와 감각을 동시에 지닌 새로운 여성주체로 태어나기를 권고하고 있다.

마지막 4부는 스타일로 외화된 몸의 문제를 다루고 있다. 이제 자본주의 체제는 극도로 성애화된 여성성의 규범을 통해 여성의 몸을 관리하기 시작하는데, 이 과정은 신체에 직접 가해지는 구속과 강요를 통해서라기보다는 성형, 다이어트와 같이 여성 개인이 규범에 따라 끊임없이 행하는 자기-감시와 자기-수정을 통해 이루어진다. 이를 극복하는 한 방안으로 감성적 실천으로서의 착복 행위에서 저항의 양태를 드러내 보여야 한다고 주장하는 글들을 엮었다.

그런데 이렇게 오랜 시간을 두고 한 편씩 글을 써나가고, 그걸 이 시점에 한 권의 책으로 묶는 것의 의미는 무엇일까를 두고 곰곰이 생각해 보았다. 사실 이 책의 글들 사이의 시차는 근 17-8년 정도나 되는 것 같다. 그런데 오래 전에 작성된 글들임에도 글들 간에도 또 현재의 시점에 비추어 보아도 그 거리감이 심하게 느껴지지 않는 것은 전반적으로 자본의 신자유주의가 계속 강화되면서 90년대의 어떤 시점에 보였던 징후나 경향들이 2010년을 목전에 두고 있는 지금 시점에도 여전히 문제로 남아 있다는 것을 의미한다. 가령 예를 들면 1999년에 『여/성이론』에 실렸으나 1997년 IMF 외환 위기 직후에 작성된 「세계화/여성/문화과정」과 같은 글 경우 전지구화되는 자본 속에서 심하게 열악한 상태에 처하게 되는 여성들의 상황을 분석했는데, 지금에도 유효한 시각을 담고 있을 뿐 아니라, 오히려 진전된 위기 속에서 현재 여성들의 빈곤이 그때로부터 지속적으로 더욱 심화된 상태로 나타나는 것과 같다. 실제로 이랜드 투쟁, 기륭전자 비정규직여성노동자투쟁, KTX 여승무원 투쟁 등이 그것을 직접 보여준다고 할 수 있다. 시차 간의 거리와 위기 간의 거리가 느껴지지 않게 근 20년 이상 진행되는 이 일련의 사태들은 궁극적으로 한국사회를 비롯하여 전지구가 점점 더 심각한 위기에 처하게 되는 현재의 상황을 역설적으로 보여주는 것이다. 그렇다면 우리의 투쟁은 더 강고해질 수밖에 없을 것이다. 그러나 그것은 반자본주의 투쟁이 되겠으나 비자본주의적 욕망과 정념 등을 실현하려는 주체 형태에서 가능한 일일 것이다.

3부 '여성과 이데올로기 국가장치'에 수록한 글 「텔레비전과 여성—여성주체 형성을 위한 미디어」는 이 책을 위해 새로 작성한 글이다. 그리고 나머지 이 책에 실린 대부분의 글들은 『문화/과학』과 여성문화이론연구소에서 펴내는 『여/성이론』에 발표했던 글이다. 이 글들을 책에 묶게 해준 『문화/과학』과 『여/성이론』에 감사를 드린다.

수록한 글들의 출처는 아래와 같다.

「새로운 유물론적 여성 형상화를 위한 이론적 소고─<밥·꽃·양>, 그리고 <조폭마누라>를 둘러싼 형상화의 정치학」, 『여/성이론』 20호, 2009

「집창촌/신자유주의/코뮌」, 『여/성이론』 18호, 2008

「한국 페미니즘의 문화 형세와 여성주체 구성의 문제」, 『문화/과학』 49호, 2007년 봄

「정상성·여성성/패션, 그리고 그것으로부터의 탈주」, 『석순』, 1999

「세계화/여성/문화과정」, 『여/성이론』 창간호, 1999

「페미니즘/여성주체/문화공학」, 『문화/과학』 14호, 1998년 여름

「여성/백화점/공간실천」, 『페미니스트 저널 IF』 창간호, 1997

「광고/여성/주체」, 『광고읽기』, 현실문화연구, 1995

「소비공간/일상/주체」, 『연세춘추』, 1993

「패션─욕망과 육체, 그리고 그 지배의 경로」, 『문화/과학』 4호, 1993년 가을

「광고언어와 자본주의」, 『문화/과학』 2호, 1992년 겨울

마지막으로 이 책을 엮을 수 있도록 옆에서 고무해 주신 여러분들께 고마움을 표하고 싶다. 우선 『문화/과학』 창간 이후 줄곧 이론적으로 자양분을 주신 『문화/과학』 편집인 심광현 선생님께 감사를 표하고 싶다. 그리고 항상 한국의 문화지형을 같이 독해해 준 발행인 강내희 교수는 물론 다른 편집위원분들께도 동시에 고마움을 전하는 것이 당연하다. 그

런데 실제로 이 책이 나올 수 있었던 것은 주위의 여성동료들의 격려 덕분이다. 그녀들은 심정적으로 늘 나를 격려해 주고, 대가족 내에서의 가사노동 일체와 열악한 출판사에서의 엄청난 물량의 출판노동에 시달리면서 나만의 시간이 없다고 자주 좌절하던 '여성'인 내게 큰 힘을 주었다. 글 하나를 같이 써주신 <여성문화이론연구소>의 태혜숙 선생님은 말할 것도 없고, 늘 벗이며 동류의 가사생활자인 임옥희 선생님, 통 큰 태도로 나의 결혼생활을 언제나 놀려 먹으면서 나를 고무시켰던 고정갑희 선생님, 모두에게 깊은 감사를 드린다. 그리고 나태한 내게 자극을 준 <여성문화이론연구소>의 여러 연구자들, 특히 '성노동 세미나'팀의 혈기왕성한 소장, 노장 연구자분들 모두 고마워요. 그리고 우리 문화과학 출판사의 박진영씨는 특히 디자인의 처음부터 끝까지 책임 맡아주면서 이 책의 출간을 많이 기뻐해 주었다. 모두들 정말 고마워요.

2009년 10월

손자희

Contents

한국
페미니즘의 문화지형과 여성주체

제 1 부

여성주체 구성

한국 페미니즘의 문화 형세와 여성주체 구성의 문제

새로운 유물론적 여성 형상화를 위한 이론적 소고
— <밥·꽃·양>, 그리고 <조폭마누라>를 둘러싼 형상화(figuration)의 정치학

페미니즘/여성주체/문화공학

1

한국 페미니즘의 문화 형세와
여성주체 구성의 문제

부분적으로 자본주의는 젠더 관계가 그 기회를 창출해 준 권력 및 이익들로
구성되었다. 이것은 지금도 계속되고 있다.
—R. W. Connell, *Gender and Power*

나는 들뢰즈와 함께 분자적, 노마드적, 다중적인 욕망하는 주체라는 새로운 종류의
주체를 구성하지 않고는 사회적 변화란 있을 수 없다고 생각한다.
—로지 브라이도티, 「새로운 노마디즘을 위하여」

1. 글을 시작하며

'형세'(形勢)라는 말을 사전적 의미를 가져다 "형편이나 세력"이라는
말로 설명할 때, 한국 페미니즘 문화 형세라는 말은 이제 한국 페미니즘
내에서 가능한 말이기는 한가? 우리의 이 글은 이 함의적이며 정세적인
물음에 우선 답해야 하는 것처럼 보인다. 이 질문이 함의적이라 함은 이
제 한국 페미니즘 내에서 '문화'라는 주제(혹은 개념)는 이미 물질적 생산

과 재생산 논의의 장에서 지배적 위치로 부상해 있거나 혹은 어떤 부문에서는 강력하게 부상하여 세(력, pouvoir)를 누리고 있다는 말이다. 따라서 거기, 즉 한국 페미니즘 정세 내에서 문화는 사회적 차이와 투쟁의 장으로 아주 두드러지게 전환되고 있다는 판단을 들게 한다. 물론 이런 현상은 오늘날의 정세와 따로 떨어져 존재하는 것은 아니다. 이미 지난 세기인 1990년대 들어서면서 페미니즘의 확산 자체가 하나의 뚜렷한 문화현상으로 나타난 것이 바로 한국사회의 현실이기 때문이다. 따라서 우리의 질문 자체는 이미 정세적 함의를 내포하고 있다라고 봐도 무방할 것이다.

그러나 실제로 90년대에 접어들면서 특히 90년대 중후반 이래 근 10여년에 걸쳐 진행되어온 여성 문화 활동, 여성 문화 양상들은 한국 페미니즘 내에서 일어나고 있는 여러 복합적 양상들을 대체로 남성과 여성의 차이만을 적극적으로 드러내는 급진적 성향의 페미니즘이라는 단일한 방향으로만 정향시키고 있지 않나 하는 생각이 들게끔 만든다. 이것을 다른 방식으로 말해본다면 그런 성향의 페미니즘만이 (문화)정세를 적극적으로 타고 있는 것처럼 보인다는 말이다. 그러면서 동시에 이 말은 '형세'의 세(勢)에서 권력(pouvoir)을 가진다는 것으로 해석해도 무방한 것으로 보인다. 이건 물론 대중매체에서 일반 대중들에게 지배적으로 보여지는 혹은 보여주는 한국 페미니즘의 내용 측면을 지적하는 말이며, 동시에 매체 보도에 있어 지배적으로 보여진다는 것은 그만큼 대중의 일상에 영향을 준다는 말이기도 할 것이다.

그런데 그것은 페미니즘에 관련된 여러 쟁점의 많은 부분들이 문화 지형 속에서만 거의 가시화되었던 것과도 관련을 가지고 있다고 보여진다. 우선 이런 것들의 적실성 여부는 차치하고라도 문화 지형 속에서만 거의 가시화되는 이런 정세 속에서 우리의 페미니즘 실천은 과연 어떠해야 하는가, 즉 향후 형세의 방향 잡기를 어떻게 해야 하는지가 바로 이 글에서 주요하게 다루려는 주제이다.

문화는 정치, 경제와 대별되어 대체로 사회적 생산관계와 생산조건을 재생산하는 영역으로 이해되어 왔다. 물론 문화를 생산조건의 재생산에 국한하여 보는 것은 문제가 있다. 생산과 재생산 개념만으로 사회를 이해할 수 있겠는가 하는 문제제기가 있을 수 있는 것이다. 이런 문제제기는 생산의 문제틀만으로 젠더나 섹슈얼리티와 같은 문제, 인종, 환경과 같은 영역들을 온전하게 포섭할 수 없다는 인식의 발로이며, 최근에 들어와서 페미니즘, 동성애 담론, 탈식민주의, 생태주의 등에 의해 널리 유포되고 있다.[1] 물론 이들 비-계급중심적 입장들의 정당성을 인정하지 않는 것은 아니지만, 이들 문제에 등장하는, 생산 문제에 대한 무관심 내지 폄하가 더 큰 문제[2]라고 생각한다. 따라서 우리의 한국 페미니즘 실천 내에서 방향성 잡기는 분명히 생산의 문제를 같이 고려하는—많이 양보한다면, 적어도 기각하지 않는—방향으로 나아가야 한다고 생각한다. 그러나 이 글은 그것의 정립을 위한 허두 정도를 떼는 글임을 미리 밝혀둔다.

2. 페미니스트 실천의 지배적 양상

한국사회는 1970년대에 접어들면서 60년대부터 진행되어 오던 산업

1_ 강내희, 「문화와 재생산, 그리고 국가주의」, 『한국의 문화변동과 문화정치』, 문화과학사, 2003, 130쪽.
2_ Meaghan Morris, "Banality in cultural studies," in John Storey, ed., *What Is Cultural Studies?* (London and New York: Routledge, 1996).

화가 본격적으로 이루어졌다. 이 시기는 주로 노동집약적인 섬유, 전자조립 부문의 경공업을 중심으로 한 수출지향적 산업화 시기였는데, 이때 농촌에서 도시로 유입된 어린 여성 노동력의 비중은 절대적이었다. 따라서 이 시기의 여성운동 중 생산직 여성노동자 중심의 노동운동은 중요한 비중을 차지하고 있었다. 1970년 청계피복노조 결성에서 시작해 박정희 유신체제 붕괴의 계기가 되었던 YH무역의 신민당사 농성(1979년)에 이르기까지 여성노동자들의 투쟁이 끊이지 않았던 것이 그 구체적인 실천들이다.

이후 1980년 광주 민중 항쟁을 거치면서 여성운동은 전체 사회변혁 운동과 궤를 같이 하는 민주화 운동에 동참하게 된다. 따라서 이때 여성운동은 전체 사회운동의 부문 운동으로서의 성격을 다분히 가지게 된다.

이렇게 보면 당대 현실의 긴박한 요청의 결과로 90년대 이전의 한국 사회에서 여성운동론은 여성 문제를 주로 계급 모순, 민족 모순 등의 사회적 모순들과 결합시켜 논의할 수밖에 없었다. 말하자면 자유주의나 급진주의 입장보다는 사회주의나 맑스주의적 경향이 주조를 이루었다는 말이다.

이후 1980년대 후반에서 1990년대 초에 걸쳐 성폭력 문제가 사회적으로 의제화되면서 여성에게 있어서의 '성적 권리'라는 중요한 인식의 실마리가 마련되었다.3) 이는 동시에 여성 자신의 육체가 권력투쟁의 장이 된다는 인식의 전환도 가져왔다.

이런 인식들과 함께 자연스럽게 90년대 접어들면서 계급 논의에 치

3_ 이미경, 『신자유주의적 '반격' 하에서 핵가족과 '가족의 위기'—페미니즘적 비판의 쟁점들』, 공감, 1999.

우친 기존 여성운동론에 대한 반성과 비판이 제기되기 시작하였다. 이를 기점으로 하여 90년대 중후반 이래로 한국 페미니즘 이론과 실천 내부에서는 급진적 분리주의 성향의 페미니스트들이 점차 목소리를 높이게 된다.[4] 그것은 특히 가시적 문화활동들을 통해 드러나거나 섹슈얼리티 문제를 전면에 부각시키는 페미니즘 작업들과 관련이 있다. 가령 1997년부터 열려 2009년 현재 11회째를 맞이한 여성영화제, 또 여성미술제, '여성의 욕망을 아는 잡지'『IF 이프』창간(1997년) 등등과 여성 동성애자 운동의 출현, 섹슈얼리티와 관련한 현실적 사안(성폭력, 성희롱 문제 등)의 의제화, 법제화 등이 그 구체적인 사례들일 것이다.

그런데 위에서 예로 든 여성과 관련된 여러 문화적 내지 문화정치적 실천들은 대체로 여성과 남성의 분리 내지는 양성간의 차이를 부각시키는 급진적 내용을 문화적 실천 양태로 외화시키고 있는 것이 그 특징이다. 예를 들어보자. 위에서 언급한 바 있는 여성영화제의 실천주체인(였던) <여성문화예술기획>의 경우, 우리의 일상에 스며들어 여성을 억압하는 가부장적 문화에 대해 문제제기하고 여성주의 문화를 생산하는 것을 목표로 하고 있음을 창립취지에서 명시하고 있다. 그리고 2000년 가을에 있었던 페미니스트 아티스트 프로젝트 그룹 '입김'의 아방궁 프로젝트 전시를 둘러싼 유교적 가부장제 남성에 대한 투쟁 사례는 그 가장 명증한 예가 되겠다.

물론 대부분의 급진적 페미니스트들 역시 가부장제를 단지 성별 간 생물학적 차이에 근거한 권력관계라기보다는 역사적 · 문화적 구성물로

4_ 90년대 중반 이후의 여성운동은 반성폭력 운동과 성정치 운동의 분위기 속에서 급진주의 페미니즘 경향을 보였다. 장미경, 『한국 여성운동과 젠더 정치』, 전남대학교출판부, 2006, 53쪽.

이해하는 측면이 있다. 사실 가부장제는 불평등한 젠더 체계에 도전하고
자 하는 페미니즘의 핵심적인 문제설정인 동시에 그것이 이론적 선차성
을 가지고 있든 그렇지 않든, 페미니즘 이론에서 가부장제 비판은 적어
도 사회현실에 대한 다차원적인 지도를 그리게 해주는 것5)도 사실이다.

　그러나 가부장제를 인식론 차원에서 역사적·문화적 구성물로 이해
하는 것과 실천 영역에서 가부장제의 해체에만 중요한 방점을 찍는 것과
는 엄연히 다르다. 여성과 남성의 차이에서 페미니즘 정치학의 동인을
찾는 페미니즘에서는 남성에 의한 이 여성지배체제를 "가부장제"로 규정
하며 이 성적 지배를 권력의 가장 근본적인 개념으로 간주한다.6) 이 경
우 여성과 남성은 항상 이항 대립항으로 서로 맞서 있는 것으로 인식될
뿐만 아니라 남성에 의한 여성 억압을 계급이나 인종 등 그 어떤 것보다
억압의 더 근본적이고 역사적으로도 선행하는 형태로 간주하게 된다. 그
리하여 이 글의 서두에서도 말했지만 이런 문화적 실천들은 대체로 가부
장제 문제 이외의 여타 문제, 특히 계급 문제에 대해 대체로 고려하지 않
거나, 무관심하거나, 폄하하는 것으로 나타나며, 이런 인식이 더 큰 문제
인 것이다.

　실제로 현재 신자유주의 지배가 전일적으로 이루어지고 있는 한국사
회와 같은 사회에서 많은 페미니스트들이 자본주의 생산관계를 그닥 고
려하지 않는 가부장제 개념에만 실천적, 이론적 선차성을 둔다면 여성
억압의 많은 부분들은 규명될 수 없을 것이다. 따라서 오히려 성별에 관
련된 불평등체제를 변혁시키기가 더욱 어려워질 것이다.

5_ Veronica Beechey, "On Patriarchy," *Feminist Review* 3 (1979), pp. 66-82; 패트릭 브랜틀링
거, 『영미문화연구』, 김용규 외 역, 문화과학사, 2000, 221쪽에서 재인용.
6_ Kate Millett, *Sexual Politics* (Garden City, NY: Doubleday, 1970), pp. 24-25.

'젠더는 결코 부재한 것이 아니지만 순수한 형태로 존재하지도 않는다. 그것은 언제나 계급이나 인종과 같은 여러 문제와 얽혀 있다. 그럼에도 불구하고 90년대 후반 이후 한국사회에서 "문화적 쟁점"이 된 페미니즘 문제들에 있어서 신자유주의의 세계체제가 만들어낸 한국사회의 계급 양극화 문제, 구체적으로는 빈부격차, 여성의 빈곤, 비정규직 여성노동 등의 문제가 함께 논의된 적은 거의 없다고 보여진다.

이런 경과 과정을 거쳐 현재 한국 페미니즘 실천에서는 다음과 같은 사안이 첨예하게 쟁점으로 떠올라와 있는 것 같다. 2004년 성매매특별법의 제정과 그 이후 그것을 둘러싼 기존여성계와 성노동자의 입장 차이에서 두드러지는 것이 바로 '노동'문제가 포함된 계급 개념에 대한 입장 차이라고 봐도 좋을 정도로 비—계급적 입장을 가진 여성들과 계급적 입장을 견지하는 여성들 간에 현실 인식에 대한 차이가 극명하게 드러나고 있는 것이 현재의 상황이다. 따라서 남성과 여성의 차이만을 부각시키는 급진적 성향의 페미니즘 실천 내용과 전략만이 과연 우위를 점해야 하는가를 여기서 우리는 다시 한 번 질문해 보아야 한다.

우리의 논의를 끌어가기 위해 여기서 우선 비—계급적 입장의 페미니즘 실천을 구체적으로 성격 규정해야 할 필요를 느낀다. 그것은 이 글의 주된 성격이 방향 잡기이기 때문에, 현재 한국사회에서 주도적으로 진행되고 있는 페미니즘 실천의 성격 규정은 필수적이다.

60년대 서구에서 남녀 위계적 성계급 체계를 전복시키는 정치적 실천을 페미니즘 운동의 주요 내용으로 가져갔다면(급진주의), 90년대 이후 한국사회에서 페미니즘 문화적 실천의 내용은 60년대의 서구의 그것과 상당히 닮아있건대, 이런 것들이 현재의 한국사회의 정세, 한국사회의 복잡한 구성과 맞물려 그야말로 더욱 다양화된 문화실천의 형태로 나타났다는 점이다. 따라서 현재 한국사회에서 주도적으로 펼쳐지고 있는 페미니즘의 전개 양상을 "급진적-문화적 페미니즘"으로 잠정적으로 용어화하고 싶다.

신자유주의의 '반격' 하에서 빚어진 급진 페미니즘의 이론적, 실천적 혼란을 자유주의 페미니즘과 급진 페미니즘 사이에 있었던 논쟁의 한계를 빌어 요약한 이미경의 다음과 같은 지적은 현재 한국사회에서 대세를 이루고 있는 페미니즘의 상황에도 상당부분 상응한다. 아래에서 보듯 필자가 말하고 있는 "급진적-문화적 페미니즘"과 그리 멀지 않은 판단을 내리는 것으로 보인다.

> 급진 페미니즘은 자유주의 페미니즘의 '무의식'으로서 가부장제와 성-성욕이라는 쟁점을 제기합니다. 그렇지만 이를 개인적 경험에 국한시켜 반이론주의적 '의식화'(the personal is political)와 '동일성의 정치'(political correctness)로 귀결시킵니다. 이 때문에 '자매애'는 분리주의, 소집단주의, 하급문화론으로 환원되고 맙니다. 또 성과 젠더의 분할을 통해 파이어스톤의 생물학주의와 밀레트의 문화주의 사이의 동요를 초래합니다.[7]

물론 서구의 60년대, 한국의 90년대 이후라는 30년 이상의 시차, 서구와 한국이라는 전혀 다른 지역성이 존재하지만 그 두 양상이 현재 한국 페미니즘 실천 내에서 하나로 모습으로 드러나는 것이 현재의 한국사

7_ 이미경, 「페미니즘에 대한 신자유주의적 '반격'」, 윤소영, 『신자유주의적 '금융세계화'와 '워싱턴 콘센서스'』, 공감, 1999, 27쪽.

회 페미니즘의 정세이며 이렇게 드러나는 불균등이 바로 한국 페미니즘 문화실천의 지배적 양상이기도 하다. 이 점은 우리가 특히 여러 문제를 동시에 숙고해야 할 복잡한 지형에 놓여 있음을 가르키는 말이기도 하다.

이제 당연히 여기서 우리가 과연 중층적으로 사고하고 있는지를 물어야 할 시점이 된 것 같다.

3. 사회적 젠더 관계

그러나 급진 페미니즘의 문제를 비판한다고 해서 물론 우리의 해결 방식이 계급을 선차화한 맑스주의를 양자택일적으로 선택하는 것으로 귀결될 수는 없다. 맑스주의의 분석 범주는 '성–맹목적'(sex-blind)이기 때문이다. 여성 억압을 계급이나 인종보다 억압의 더 근본적이고 역사적으로도 선행하는 형태로 간주하는 급진주의 페미니즘 내에는 계급을 억압의 가장 기본적 범주로 간주하는 맑스주의에 대한 비판이 이미 내장되어 있다. 그렇다면 이제 맑스주의에서 특권화한 계급의 틀만도 아니고, 급진 페미니즘에서 선차화한 젠더의 틀만도 아닌, 개인적 여성보다는 사회적 구조 자체에 내재된 다중성의 구성요소 내에서 여성이라는 집단 위치를 논의하는 것이 필요하다.[8] 그래야만 복합적으로 구조화된 여성의 불평등 문제에 실제로 접근할 수 있기 때문이다.

이런 양자간의 공백을 메우기 위해 이제 우리는 '여성'만을 내세우는 급진적 페미니즘의 자유주의적 개인주의 요소와 맑스주의적 설명 일부에

8_ Patricia Hill Collins, "Comment on Hekman's 'Truth and Method: Feminist Standpoint Theory Revisited': Where's the Power?"; 주디스 로버, 『젠더불평등』, 최은정 외 옮김, 194쪽에서 재인용.

나타난 구조적 결정론 사이를 순환하는 일종의 '과정'과 같은 개념을 필요로 하게 되었다. 그러면서 또 동시에 사회의 상이한 영역 간의 상호관계와, 개인과 사회적 구조 간의 상호관계를 드러낼 수 있는 전체론을 필요로 하게 된 셈인데, SOW(Subordination of Women, 여성의 종속) 그룹은 핵심적 분석 범주로 개인이 구조적 힘을 경험할 때 그것을 매개해 주는 관계인 "사회적 젠더 관계"9)를 채택하였다. 그것은 비대칭적 젠더 관계가 발생하는 가정의 영역에서, 그리고 이 관계들이 재구성되는 보다 폭넓은 경제적 영역과 가정의 접합점에서 발견된다.10) 그래서 사회적 젠더 관계에 주안점을 두게 되면 맑스주의적인 사회적 관계 개념을 물건이나 상품의 생산에만 머무르지 않고 인간의 육체와 생활을 생산하고 관리하는 것(노동력의 일상적 재생산 출산, 양육, 노약자 돌보기)으로까지 확장시키는 것이 된다. 젠더 관계는 국내 및 세계 경제의 변화 과정에서 일상생활의 관계들에 대한, 그리고 그러한 관계들과 (재)생산관계들의 상호연관성에 대한 이론화를 내용으로 한다. 또한 젠더 관계를 분석의 범주로 사용하는 것은 여성이라는 보다 초기의 관심사로부터 주안점을 이동시키게 한다. 오로지 여성에만 초점을 맞추는 것은 문제와 그 해결책이 여성에게만 국한된다고 암시할 수도 있다. 사회적 관계에 주목함으로써 분석은 분리가능한 범주로서의 여성—과 남성—에서 벗어나 서로 연관되어 있는 보다 광범위한 관계들로 확장될 수 있을 것이다.11)

여기서 우리는 '전체론'(holism), 즉 사회의 상이한 영역 사이의 상호

9_ 나일라 카비르(Naila Kabeer), 「여성과 발전에 대한 구조적 시각들」, 다이앤 엘슨 외, 『발전주의 비판에서 신자유주의 비판으로: 페미니즘의 시각』, 공감, 1998, 30쪽.
10_ 같은 글, 25-30쪽.
11_ 같은 글, 44-47쪽.

관계와, 개인과 사회적 구조 사이의 상호관계를 드러낼 수 있는 전체론을 오히려 필요로 하게 된다. 그런데 이 전체론을 구성하고 있는 내용들은 개개인의 일상 삶이 다층적 사회 구조에 언제나 같이 연동되어 있으므로 실제로 문화적 과정을 그 내용으로 가지고 있다. 비근한 예로 실제의 한 여성 존재의 구성만 보더라도 계급, 일, 그리고 공동체와 같은 전통적으로 사회적인 유형들을 포함하고 또 동시에 몸, 섹슈얼리티, 스타일, 이미지 그리고 하위문화에 이르는 다른 강한 문화적 의미들의 집합체 속에서 이루어지기 때문이다.

4. 문화과정: 여성주체 구성의 문제

주체의 존재양식들에는 가장 명백히는 성과 젠더로부터 인종과 계급, 그리고 다른 중대한 사회문화적 분할과 재현이 이미 포함되어 있다.[12] 이렇게 본다면 주체는 문화과정의 산물이라고 할 수 있다. 또 동시에 문화 영역은 정체성이 형성되는 장이기도 하여서 문화는 주체 구성의 내용을 이루고 있다라고 할 수 있다.[13]

각각의 개인들은 시대마다 또 현실 여건에 따라 각기 다른 주체-위치들을 점유한다. 우리가 정체성의 차이를 논할 때 성별, 계급, 인종 등등의 범주를 거론하는 것은 이 범주들이 바로 사람들을 구별짓고 차이를 내는 주된 형식들이기 때문이다. 그런데 이 주요 형식인 성별, 계급관계, 민족구성, 연령 억압 등과 같은 사회적 관계들은 문화적 과정들과 밀접

12_ 로지 브라이도티, 「새로운 노마디즘을 위하여: 페미니즘의 들뢰즈적 궤적 혹은 형이상학과 신진대사」, 『문화/과학』 15호, 1998년 가을, 154쪽.
13_ 특히 최근에 부상한 문화연구 전통에서는 문화 영역을 정체성이 형성되는 장으로 본다.

한 연관이 있다. 바로 이 사회적 관계의 양상들이 문화과정에 포함되거나 문화과정이 진행되면서 생산된 것이기 때문이다.

특히 인간 주체의 사회적 관계에 둔감한 이론은 페미니즘에서 처음부터 좌절할 수밖에 없다는 점이 역설적으로 페미니즘 이론에서의 문화과정 연구의 중요성을 말해준다. 예를 들어 이론 진영에서 구조주의에서 탈구조주의로의 전환은 부분적으로 이러한 요구에 부응한 것으로 보여진다. 페미니즘과 탈구조주의는 우리에게 복합성을 인식할 필요성, 예컨대 주체성의 다양한 축들이 지니고 있는 잠재적으로 모순적인 측면들의 동시적이지만 불연속적인 현전을 인식할 필요성을 가르쳐 주었다.14) 그런데 이런 이론적 입장에 한결같이 공통된 점은 주체를 자명한 출발점으로 간주하지 않고, 주체는 특정한 사회적·역사적 과정을 통해 구성되고 만들어지는 것으로 간주한다는 점이다.

푸코는 생물학적 성을 미리 주어진 본질적인 단위가 아니라, 특정한 담론적 실천의 산물이며, 담론의 효과라고 보았다. 이같이 성정체성은 미리 주어지는 것이 아닌 걸로 이해되고 있다. 여성과 남성이라는 성정체성은 성차를 통해 구성된 것이며 어떤 특정한 본질을 가진 것이 아니어서 그것은 늘 위협받고 있는 불안정한 정체성이다.15)

주체들은 생산되는 것이지 주어지는 것이 아니며 따라서 주체 문제는 연구의 대상들이지 전제나 출발점들이 아니다. 따라서 주체생산 문제를 페미니즘에서 그 중요한 이론적·실천적 지향점으로 삼는다면 일단

14_ 로지 브라이도티, 「쥬디스 버틀러와 로지 브라이도티의 대담」, 『여/성이론』 창간호, 1999, 298쪽.
15_ 조주현, 「여성 정체성의 정치학: 80-90년대 한국의 여성 운동을 중심으로」, 『여성 정체성의 정치학』, 또 하나의 문화, 2000, 259-262쪽 참조.

우리는 본질론 문제에서 멀리 떨어지는 셈이 될 것이다. 그리고 또한 "주체성"의 사회적 구성에 대한 분석이 우리 작업의 일차 목표가 되어야 한다면 이 주체생산 문제에 대한 연구 내지 언급은 자아와 사회, 그리고 사적인 것과 공적인 것 사이의 허위적인 개념적 구분의 해체를 강조하는 정치이론으로서의 페미니즘에도 적합하다.[16]

그리고 무엇보다 중요한 것은 새로운 사회 구성을 위해서는 새로운 존재 구성을 시도해야만 한다는 점에서도 여성주체 구성에 대한 논의는 우선적으로 이루어져야 한다.

1) 이데올로기 문제

그러면 문화과정에서 여성주체(성)를 생산하는 우선적인 기제는 무엇일까? 다시 고답적인 논의로 돌아가는 것 같지만 여기서 우리는 다시 이데올로기 문제를 거론할 수밖에 없다. 왜냐하면 "모든 이데올로기는 구체적인 개인들을 주체로서 '구성하는' 기능을 가지기"[17] 때문이다.

페미니즘 논의에서 생산과 재생산의 문제를 이데올로기 문제와 적극적으로 결합시켜 논의한 이는 영국의 맑스주의 페미니즘 이론가인 미셸 바렛이다. 바렛은 여성억압을 좀 더 정밀하게 분석하고자 '이데올로기론'을 알튀세르로부터 끌어온다. 바렛은 우선 다음과 같이 이데올로기를 이론화하는 것에 대한 어려움을 토로하였다. "맑스주의나 페미니즘 둘 다가 이데올로기 개념을 적절히 이론화하지 못해서 이데올로기 개념은 맑스주의 페미니즘에서 다루기 힘든 개념이다."[18] 이 이론화의 난제를 돌

16_ 패트릭 브랜틀링거, 앞의 책, 220쪽.
17_ L. Althusser, *Lenin and Philosophy* (New York: New Left Review Books, 1971), p. 160.
18_ 미셸 바렛, 『다시 보는 여성학: 페미니즘과 마르크스주의의 만남』, 하수정 외 역, 간

파하기 위해 바렛은 알튀세르의 이데올로기 개념을 적극 활용한다. 알튀세르가 정의하는 바대로, 이데올로기를 "개인을 주체로 호명"하는 메커니즘으로 규정한다. 이것은 맑스가 말한 부정적 의미의 이데올로기 개념과는 달리 여기서 이데올로기는 주체형성의 과정과 관계에 훨씬 많이 관여하는 기제로서 방점이 찍혀진다. 이처럼 이데올로기는 개인을 주체-형태로 등장시키는 과정에 등장한다고 했는데 기실 이 과정 자체를 우리는 문화라고 할 수 있다.[19] 이 말은 또 동시에 이데올로기는 문화 차원에서 작동한다는 말인데 바로 문화 차원에서 작동한다는 이 점 때문에 이데올로기는 사람들로 하여금 자신들이 자유롭고 자율적이라고 믿게 만드는 것이다.

이데올로기 문제는 자명하지 않은 것을 자명하게 만드는 권력의 문제를 제기함으로써, 주체 구성에 있어 실제적인 사회관계의 동학을 분석할 수 있도록 한다. 한 사회에서 당연시되고 자연스러운 것으로 보이는 것은 당대의 권력관계와 지배관계를 이미 반영하고 있는 것이다.[20] 자유롭고 자율적 주체라고 여겨지는 대다수의 여성주체 역시 끊임없이 모성이데올로기, 가족이데올로기 등으로 자신의 여성주체를 호명해내고 억압적 지배관계를 자연화한 것의 결과일 수 있다.

특히 재생산기능을 조절하는 가족이라는 이데올로기 장치는 여성억압의 물질적 과정과 이데올로기적 과정과의 관계를 잘 보여주는 장치이다. 먼저 가족은 가정폭력과 같은 가시적 억압이 나타나는 곳이기도 하

디서원, 2005, 151쪽.
19_ 강내희, 「맑스와 한국 좌파 문화운동의 방향」, 제2회 맑스코뮤날레 조직위원회 엮음, 『맑스, 왜 희망인가?』, 메이데이, 2005, 290쪽.
20_ 김성일, 「한국대중문화사 연구의 토픽들」, 『문화사회』 2호, 2006, 268-269쪽.

지만 특히 재생산과 관련해서는 경제적 과정의 문제들이 비가시적인 형태로 진행되는 곳이다. 남성노동자(남편)는 생산을 위한 휴식과 힘을 이곳에서 얻고 인구학적으로 차후의 노동력이 될 아이들의 대부분이 이곳에서 탄생한다. 그러나 이 과정들은 비가시적으로 '가정'의 따뜻함, 결혼·출산이라는 '자연화'의 명분으로 진행된다. 이 비가시성은 이데올로기의 자명성, 자연화를 더 강화시키고 또 그런 만큼 언제나 주체 자신의 자기결정성이라는 외피를 둘러쓰고 나타난다. 비근한 예로 최근 한국사회의 저출산 문제를 해결하기 위한 국가의 여러 대책 내지 정책들은 대체로 인구정책이라 할 수 있는데, 이는 자본주의 생산조건의 재생산을 위해 여성의 재생산 기능을 강화하는 국면으로 여성들에게 차후 노동력을 공급할 자녀를 많이 낳도록 권장하는 것이다. 여러 제도의 보완을 통하면서 여성으로서의 재생산 기능을 강화시키는데 이때 "나는 여성, 나는 어머니, 나는 /당/연/한/ 양육자"라는 여성주체 생산을 통하지 않고는 불가능하다는 점에서 여성억압의 경제적 과정과 이데올로기적 과정간의 관계는 불가분리하다고 할 수 있다. 또한 주체생산을 도모한다는 점에서 이데올로기 혹은 "이데올로기 과정은 물질적 생활의 생산과 재생산의 역사적 조건과 관련시키는 중요한 문제"21)와 언제나 결부된다.

여성에 대한 남성 지배는 아주 은폐되고 다양한 방식으로 작동한다. 남성의 지배는 야만적 물리력의 형태를 취할 수도 있지만 그런 가시적인 부분보다는 이데올로기로 집단적 조직화를 자연화하면서 이루어지기 때문에 은폐되기 쉽다. 여성 억압이 은폐되어 있고 이데올로기의 자연화 기능으로 여성주체는 자신의 이데올로기를 자연스러운 것으로 받아들여

21_ 미셸 바렛, 앞의 책, 158쪽.

내면화하기 때문에 스스로 자신이 그런 주체로 태어나는 것이라고 생각하고, 스스로 자기 주체 생성의 조건을 결정하는 것으로 착각하게 된다. 은폐되어 있어, 아니 오히려 '자연화되어 있어 성억압, 성차별을 확실히 인지할 수 없다는 이 이데올로기 효과의 난점들을 극복하기 위해 페미니즘에 있어 이데올로기 연구는 더욱 필요한 이론적 개념이자 여성 억압을 규명해내는 데 있어 주요한 틀이 되어야 한다. 그런데 이 이데올로기 이론은 '비판'의 형태를 띠어야만 한다. 그래야만 사회적 자명성 일체는 비판받아야 할 대상임을 환기시키기 때문이다. 이데올로기는 의식 속에서만 활동하는 단순한 허위의식이 아니라 물질적 장치들 속에서 실질적으로 기능하면서 주체를 구성해낸다는 점에서 고유한 물질성을 갖춘 사회적 실천의 한 층위[22]이다.

여성 문화적 실천과 관련된 이데올로기 비판의 문제는 여성주의 비평의 스펙트럼 전체에서 찾아볼 수 있다. 아네트 쿤과 같은 씨네페미니즘 이론가의 경우 여성주의 텍스트 분석은 속성상 이데올로기 비판이라고 강하게 주장하였다.[23] 그리고 미셸 바렛과 주디스 윌리엄슨처럼 맑스주의적 여성주의 문화비평을 계속하고 있는 여성주의자들의 경우[24]를 보더라도 중요하고 강력한 분석 범주인 이데올로기 문제의 중요성은 계속 유효하다.

그러나 페미니즘에 있어 이데올로기 비판을 통해 재현의 형태를 새롭게 구성하는 일이 우리의 과제라 하더라도 우리 연구의 궁극적 대상은

22_ 루이 알튀세르, 「이데올로기와 이데올로기적 국가장치」, 『아미엥에서의 주장』, 김동수 옮김, 솔출판사, 1991, 75-130쪽 참조.
23_ 수잔나 D. 월터스, 『이미지와 현실 사이의 여성들―여성주의 문화 이론을 향해』, 김현미 · 김주현 · 신정원 · 윤자형 옮김, 또 하나의 문화, 1999, 205쪽.
24_ 같은 책, 206-207쪽.

텍스트가 아니라는 점은 잊지 말아야 한다. 생산된 재현물이 유통되는 각각의 순간에 주체 형태들의 사회적 삶이 바로 우리의 연구 대상[25])이기 때문이다. 또한 실제로 여성주체 구성의 문제는 주체로 구성되는 "문화적 과정에 대한 여성주의적 질문을 래디칼하게 물어가는 것"[26])이다.

2) 욕망의 문제: 새로운 주체형태 생산

우리는 여성주체 구성에 있어 이데올로기의 자연화 효과에 대해 주목해 보았다. 그러나 주체 구성에 있어 이데올로기만을 부각시키면 우리는 다중적 여성주체 구성을 온전히 설명해낼 수 없다. 이데올로기를 통한 여성주체 구성에 대한 설명은 여성 억압을 중심으로 한 젠더 구성에 대한 문제로만 귀결되는 측면이 있어서 여성주체 구성의 일부만을 설명하는 형국이 되기 쉽다.

로지 브라이도티와 같은 성차의 이론가들은 이런 페미니즘 이론 내의 난제를 돌파하기 위해 욕망의 문제설정을 가지고 여성주체를 구성하고자 한다. 의지에 대립하여 주체들 내부의 다층적 감성과 욕망이 풍부하고 복합적인 정체성을 구성해낼 수 있는데, 이를 이름하여 "유목적 주체"(nomadic subject)[27])라 부른다. 유목적 주체는 과정 내에 있는 형성 중인 욕망하는 주체이다.

주체생산에 있어 우선 욕망의 문제설정은 이데올로기로 환원될 수 없는 감성적, 육체적 실천과 욕망의 문제를 포함시킨다. 여성주체가 "유

25_ Richard Johnson, "What is cultural studies anyway?" in John Storey, ed., *What is Cultural Studies? A reader* (London: Arnold, 1997), pp. 75-109.
26_ 수잔나 D. 월터스, 앞의 책, 211쪽.
27_ 로지 브라이도티, 『유목적 주체』, 박미선 역, 여이연, 2004. 새로운 여성주체 형태를 탐구하는 브라이도티의 책의 제호 자체가 '유목적 주체'이다.

목적 주체"이어야 하는 이유를 브라이도티는 다음과 같이 설명한다.

> 나는 분자적, 노마드적, 다중적인 **욕망하는 주체라는 새로운 종류의 주체
> 를 구성하지 않고서는 사회적 변화란 있을 수 없다**고 생각한다. 나는 이것
> 을 또다른 지배적, 자기표상적 언어 안에서/로서 주체를 재코드화하는 데 저
> 항하는 현재의 비판적 지식인으로서 페미니스트들의 과업이라고 생각한다.28)

새로운 사회 구성을 위해 근본적으로 필요한 것은 새로운 주체의 구성이
라고 밝히면서 브라이도티는 대안적 여성 주체성을 정교화하는 페미니즘
의 기획에서 욕망이 긴급한 문제라는 점을 강조한다. 그러나 "강조하고
싶은 것은 여성들의 되기(becoming)를 위한 특정한 모델이 아니라 되고
자 하는 그들의 욕망이다."(151) 이 언급은 주체 구성은 완결된 정체성을
구현하는 것이 아니라 생생하고 살아 움직이는 그래서 언제든 변형이 가
능하여 급진적 정치적 실천이 늘 가능한 진행 중인 주체 형태로 이뤄져
야 함을 의미한다.

그리고 브라이도티는 또한 우리 여성들이 성차의 페미니즘을 욕망의
정치적 중요성과 주체구성에서 욕망이 하는 역할을 강조하는 것으로 읽
어야 한다고 역설한다.(151-152) 그러나 이 욕망은 단지 리비도적 욕망
이 아니라 존재론적 욕망, 존재하려는 욕망, 존재하려는 주체의 경향, 존
재를 향한 주체의 경향이다. '욕망의 정치학'은 허공 속에서 실현되는 것
이 아니라 역사적이고 물질적 제약 속에서 투쟁을 통해 이루어진다.29)

28_ 로지 브라이도티, 「새로운 노마디즘을 위하여: 페미니즘의 들뢰즈적 궤적 혹은 형이상
학과 신진대사」, 187쪽. 강조는 인용자. 이후 이 글에서의 인용은 본문의 괄호 안에 그 쪽
수만을 표시한다.

그렇다면 여성주체에게 역사적이고 물질적 제약의 일차적 근거지는 어디인가? 욕망을 강조하는 성차의 페미니스트 이론가들은 실제로 여성주체들이 최초로 나오는 위치로 "육체"를 재사고한다. 육체에는 성, 인종, 계급과 같이 국지적인 망들이 가로놓여 있어 하나의 여성주체를 구체적인 조건들로 근거지우기 때문이다.(152-153) 여성들의 새로운 상징체계와 같은 변화와 변형이 순전히 의지에 의해 창출되는 것은 아니다. 변화는 육체화된 자아의 다층적 구조를 **관통함으로써** 탈본질화된 육체화나 전략적으로 재본질화된 육체화를 통해서 성취될 수 있다고 보는 것이다.(186, 강조는 원문)

주체성, 그러니까 여성 주체성을 새롭게 정의하는 것이 페미니즘 투쟁에 얼마나 중요한 것인가? 새로운 사회 구성을 위하여 새로운 주체형태를 모색한다고 앞에서도 말했지만, 실제로 그 말은 보편적이고 중립적인 몰성적인 발언이기 십상이다. 그것은 젠더와 성차를 염두에 두지도, 가로지르지도 않았다. 여성에게 모두가 다 기입된 장소는 어디인가?

욕망의 이론가들은 주체를 과정으로 보는 견해에 기댄다. "이들의 작업은 여성 주체성을 정의하는 복잡다단한 특성을 따르고 있다. 인종, 계급, 나이, 성적 선호, 삶의 스타일 등이 정체성의 주요 축들로 간주된다. 주체성을 구조화하는 구체적이고 '정황적인' 조건들을 강조한다는 점에서 이들은 근본적으로 유물론적이지만, 동시에 이들은 유물론의 고전적 개념을 쇄신한다. 이들은 여성 주체성을 동시다발적인 권력 구성체들의 네트워크 과정이라는 측면에서 재정의한다. 페미니즘 주체에 대해 생물

29_ 심광현, 「이데올로기 비판과 욕망의 정치학의 '절합'」, 『문화/과학』 30호, 2002년 여름, 33쪽.

학적, 심리적 본질주의를 거부하면서 정황적이고 구체적으로 체현된 본성을 강조하는 새로운 경향이 부상한다. 이것이 바로 여성 육체에 근거를 둔 새로운 종류의 여성 체현 유물론(female embodied materialism)이다."[30]

그렇다면 이제 구체적으로 새로운 주체 형태를 상상해 보자. 여성 재현의 모상(模像)이라는 아이콘적이나 응축되어 하나의 형상으로 나타날 수 있는 새로운 모습들을 상상해봄으로써 남녀 대당의 인식론적 단절을 유물적으로 견인해 보자. 예를 들어보면 다너 해러웨이 같은 경우, '사이보그'(cyborg)라는 아주 새로운 주체 형태를 상상했다. 일단 새로운 주체 형태에 대한 상상은 본질론으로 자꾸 회귀하는 남성/여성의 이분법적 대당에 묶이지 않으려는 시도다. 페미니즘 주체의 새로운 형상화를 연결체(남성−여성, 인간−기계, 자연−문화…사이의)로서의 사이보그로 제시한 다너 해러웨이는 남녀 대당의 고전적 이원론을 거부하는 가운데, 뤼스 이리가라이와 같은 이론가들이 제출하는 테제 내의 남성성과 여성성의 이항대립에 주어진 우위성에도 반대한다.(184) 브라이도티도 해러웨이와 마찬가지로 이리가라이의 전략적 본질론과 같은 입장은 여성들을 고약한 이항대립의 존재론적 순환에서 섣불리 빠져나갈 길을 찾지 못하게 만든다고 비판한다.(169) 사이보그는 페미니즘 특유의 인간성을 표현하는 해러웨이식 재현이다. 이같은 형상화는 여성 주체성의 재설계를 목표로 한다는 점에서 페미니즘의 육체적 유물론의 지도를 작성하는 데 중대한 역할을 수행한다. 이것은 관계적 이미지들이며 리좀들이다. 현단계 페미니즘에서는 더 많은 형상화들이 펼쳐질수록 더 좋을 것이다.(185)

브라이도티는 자신의 이론적 거점을 들뢰즈로 삼는데, 그것은 그가

30_ 로지 브라이도티, 『유목적 주체』, 165쪽.

이런 이분법에 가장 격렬히 반대하는 철학자이기 때문이다. 들뢰즈가 페미니스트들에게 도움이 되는 이유—물론 브라이도티는 성차를 염두에도 두지 않는 욕망의 남성이론가 무리들을 주의할 것을 요망한다—는 그가 바로 성별화된 정체성을 탈본질화하기 때문이다. 그가 말하는 체현된 주체는 유동성, 가변성, 일시적인 성격을 그 특징으로 하는 시공간적 변수들, 힘들(정동들)이 교차하는 과정 속의 한 항목이다. 이런 의미에서 그의 작업은 남성적, 여성적 주체 입장들 간의 이분법적 대립에 기대고 있는 것이 아니라 복수적인 성차화된 주체들에 의거한다. 이들의 정도상의 차이는, 리좀적 연결망 속에서, 되기(becoming)의 상이한 선들을 표시한다.[31]

들뢰즈의 사유의 특징은 위계적인 공간과 좌표 속에서 자연과 문화를 파악하려한 유클리드적인 이분법적 이해를 비위계적이고 표면적이며 말하자면 비이분법적이고 복수적인 '위상학적 이해'로 전환시킨 데 있다.[32] 이것은 "리좀적 사유"(156)로 명명되는데, 들뢰즈에게 리좀적 사유는 심층적인 내부성의 표현이나 초월적인 모델들의 구현체가 아니라 복수적인 비개인적 힘들 사이에서 연결들을 확립하는 하나의 방식이 된다.(157) "리좀은 일자나 다수 그 어느 것으로도 환원 불가능하다. 그것은 둘 또는 심지어는 셋이 되는 하나가 아니다. 그것은 일자로부터 유출되어 나오거나 또는 일자가 그에 부가되는 다자(n+1)도 아니다. 그것은 단위들이나 차원들로 구성되지 않으며, 오히려 운동중의 방향들이다. 그것은 시작도 끝도 없으며, 그러나 항상 그것이 자라나오며 넘쳐흐르는 중간(milieu)이다."[33]

31_ Gilles Deleuze & Félix Guattari, *A Thousand Plateaus*, tr. Brian Massumi (Minneapolis: University of Minnesota Press, 1987), p. 272.
32_ 심광현, 「들뢰즈와 '창조성의 정치학'」, 『문화사회와 문화정치』, 문화과학사, 2003, 323쪽.

페미니즘에게 이 리좀적 구성과 양식은 매우 중요하다. 리좀이란 나무와는 전혀 다르게 중심을 갖지 않는 이질적인 선들이 상호교차하고, 다양한 흐름들과 다양한 방향들로 복수의 선들을 만들면서 사방팔방 뻗쳐나가는 것이다. 리좀들은 실로 다양하다. 리좀들은 차이나는 수많은 형상들로 생성되기 때문이다. 점, 질서를 고정시키는 나무(수목모델)와는 달리 리좀은 어떠한 점도 다른 어떠한 점과 접속될 수 있다. 이런 점에서 접속은 리좀의 중요한 원리이다. 그것은 리좀은 이질성을 원리로 한다는 말이기도 하다. 이처럼 리좀이 이질성의 원리로 생성된다는 것은 무엇을 의미하는가? 그것은 먼저 차이의 의미화를 전제한다. 다시 말해 차이를 부차적인 것으로 간주하지 않고 본질 그 자체로 의미화한다는 것이다. 그리고 진정한 복수성은 리좀적이다. 집합적 배치 안에서 주축의 역할을 하는 중심성, 통일성, 그리고 독점과 전유도 없으며, 따라서 위계적으로 조직되지 않는다.[34] 실제로 현실의 여성들은 분열되고 파편화되어 있는 다중적 실체인데, 그것은 여성 경험의 교차하는 여러 수준을 가로질러 리좀적으로 구성되기 때문이다. 그리고 그 다중적 실체는 또한 '타자'와의 결속을 요구한다는 점에서 절대로 가역적이 아니라 관계적이다.[35]

이렇게 정의된 여성 페미니스트 주체라는 용어는 단선적이고 목적론적 주체성의 형식으로 빠져서도 안되고 그럴 수도 없는 과정 내의 용어들 중 하나이다. 이것은 오히려 주체의 욕망이 고집스런 사회적 변형과 교차하는 지점이다.(153) 주체의 욕망은 그리고 그렇게 하여 구성된 여성 주체는 사회를 변형시킨다. 그래서 브라이도티는 분자적, 노마드적, 다중

33_ Gilles Deleuze & Félix Guattari, op. cit., p. 21.
34_ 고길섶, 『소수문화들의 정치학』, 문화과학사, 2000(개정증보판), 92-101쪽 참조.
35_ 로지 브라이도티, 「쥬디스 버틀러와 로지 브라이도티의 대담」, 283쪽.

적인 욕망하는 주체라는 새로운 종류의 주체를 구성하지 않고서는 사회
적 변화란 있을 수 없다고 보는 것이다.

5. 글을 맺으며

우리는 모두 성정치가 갖는 급진적 잠재성을 인정한다. 여성이라는
범주의 선차성만을 내세우면 성정치가 급진적일 수 있을 것이라는 오래
된 항간의 오해가 있어 왔다. 그러나 그것이 정치적 실천, 사회적 실천으
로서 진정한 급진성을 얻는 것은 결국 젠더와 사회의 다층위들을 아우를
때일 것이다. 어떤 것이 선차적이냐 하는 문제라기보다는 사회적 실천들
의 절합 양상에 따라 '배치'를 변화시키는 것, 이것이 사회적 실천에 있어
중요한 문제이다.

궁극적으로 여성주체 구성에 대한 논의로 이 글을 마무리짓긴 했지
만, 사실 그것은 새로운 주체의 구성이 새로운 사회 구성과 새로운 사회
실천을 담보한다는 생각에서 촉발된 논의였다.

이데올로기 형태로서의 주체 형성과, 욕망으로서의 주체의 생산은
실제로 별개의 문제가 아니라 한 주체를 구성하는 내부의 각축이다. 다
층적 감성과 욕망에 대한 분석이 없는 이데올로기론만으로는 주체의 생
성적 역능을 간과하게 되고, 이데올로기 분석이 없는 감수성과 욕망의
정체성이란 포스트모던 문화론이 강조하는 환유적 기표로서 떠도는 주체
를 상정할 뿐이다.[36] 따라서 주체 구성의 문제는 이데올로기 비판과 욕

36_ 이동연, 「의미화실천, 주체화양식, 실험공학의 장」, 『대중문화연구와 문화비평』, 문화
과학사, 2002, 87쪽.

망의 문제설정을 동시에 고려해야만 한다.

우리는 현재 한국사회의 지배적 페미니즘 중 하나라고 보여지는 급진적-문화적 페미니즘의 방향 설정에 대한 이야기 끝에 새로운 여성주체 구성의 문제를 거론하게 되었다. 일견 서로 아무런 연관도 없어 보이는 두 논의가 여기서 한꺼번에 이루어지게 된 것은 한국 페미니즘의 문화 형세의 방향 잡기에서 우리가 우선 이론적으로 점검할 것이 새로운 여성주체 구성의 문제라고 생각했기 때문이다. 그러나 여성주체 구성, 더 나아가 여성주체 생산에 대한 보다 제대로 된 논의를 위해서는 현재 한국사회에 대별적으로 나타나고 있는 "기호, 이미지로서의 '여성'과/살아 움직이는 '여성들'의 관계"37)와 그 관계가 생산해내는 여성주체 형태에 대한 구체적인 분석이 뒤따라야 할 것이다. 이 논의는 다음의 과제로 남겨둔다.

37_ 수잔나 D. 월터스, 앞의 책, 71쪽.

2 새로운 유물론적 여성 형상화를 위한 이론적 소고

―<밥·꽃·양>, 그리고 <조폭마누라>를 둘러싼

형상화(figuration)의 정치학

1. 들어가며

이 글은 여성 형상화가 어떻게 이루어지는가에 대한 문화비평 형식의 작은 글이다. '재현'이라는 용어가 광범위하게 쓰이고 있음에도 불구하고 우리가 이 글의 표제에서 굳이 '형상화(figuration)라는 개념을 사용하겠다고 표명한 것은 우리의 관심이 새로운 여성주체를 구성해내는 생산의 문제에도 많이 가있기 때문이다. "재현은 주어진 실재를 있는 그대로 전사, 복사하는 것으로 주장된다. 그리고 재현한다는 것은 언제나 일정한 부분만을 추출하고 선택하는 것일 뿐이다. 다시 말해서 재현작용은 스스로를 재현할 뿐이라고 할 수 있다. 형태를 부여하는 일, 추출된 것을 전사하는 일, 규정하는 일은 사물과 그 역동성을 상실하는 일이다. 있는 그대로가 아닌 선택된 것만을 재현하면서 동시에 그것이 있는 그대로라고 주장하는 한에서 재현은 전제주의적이다."[1] 우리는 여성 이미지를 구상하는 문제에서 새로운 주체형태의 '생산'을, 더불어 그 방식까지를 염두에 두고 있기 때문에 재현체계 내로의 끊임없는 회귀가 주는 제한적 상황으로는 새로운 여성 형상화 작업이 충분하지 않으리라는 판단이 들었다. 이제 우리는 형상화라는 개념을 취함으로써 여성 이미지의 재현과 더불어 새로운 여성주체의 생성, 생산이라는 문제까지도 포함시키려 한다. 그것이 왜 생산, 생성의 문제와 깊이 관련되는지는 아래에서 페미니즘적 여성 주체성 연구를 자신의 중요한 한 작업으로 일구어낸 로지 브라이도티의 정의를 끌어들여 설명하겠다.

우리의 입장을 기왕의 문학이론에 유비시켜 말하자면, 현실 사회의 재현, 반영으로서 문학을 바라본 리얼리즘의 입장이나, 이에 대적하여 텍스트의 이데올로기와 역사적 지위, 문학의 생산조건을 검토하는 생산모델을 내세운 테리 이글턴이나 피에르 마슈레[2]의 입장 양자를 모두 취하는 형식이 되고 있다고 보면 되겠다. 그러나 우리는 사회에서 통념적으로 유통되고 있는 여성 이미지를 단순히 반영하거나 재생하는 작업보다는 여성 이미지를 독특하면서도 돌이킬 수 없는 하나의 실체로 변형시킴으로써 새롭게 생산하는 작업을 설명하는 일에 더 관심이 있다. 결국 우리는 형상화라는 개념을 취함으로써 새로운 여성주체의 생산이라는 문제에 더욱 우리의 연구 방점을 찍고자 하는 것이다.

브라이도티는 형상화를 다음과 같이 사유의 스타일로, 이미지로, 그

1_ 박성수, 「재현, 시뮬라크르, 배치」, 『문화/과학』 24호, 2000년 겨울, 40쪽.
2_ 이동연, 「인문학의 전화를 위한 대중문화연구의 메타이론 모색」, 중앙대 『인문학연구』 40집, 2006, 51쪽.

리고 주체성과 관련된 문제로 설명하는데, 이 모두는 새로운 여성주체의 생성과 관련이 있다.

> 형상화라는 용어는 주체에 대한 남근중심적인 시각을 벗어나는 출구를 일깨워 주거나 표현하는 사유의 스타일을 이른다. 형상화란 대안적인 주체성을 정치에 입각하여 설명하는 것이다. 나는 대안적인 입론을 정교화하고 주체에 대해서 다르게 생각하기를 배우고 새로운 틀, 새로운 이미지, 새로운 사유 양식을 개발하는 것이야말로 절박한 문제라고 느껴왔다. 이것은 이원론의 개념적 제약을 넘어서고 도착적이라 할 만큼 단일논리적인 남근중심적 정신 습관을 뛰어넘는 움직임을 수반한다.3)

이에 덧붙여 브라이도티는 형상화란 정치에 입각한 이미지요, 주체성의 복잡한 상호작용의 층위들을 보여주는 이미지라고 설명하며, 궁극적으로 이것은 나 자신의 차이를 나타내는 한 방법이기도 하다고 표명한다. 이런 점에서 보자면, 페미니즘의 이러한 실천 국면에서 대안적인 형상화는 많이 제출되면 될수록 더욱 좋을 것이다.4) 그것은 주체 혹은 범주로서의 여성들의 비가시성과 부재에 반응하며 이제 여자들을 드러내려는 정치적 실천이기 때문이다.

여성이 특정한 모습의 '여성' 혹은 '여자들'로 형상화되는 것은 그 사회의 문화적 과정들을 통과한 연후일 것이다. 문화적 과정들은 사회적 관계들, 특히 성의 구분, 계급관계와 계급 구성체, 민족구성 등과 밀접한

3_ 로지 브라이도티, 『유목적 주체』, 박미선 역, 여이연, 2004, 26쪽.
4_ 같은 책, 30, 132쪽.

연관이 있어, 이 과정 이후의 여성들은 그 사회가 부과한 실제의 물질성을 기입하게 될 것이다. 문화는 경제라는 최종 심급에 의해서만 일방적으로 결정되지 않는 물질적 과정이며, "기호, 이미지, 언어, 텍스트, 담론, 스타일, 패션, 스펙터클 등으로 구성되는 상징적 체계들을 통해 이데올로기와 욕망, 가치와 규범, 상식, 희망, 꿈 등이 표현되거나 관철되고 실현되는 기호적 실천(signifying practices)이나 의미생산(signification)으로, 혹은 이런 작용과 활동이 일어나는 장이다."5) 여성의 형상화는 문화라는 일종의 재현체계의 작동 속에서 "사회집단들의 형성 및 재형성 과정과 밀접하게 연결된 경쟁적이고 갈등적인 재현의 실천들"6)이라 말할 수 있다.

다시 이 글의 표제로 돌아가 보자. 여기에서 한 <밥·꽃·양>과 <조폭마누라>라는 대별은 가부장제 하에서 실재하는, 구체적인 "여자들"(women)과 기호로서, 이미지로서, 또는 스펙터클로서 재현된 "여성"(woman)의 이분(二分)7)으로 보이는 측면이 있다. 이 두 형태와 같은 대별이 여성을, 혹은 여성형태를 따분하고 지루하게 대당적으로 가르는 것처럼 보이게 한다는 지적을 따끔하게 받을 수 있을지도 모르겠다. 그러나 어쨌든 수잔나 D. 월터스가 단호하게 말했듯이 여성/여자들을 구분하는 것은 문화에 대한 여성주의 분석의 핵심8)인 것만은 틀림없다.

5_ 강내희, 『한국의 문화변동과 문화정치─문화사회를 위한 비판적 문화연구』, 문화과학사, 2003, 71쪽.

6_ John Frow and Meaghan Morris, "Introduction," in Frow & Morris, eds., *Australian Cultural Studies: A Reader* (Urbana & Chicago: University of Illinois Press, 1993), p. xx; 강내희, 「'문화적 관점」, 『신자유주의 시대 한국문화와 코뮌주의─문화사회론적 접근』, 문화과학사, 2008, 124쪽에서 재인용.

7_ 이 대별은 대별이라는 단어가 어울리지 않을 정도로 서로가 서로를 생산해내는 측면도 있다. 이 글이 끝날 때 우리는 이 상호생산에 대해 약간 언급할 수 있을 것이다.

8_ 수잔나 D. 월터스, 『이미지와 현실 사이의 여성들─여성주의 문화 이론을 향해』, 김현

다른 대립하는 문화적 활동 형태에 반하여 페미니즘의 특성은 어디에 있는 것일까?라는 근본적 질문에 스스로 답하면서 시각적 재현의 권력에 대한 저항일 뿐만 아니라, "볼거리, 시각적 대상으로서의 여성"과 "역사적인 주체로서의 여성"(위에서는 여자들로 명명된) 사이의 간격을 메우려는 시도가 페미니즘 비평활동이라⁹)고 정리하는 아네트 쿤 역시 이 두 양상을 염두에 두고 있기는 매한가지다. 드 로레티스 역시 이런 분류를 설정했던 것 같다. 그녀의 유명한 1984년 저작 『앨리스의 거부』(*Alice Doesn't*)가 재현으로서 "여성"과 경험으로서 "여성들"의 분열에 대한 탁월한 분석서임이 이를 입증한다. 드 로레티스는 "여성"과 "여성들"에 접근하는 방법의 차이를 가지고 이 둘을 다음과 같이 분류하고 있다.

1970년대 중반에서 후반까지의 여성주의 영화와 문화에 대한 기록들을 보면, 서로 상충되어 보이는 여성운동의 두 가지 관심사와 영화 연구의 두 가지 형태의 이분법이 강조되는 경향이 있음을 알 수 있다. 한쪽은 여성들의 정치적 행동이나 의식화, 여성들의 자기 표현, 또는 "긍정적인 이미지"를 찾기 위해, 가능한 빨리 그러한 기록물을 만들어 내야 하는 필요성을 갖고 있었다. 다른 한쪽은 재현에 내재하고 있는 이데올로기적 약호들을 분석하고 풀어내기 위해 미디어 즉 사회적 기술로 이해되는 영화적 장치 등에 대해 철저하고 공식적인 연구작업을 해야 함을 강조했다.¹⁰)

미 · 김주현 · 신정원 · 윤자형 옮김, 또 하나의 문화, 1999, 71쪽.
9_ 아네트 쿤, 「몸과 영화: 페미니즘의 몇 가지 문제들」, 『여성의 몸, 어떻게 읽을 것인가?』, 한울, 2001, 303쪽. 이하 이 글에서의 인용은 본문에 그 쪽수를 표기한다.
10_ Teresa de Lauretis, *Alice Doesn't: Feminism, Semiotics, Cinema* (Bloomington: Indiana University Press, 1984), p. 15; 수잔나 D. 월터스, 앞의 책, 70-71쪽에서 재인용.

그런데 통상 역사적 주체로서의 "여자들"과 남성적 응시를 통해서 구성된 "여성"의 차이를 분명히 드러내려는 과정에서 전자의 관점은 대개의 경우 사라지거나 보류되었다. 재현 안에서 그리고 그것을 통해서 여성이 구성된다는 것을 주장하면서도 세상에 엄연히 존재하는 피와 살을 가진 여자들에 대해 논의하지 않는 것은 그래서 아주 모순적인 것으로 보인다.11)

이제 우리는 "여자들"과 재현된 "여성" 사이에는 어떤 관계가 있는가? 혹은 어떤 관계를 설정할 수 있는 것일까?에 대한 탐구를 시작하거나 혹은 계속해야만 한다.

이 글은 이 둘 사이의 관계 설정을 중심에 놓고, 앞서도 말했듯 이 둘 사이의 구별 자체가 문화에 대한 페미니즘 비평의 핵심인 까닭에 페미니즘 연구의 영역으로 다시 이 문제를 끌고 들어와 여성의 재현, 여성 이미지, 여성주체, 그 주체의 생산과 같은 문제를 다루어 보고자 한다. 페미니즘 문화 분석에 소구되는 이 개념들은 더 중요하게는 여성 형상화의 새로운 유물론적 형식을 논의하는 데 필요한 선결 요인으로 보여진다. 여성 재현의 문제는 단지 비유 일반이나 미디어장치와 같은 문제와 관련된 것이 아니라, 새로운 여성주체를 형상화해내는 유물론적 작업의 전초작업이기 때문이다. 그리고 더불어 우리의 가장 최종의 목표는 여성을 형상화해내는 "대안적 방식"을 탐구하고자 하는 것12)임을 여기서 미리 밝혀둔다.

11_ 수잔나 D. 월터스, 앞의 책, 195, 209쪽.
12_ 로지 브라이도티, 「새로운 노마디즘을 위하여: 페미니즘의 들뢰즈적 궤적 혹은 형이상학과 신진대사」, 『문화/과학』 15호, 1998년 가을, 155쪽.

2. 재현–여성성–성차의 흐름

> 재현이라는 그 체계가 재현의 페티시를 구성하며,
> 따라서 그 자체는 재현불가능한 까닭이다.
> 여성들이야말로 차이의 관계이고, 배제된 것이며,
> 스스로를 소거하는 수단이기 때문이다.
> —주디스 버틀러

우리가 상투적으로 예견하듯 조폭'의 마누라가 아니라 '마누라로 설정된 그 자신'이 조폭인 <조폭마누라> 영화 속의 조폭 부두목 신은경은 남성성을 구현하고 있다. 대단한 싸움 실력, 그녀의 외관을 완성시켜 주고 있는 짧은 머리와 매니쉬 룩, 툭툭 내던지는 간결한 말투, 상위체위를 유지하는 성행위 등 그 어느 것 하나 그렇지 않은 것이 없다—통념적으로. 재현은 나름대로의 특수한 코드와 관행을 통해 의미를 구축하기 때문에 모든 재현은 그 자체로 생산적[13]이라 할 수 있는데, 이때 영화의 주인공 신은경이 외피상 일단 생산해낸 것은 남성성이다. 이는 '조폭'으로 통용되는 기표, 기호와 관련하여 의미화체계가 남성성을 구현해내는 방식으로 작용을 펼쳤기 때문이다 주인공 여성의 남성 동일시의 전과정은 여러 기호체제의 연결된 작동으로 사실 전면적으로 드러난다.

그러나 이 재현물을 끌고 나가는 중심 사건은 시한부 삶을 살고 있

13_ 아네트 쿤은 『이미지의 힘』의 두 번째 장인 '불법적인 관찰'을 시작하면서 선언적으로 "재현은 생산적이다"라고 명제화한다. 아네트 쿤, 『이미지의 힘』, 이형석 옮김, 동문선, 2001, 35쪽.

는 아주 예쁜—그래서 우리로 하여금 여성스럽다는 생각을 상투적으로 하게끔 기호화된—언니의 마지막 소원으로 이루어지는 주인공의 **결혼**—이래서 우리의 주인공은 '마누라'라는 직함을 얻게 되고—과 여기에 더하여 언니의 소원으로 이루어지게 되는 주인공의 **임신**이다. 완성된 미니쉬 룩으로 조폭의 외양으로 재현된 우리의 주인공 신은경 그녀는 자신이 보여준 모든 코드를 배반하며 궁극적으로는 여성성을 구현하기 위해 영화의 종말에 가서는 생사의 기로에 서기까지 한다. 결국 그녀로부터 연원한 남성성의 생산은 궁극적으로 여성성의 재현을 예비해준 요소이다. 이 영화는 처음에는 영화의 관습적 담론 내에서 형성된 시각이 결국 남성의 시각이라는 할리우드식 영화 공식을 일단 한 번 비틀어줌으로써 우리의 주인공 여성에게 더 거친 남성성을 부여했다. 이제 우리는 이 거친 남성성의 표방이 결국 주인공의 여성 정체성을 한층 도드라지게 하기 위해서였다는 초보적인 논의로부터 대당 개념으로서의 여성성 재현에 대한 이야기로 전환해야 할 필요에 직면했다. 그러나 종국에는 그것은 통념들에 깃들어 있는 압도적인 남성성으로부터 벗어나는 변동을 표시[14]하는 것이 되어야 하며, 따라서 그 재현은 "새로운 여성성"을 생산해내야 하는 것으로 귀결되어야 한다.

"재현, 특히 시각적 재현이란 것이 페미니즘의 사유와 페미니즘 정치학 분야에 특정 문제를 제기하고 있음이 명백하"(289)기도 하려니와 또 동시에 재현체계에 대한 비판적 관심은 분명 페미니즘의 정치학을 구성하는 데 요긴하다. 앞서도 우리가 말한 것처럼 재현이 생산적이다, 생산성을 가진다라는 것은 그 재현의 내용, 의미, 형식 등이

14_ 로지 브라이도티, 『유목적 주체』, 270쪽.

특정한 주체 형태를 생산해낸다 것을 의미한다. 특정한 주체 형태의 생산으로 인해 재현은 "복잡한 사회적 실천으로서의 재현"[15]이라는 의미 맥락 속에 놓일 수 있게 된다. 그리고 바로 이 점 때문에 재현체계에 대한 비판적 관심은 페미니즘 정치학의 일부를 이룰 수 있는 것이다.

여기서 우리는 스스로에게 질문해야 한다. 페미니즘 내에서 재현을 통해 우리가 드러내려는 것이, 혹은 구성해내려고 하는 것이 무엇인지를. 가장 중요하게 재현의 내용을 이루며 그것 자체가 재현이 되어버린 것은 바로 '여성성'이다.

> 정신적이고 사회체제적인 용어로 말하자면, '여성성'은 엄밀히 말해 재현의 한 조건이라고 말할 수 있다.(302)

그런데 이때 여성성은 남성 지배적인 젠더체계의 이데올로기적 구성물로 간주된다. 모니크 위띠그에 따르면 개념으로서 "여성"은 인식론적으로 신뢰할 수 없는 것이며 정치적으로도 의심스러운 것이다. 왜냐하면 그것은 남성적인 투사와 상상계적 기대치들에 흠뻑 젖어 있는 개념이기 때문이다. "여성"에 대한 위띠그의 근본적 비판은 "본질주의"에 대한 그녀의 거부에 근거한다. "여성"은 재생산 이성애의 규범적 모델을 나타내며, 자연, 모성애, 남성 지배적인 가족을 나타낸다고 주장한다. 이러한 개념들은 사실은 사회적으로 유발된 것이며 문화적으로 특수한 것인데도 자연적 조건인 것처럼 통용되기 때문에 본질주의적이다. … 젠더체계는

15_ 수잔나 D. 월터스, 앞의 책, 198쪽.

성들간의 이항 대립을 요구하는 가부장적 이데올로기의 표현이라는 것이다. 결과적으로 위띠그에게 젠더 체계는 성차화된 정체성들("남성들"과 "여성들")을 창출하는 이원론적 이항대립 논리에 의해서 가동된다. 이 정체성들은 가부장적 권력에 본질주의적인 토대를 제공하는 목적에 봉사한다. 즉 이것들은 "자연적인" 것, 혹은 사회의 제도, 가치, 재현 양식들의 역사적으로 불가피한 구조, 특히 주체관에 대한 신념으로 사회 체계를 편안하게 한다. 위띠그가 보기에, 젠더체계는 여성을 성차화된 것으로 구성하고 남성을 보편적인 것과 융합하며 강제적 이성애라는 사회적 틀 속에 두 성을 집어넣는다.16)

그럼 다시 <조폭마누라>로 돌아가보자. 여기서 보이는 여성은 '여자의 성'(female sex)으로 지나치게 폄하된 상태이며 여성이라는 정체성은 남성성과 이항대립된다. 그리고 서로 대립항을 이루는 상대방의 정체성을 배제하는 행위 안에서 구성되면서 통일성을 가지는데 이는 자연적이거나 불가피하거나 본원적인 총체성이 아니라 자연스러운 것처럼 만들어지고 중층결정되는 폐쇄과정의 결과인 것이다.17) 여기서 폐쇄의 내부는 단순히 주어진 상징체계이다. 그리고 이때 작동하는 것은 이데올로기이며 우리가 이 '여성'이라는 '사실'을 자연스럽게 받아들이는 것은 바로 이데올로기 효과로 인해서이다. 즉 이 이데올로기 효과의

16_ 이런 논의들은 위띠그(Monique Wittig)의 책 *Le corps lesbien* (Paris: Minuit, 1973); *Les guerillères* (Paris: Minuit, 1968) 등에서 이루어진 것인데, 여기서는 브라이도티, 『유목적 주체』, 404-405쪽에서 요약.

17_ S. Hall, "Cultural identity in question," in S. Hall, D. Held and T. McGrew, eds., *Modernity and its Futures* (Cambridge: Polity Press, 1992); S. Hall, "The subject of language, ideology and discourse," in Paul du Gay, Jessica Evans, and Peter Redman, eds., *Identity: a reader* (London, Thousand Oaks, Calif.: SAGE Publications, 2000), p. 18에서 재인용. 이하 "Cultural identity in question"에서의 한글 번역은 여성문화이론연구소 <정체성 강좌>를 진행한 박이은실의 번역임을 밝혀둔다.

결과로 인해 우리는 조폭 신은경을 여성으로 인지하게 되는 것이다. 이 때 이 여성은 본질에 기반한 정체성이다. 따라서 지금 여성은 문화적으로 결정된—그래서 바뀌어지지 않는 새롭게 생성될 수도 없는—개념이 되는 것이다. 우리의 <조폭마누라>는 이미 이 사회에서 통용되고 있는 상징체계에 충실한 주체의 모습을 재현하고 있을 뿐이다. 여성이라는 정체성은 남성성과 이항대립될 뿐만 아니라 또한 구조내적으로도 재현의 모델은 재현되는 것과 재현하는 것이라는 두 항을 언제나 전제하는 것이므로 항상 이원론적이다. 그러나 여성성이 여성의 정체성을 구성하는 데 한 부분을 담당할지라도 여자들이 여성성으로만 환원되는 것도 아니며, 오히려 재클린 로즈의 정확한 지적처럼 "남성성/여성성이라는 분리된 축을 따라서 성정체성을 구성하는 것은 실패하게끔 되어 있다."[18]

그렇다면 말 그대로의 재현은 왜 이렇게 작동하는 것인가? 우선 푸코식으로 재현을 이야기해 보자. 담론과 권력관계 속에서 재현을 이야기해 보면 재현이 가지고 있는 전제적 성격이 잘 드러나는 측면이 있기 때문이다. 재현은 많은 것들 중에서도 성차를 둘러싼 담론과 그 담론 안이 있고 그 담론을 위한 주체들을 계속 생산하는 특정 권력관계를 작동하게 한다. 이런 의미에서 재현을 푸코의 용어로 다시 쓴다면 재현은 '정상화(normalization) 전략이다.(301) "재현은 우리를 둘러싸고 있고 우리를 어떤 식으로든 늘 연루되어 있는 다양한 권력관계에 참여하게 한다. 이 때 권력은 사물들의 외양 속에서 그 사물을 보는 우리의 시선 속에 각인된다."[19] 이제 우리는 재현을 "일종의 규제(regulation) 형태"(301)로

18_ 주디스 버틀러, 『젠더 트러블』, 조현준 옮김, 문학동네, 2008, 138쪽.

이해할 수 있는데, 그렇다면 이때 재현은 무엇을 목적으로 하는가? 기존의 의미생산을 지속시켜 나갈 뿐, 즉 기존 사회관계의 재생산이 지속적으로 이루어지도록 할 뿐이다. 그리하여 이성애적 체제, 가부장적 체제의 강고함이 지속된다. 미디어나 문화적 재현물 등에서 끊임없이 현모양처의 모습(요즈음 상종가를 달리는 드라마 <내조의 여왕> 같은 것들이 대표적이라 하겠다)이나 정상가족(이라 지칭되는)의 모습을 주로 비추는 것은 기존체제를 유지시키기 위한 것이다라는 사실을 여기서 더 언급할 필요는 없을 것이다. <조폭마누라>에서도 보듯 주체 형태는 동일성과 재현의 형이상학에 갇혀 있게 되는데, 이때 남성과 여성의 차이는 동일시의 반사구조가 내쏘는 보다 과장된 시각적 강렬함을 가지고 구현되었지만 그 효과로 오히려 동일성의 지반으로 각 존재자의 특성을 가두고 있는 결과를 보인다.[20] 여성이냐 남성이냐라는 '성'을 추정하는 영화 속 과정들—조폭, 부두목, 결혼, 임신, 부상, 입원, 남성성의 대표적 화신으로 늘 표상되는 최민수와의 격투신 초두의 일갈을 마지막 신으로 내보내는 종결까지도—은 늘 동일시(identification)라는 목표에 집중해 있고, 또 이성애적 명령이 특정하게 성화된(sexed) 동일시를 가능하게 할 수 있도록 만들고 다른 동일시를 미리 차단하게 만들거나 부정하게 만들고 있다.[21] 이때 재현은 동일시의 항상적 반복으로 인해 어떤 사람도 어떤 사회 집단도 어떤 구조도 재현이 지닌 권력과 정상화

19_ Dick Hebdige, "Posing…Threats, Striking…Pose: Youth, Surveillance, and Display," in Ken Gelder and Sarah Thornton, eds., *The Subcultures Reader* (London, New York: Routledge, 1997), p. 403; 딕 헵디지, 『하위문화』, 이동연 옮김, 현실문화연구, 1998, 15쪽에서 재인용.

20_ 연효숙, 「들뢰즈, 가타리의 소수적 여성주의」, 제3회 맑스코뮤날레 조직위원회 엮음, 『21세기 자본주의와 대안적 세계화』, 문화과학사, 2007, 76쪽.

21_ J. Butler, *Bodies That Matter* (New York: Routledge, 1993), p. 5.

도구로서의 성격을 벗어날 수 없음을 시사하는 주체 구성 방식으로 자리매김된다.

'여성'이 이런 권력을 통해 특정한 방식으로 사회적 주체로서 자리잡고 재현되어진다면, 그녀들이 이런 권력에서 배제되지 않는다는 것도 당연한 일이다. 이 말은 여성이 그런 권력에 꼭 '억압당하고 있다'고만 여길 수도 없다는 것이다. 왜냐하면 이 모델에서 권력은 어떤 물건도 아니고, 주체의 바깥에서 부과된 것도 아니며 차라리 일종의 과정, 즉 주체가 불가피하게 말려들어갈 수밖에 없는, 상호작용하지만, 잠재적으로 모순적인 일련의 관계의 결과이기 때문이다. 만약 권력이 이런 식으로 서로 상쇄하는 '힘의 관계들'의 네트워크로 작용한다면, 저항은 권력과정들의 필수적인 부분이 될 것이다. 그렇다면 페미니즘은 재현의 정상화 효과에 대해 어떤 종류의 저항을 할 수 있을까? 아네트 쿤은 이때 페미니즘의 저항 전략의 하나로 재현의 페미니즘적 실천을 거론한다.(301)

이와 관련하여 우리는 성차의 이론가들이 제안한 '새로운 형상화'에 관한 논의를 재현의 페미니즘적 실천으로 거론하고자 한다. 재현을 통한 여성 형상화가 기존 체제를 계속 재생산하고, 주체를 체제 유지에 적합한 형태로만 끌고가려는 속성을 지닌 까닭에 페미니즘의 성차이론가들은 새로운 형상화의 모습을 구체적으로 제시하는 방식으로 이 난국을 타개하려 했다. 비근한 예로 앞서 언급한 위띠그의 경우, 여성의 섹슈얼리티를 "여성"이라는 기표에 대한 종속으로부터 자유롭게 만들 필요성을 강조하는 가운데 "여성"이라는 기표를 인식론적으로나 정치적으로나 부적절한 것으로 폐기하자고, 그것을 "레즈비언"의 범주로 대체하자고 제안한다. 레즈비언은 자신을 남근에 기반을 둔 정체성으로부터 빼냈기 때문에 더 이상 여성이 아니라고 한다. 해러웨이의 경우, 현대세계의 하이테크놀로지의 현실에 맞도록 사이보그라는 비개인적 방식의 페미니즘 주체에 대한 새로운 형상화를 추천한다.22) 이처럼 성차의 이론가들이 제시하는 여성의 새로운 형상화는 일단 "여성"은 재현의 남성적 체계에서 배제되어 있는 존재라는 신념 위에 세워진다. 그 이유는 그녀가 그러한 체계를 초과하며 그것으로는 재현될 수 없다고 보기 때문이다. 따라서 "여성"은 다른 하나의(an-other) 재현 체계의 가능성에 주목한다. 전통적 주체관 및 그러한 관점을 떠받치는 이항논리를 거부하는 위에 새로운 형상화가 들어서는 것이다. 버틀러는 이리가라이나 위띠그와 같은 성차의 이론가들 예를 들면서 성차에 대한 페미니즘의 접근은 여성성을 이론화하고자 하는 것이라고 본다. 그리고 그녀들이 여성성을 본질의 형이상학의 표현물이 아니라, 배제를 통한 의미화 경제에 기반하고 있는 (남성적) 부인 때문에 발생한, 재현불가능한 부재로 이론화하려는 점을 지적해낸다.23) "이때 여성의 성은 재현의 필요조건 자체를 벗어나는 것"24)이지 않은가.

소터는 '주체의 통일성을 바탕으로 하는 재현의 정치학—여성이라는 솔기없는 범주가 타당한지 묻는다.'25) 그리고 이런 재현에서는 규범적으로 페미니스트 정치학의 바탕으로서 이성애적 관계를 우선시함으로

22_ 브라이도티, 「새로운 노마디즘을 위하여」, 171-172쪽, 177쪽. 이하 이 글에서의 인용은 본문에 그 쪽수를 표시한다.
23_ 주디스 버틀러, 앞의 책, 137-138쪽.
24_ 같은 책, 104쪽.
25_ J. Souter, "From Gender Trouble to Bodies That Matter," unpublished manuscript (1995); S. Hall, op. cit., p. 29에서 재인용.

써…"다른" 여성들을 배제하는 것에 바탕을 둔다고 비판한다. 따라서 이 '통일성'은 '허구적 통일성'일 뿐임을 적시한다. 그러나 버틀러의 경우 모든 정체성에 대한 관념들이 이론적으로 결함이 있다고 해서 결국 폐기되어야 한다고 주장하지는 않는다. 오히려 버틀러는 동일시의 반사구조(specularly structure)를 자신의 주장에서 결정적인 부분으로 취한다. 물론 그녀의 이같은 논지는 '정체성 정치학의 필연적인 한계'를 인정하는 것이다.26)

그러나 이렇게 한계를 인정하는 것보다는, 즉 이분법에 의한 거울보기의 재현이라는 무기력한 방법이 아니라 브라이도티의 제안처럼 대항재현(counterrepresentations)을(167) 개발해야 한다.27) 브라이도티는 로리 앤더슨, 바바라 크루거와 같은 현대 페미니즘 행위예술가의 작업들을 예로 들면서 이들이 작업을 통해 여성의 재현을 대안적 의미화의 장으로 가져간다고 본다.

물론 "여성"이라는 기표에 집중된 문화적 의미는 비교적 고정되어 있는지도 모른다. 그러나 많은 다른 의미도 여전히 가능하다. "여성의 이미지"라는 개념은 도전받아야 한다. 그리고 새로운 형상화를 통해, 우리는 다양한 이미지로 재현되는 "여성"에 부착되는 의미들을 다르게 규명할 수도 있다. 여성은 이미지들 자체로부터 그대로 드러나는 것이라기보다는, 이미지로, 그리고 이미지들을 통해 구성된다. "여성"은 일련의 의미 집합체로 구성되며, 또한 문화적이며 경제적인 영역에서 계속 유통되는 것이다.28)

26_ J. Butler, op. cit., p. 105.
27_ 우리는 이 대항재현의 개념을 다음 절에서 주로 새로운 주체의 '생산, 새로운 '여성-되기'의 개념으로 쓰려 한다.

3. 생산-여성되기-주체생성의 흐름

> '밥'하는 아줌마들이기에 천대받은,
> 하지만 정리해고 반대투쟁의 '꽃'들,
> 그러나 마침내 희생의 제물로 바쳐진 '양'

<밥·꽃·양>의 여성-노동자들은 자신들이 처한 상황과 그 속에서의 권력관계로부터 구성되어지는 존재다. 그리고 그 이후 상황들도 그냥 주어지는 것이 아니라 주체성의 역동적 힘에 의해 생성되는 것이고, 끊임없이 투쟁하고 구성해나가는 다성적 개인들의 표현 및 소통에 의해 현실화된다. 그리고 그 각각의 주체도 정체성이 동일하지 않고 다성적인만큼 이질적이고 불균등하다.[29] 이렇게 주체화된 이 여성들은 언제나 끊임없이 다른 조합으로 자신을 재구성해 나간다. 그래서 그들은 '밥'이 되었고, '꽃'이 되었으며, 마침내는 '양'이 되었다. 그러나 그들이 '양'으로 완결되는 것은 아니다. 그녀들이 이후에 어떤 주체, 어떤 소수자가 될른지는 지금으로서는 알 수 없다. 이 영상기록물의 감독 임인애는 그런 연유까지를 포괄하여 영상물의 마지막에 'to be continue…'를 기입한다.

우리의 주인공들은 이런 재현태의 양태 변동으로 성(여성), 계급(노동자)이 가로지르는 모습으로 드러나는데, 이 두 가지의 정체성만으로 규정될 수 있는 것이 아니고, 오히려 강조해야 할 것은 "실천적 과정으로서의

28_ 수잔나 D. 월터스, 앞의 책, 68-70쪽.
29_ 고길섶, 「어느 다중적 소수자의 삶과 투쟁이 보여주는 문화적 의미: 최종희」, 김진균 편저, 『저항, 연대, 기억의 정치 2』, 문화과학사, 2003, 341쪽.

여성-되기, 더불어 소수자-되기"[30]이다. <밥·꽃·양>에 나오는 남성-정규직 노동자처럼 수목체제로 갖추어진 상수적이고 등질적인 체계로서의 다수적인 것은 우리의 여성-비정규직 노동자들처럼 잠재적이고 창조되었고 창조적인 생성으로서의 소수적인 것과는 구분되어야 한다. 다수파는 결코 생성이 아니다. 그들은 국가나 거대 회사 조직처럼 생성이 필요없는 완결된 형태의 권력체이다. "생성에는 오직 '소수파 되기'만이 있다. 여성은 그 수와 관계없이 상태, 부분 집합으로 정의될 수 있는 소수파이다."[31] 한 사회에서 소수자가 된다는 것, 소수자로 규정된다는 것은 그 바탕에 어떤 규정성으로도 귀속되기를 원하지 않는, 끊임없이 변화와 생성으로 거듭나는 존재의 특성을 갖고 있다는 것이다. 이런 면에서 여성은 소수자의 존재론적 특성을 갖고 있다.[32] 그리고 들뢰즈와 가타리는 "여성이 인간 전체(여기에는 남성과 여성이 모두 포함된다)와 관련해서 여성-되기를 창조할 수 있는 것은 어떤 생성을 가능하게 할 때 뿐"(204)이라고 말한다.

> 여성-되기는 기존의 실체를 모방하지도 않으며 나아가 그러한 존재물로 변형되지도 않는다. …여성의 모습을 모방하거나 띠는 것이 아니라 운동과 정지의 관계로 또는 미시-여성성의 근방역으로 들어가는 입자들을 방출하는 것, 말하자면 우리자신 안에서 분자적인 여성을 생산하고 분자적인 여성을 창조하는 입자들을 발산하는 것이다.(522-523)

30_ 같은 글, 343쪽.
31_ 질 들뢰즈/펠릭스 가타리, 『천 개의 고원』, 김재인 옮김, 새물결, 2001, 204쪽. 이하 이 책에서의 인용은 본문에 그 쪽수를 표기한다.
32_ 연효숙, 앞의 글, 75-76쪽.

들뢰즈가 문제로 삼는 것은, "여성" 주체 위치를 남성적인 규범과 대립시키고 그리하여 동일자의 거울 이미지로 환원하는 이원론적인 구조로부터 어떻게 "여성" 주체 위치를 떼어낼 것인가 하는 점이다. 달리 말해서 여성을 남근이성중심적 체계의 작동자로 보는 몰적 혹은 정착적 견해에 맞서서 들뢰즈는 분자적인 것 혹은 유목적인 여성을 되기의 과정으로 제안하는 것이다. 되기란 <조폭마누라>에서 보았던 대립항들의 역동적인 대립이 아니다. 그리고 종합하는 동일성으로 귀결되기 마련인 목적론적으로 설정된 과정 속에서 본질을 펼치는 것도 아니다. 들뢰즈의 되기는 차이의 적극성에 대한 긍정이며 변형의 복수적이고 항구적인 과정을 의미한다. 고정된 정체성들은 복수적인 되기의 흐름을 위해서 폐기된다.[33]

"우리가 여자라서?", "당신네들이 생각하는 그런 시시한 밥이나 짓는다고?" 이 여성 소수자들은 "왜 내가 사는 인생은 안중에도 없고, 왜 노동조합운동이란 건 그런 인생살이에 대하여 할 이야기가 없는 거야'라고 묻는 것이다. 이때 이 물음이 바로 차이이다.[34] 재현이 전제하는 사유의 과정에서 사소한 차이들은 거시적인 유사성을 위해서 희생된다. 사물들은 동일한 것의 사례들로 간주되거나 일반성의 개별화된 경우로 이해된다. 개념의 동일성 아래 포섭되는 것이다. 따라서 우리가 말하는 차이는 순수한 차이가 되어야 한다. 순수한 차이란 일정한 동일성으로 환원되지 않는 차이로 들뢰즈는 이를 개념없는 차이라고

33_ 로지 브라이도티, 『유목적 주체』, 188, 183쪽. 이하 이 책에서의 인용은 본문에 그 쪽수를 표시한다.
34_ 서동진, 「차이의 운동을 생각하며, <밥·꽃·양>을 생각하며」.
　　http://larnet.jinbo.net/data.html

부른다.[35] 이리가라이의 설명을 따르자면 여성들은 또한 항상 이미 남성적인 주체의 단순한 부정이나 '타자'로는 이해될 수 없는 '차이'이기도 하다.[36]

우선 차이의 근원은 매 상황과 매 계기들에 있어서의 소수자 — 되기로서 활성화되는 주체성의 문제로부터 연원한다. 현대자동차 식당 여성노동자들의 경우 노조에 의해서는 성차별적 희생양으로 강요받았고, 현장의 생산직 남성노동자들에 의해서는 '노동자'로 인식되기보다 '식당 아줌마'로 인식되었으며 더군다나 '노조 조합원'으로 인식되지 않는 경우도 있었다. 그러나 이러한 인식의 편견은 그녀들의 투쟁에 의해서 수정되어 갔다. 소수자로서의 정체성은 주어지는 것이 아니라 자기구성의 과정으로 획득되어지는 것이다.[37] 단일한 주체위치는 있을 수 없다는 말은 여기서도 역시나 적법하다. 한데, 이의 이해를 위해서 여기서 앞 절에서 말한 '성차'의 개념을 차이 개념 안에서 좀 더 진전시킬 필요가 있다.[38]

우선 브라이도티가 버틀러와의 대담에서 이 성차를 이해하기 위한 세 가지 수준의 도식을 제안한 것을 보자.

첫 번째 수준에서 초점은 남성과 여성간의 차이들입니다. 두 번째 수준에서 초점이 되는 것은 주체와 타자의 관계가 가역적인 것이 아니라는 점입니다. 나에게 있어 강조점은 성별간의 비대칭적 위치에 대한 인식이 지니

35_ 박성수, 앞의 글, 43쪽.
36_ 버틀러, 앞의 책, 118쪽.
37_ 고길섶, 앞의 글, 343쪽.
38_ 브라이도티는 들뢰즈가 성차를 다양한 변수들 중 하나로만 환원시키는 것에 대해 분명한 반대를 표시한다.

는 함의, 즉 그러한 가역성은 개념적으로나 정치적으로 선택이 아니라는 인식의 함의입니다. 성차의 세 번째 수준은 "내부의 차이들"입니다. 이것은 주체성의 분석을 통해 접근됩니다. 여성 주체성의 사회적, 상징적 재구성의 일부로서 페미니즘적 주체 위치를 맡은 현실의 여성들은 그 자체로 다중적 실체입니다. 그들은 분열되어 있고 파편화되어 있으며 교차하는 경험의 수준들을 가로질러 구성되어 있는 것입니다.[39]

<조폭마누라>의 주인공 신은경이 보여주듯 여성성은 남성성과의 성차를 통해 뚜렷이 부각되었다. 그 영화가 잘 보여주듯 성차라는 개념 자체는 이데올로기의 전쟁터이다. 그러나 위 세 수준의 성차는 성차로만 국한되지는 않는 것 같다. 여성의 다중적 주체는 일정한 동일성으로 환원되지 않는 차이를 표현한 것으로 들뢰즈의 '개념없는 차이' 개념과 가깝다. 그리고 이 세 수준에서 일어나는 차이들은 새로운 여성 형상이 생산되었을 때 그 상 속에 반영될 뿐 아니라 그 상들을 표상하고 그것들을 의미짓는 의미화실천 속에도 반영된다.

특히 이때 여성이 상이한 차이, 순수 차이를 표현하게끔 하고 차이들이 서로를 배가하고 서로와 달라지는 전적으로 새로운 되기의 면을 표현하게끔 하기 위해서 어떻게 "여성"을 뭉뚱그려 합병된 "타자"라는 종속적인 위치로부터 자유롭게 할 것인가 하는 점이 문제가 된다. 여기서 더 많은 초점이 맞추어지는 것들은 실생활 여성들의 경험 및 잠재적 되기이며, 무엇보다 여성들이 "여성"의 주체 입장을 이해하고 그 속에 살아가는 다양한 방식이 된다.(188-189)

39_ 「쥬디스 버틀러와 로지 브라이도티의 대담」, 『여/성이론』 창간호, 1999, 279-281쪽 요약.

여성주체성의 사회적, 상징적 재구축 과정에 있는 현실의 여성들은 데카르트적 의식의 새로운 변형이 아니라 오히려 그 자체로 해체되고 다중적인 실체입니다. 경험의 교차하는 수준을 따라 분열되고 파편화되어 있으며, 구성되는 거죠. 이 다중적 정체성은 그것이 '타자'와의 결속을 요구한다는 점에서 관계적입니다.[40]

남성-정규직 노동자의 조합주의만이 노동을 대변한다는 수목체제에 비해 비정규직으로 '하강'한 우리의 여성노동자들은 리좀이다. 리좀 (Rhizome)은 뿌리인데 접속이 자유롭게 이어진 뿌리다. 이 접속은 우발적이고 자유로운 과정이다. 중심도, 시작도 끝도 없다. 우리의 소수자 여성이 접속이 자유롭게 이어진 리좀일 수밖에 없는 것은 그녀들은 애초부터 관계적이기 때문이다.

페미니즘 주체성에 대한 새로운 형상화의 예로 브라이도티는 어머니, 괴물, 기계의 개념구성물을 드는데, 들뢰즈를 인용하면 이들 사이의 관계는 "리좀적인" 것으로 정의된다고 한다. 즉 지성에 호소하는 것일 뿐만 아니라 경험과도 관련된 것이며, 이는 사유와 삶의 연결이 강화되었음을 의미하는, 즉 사유 과정을 실존적 현실에 근접하도록 갱신하려는 특성인 것이다. 브라이도티는 자신의 사유에서 "리좀적인" 사유는 "유목적" 스타일로 이어진다고 말한다. 게다가 "유목적"인 연결은 담론을 이원론적이거나 대립적인 사고 방식이 아니라 권력 관계들의 적극적이고 다층화된 네트워크로 보는 방식(푸코)이다.(133) 앞 절에서 보듯 권력관계 속에서 재현이 그 전제적 성격을 드러냈던 것에 반하여 리좀 방식의 형상화

40_ 같은 글, 284쪽에서 요약, 정리.

를 들여오면 재현체계 내에서의 문제들을 열려진 생성의 상호관계적 성격의 것들로 바꿀 여지가 생겨난다.

리좀적인 것에서 연유된 유목성, 즉 유동성은 스스로를 재현하는 새로운 도식을 개발하는 자유를 일컫는 것이기도 하다. 브라이도티 역시 들뢰즈와 마찬가지로 유동성을 "우리 자신을 보다 적합하게 재현하는 수단"(386)으로서 간주한다. "유목적" 스타일은 페미니즘적 형상화를 위한 탐색에 딱 들어맞는다. 남근이성중심적 언어의 한계 속에서는 쉽사리 들어맞지 않는 여성의 경험을, 제대로 재현한다는 의미에서 페미니즘적 형상화에 딱 맞는 스타일이다.(133)

> 실천의 계기는, 부정하기 위한 위치에서, 주체를 사회 환경 속의 다양한 대상들과 다른 주체들과 관련을 맺게 하고, 그렇게 되면 주체는 적대적이든 아니든 간에 그것들과 모순관계에 놓이게 된다. 사회관계에 내재하는 모순은 주체 외부에 있지만, 주체 그 자체의 중심을 바깥으로 확장시키고, 주체를 유예시켜 하나의 통과지점, 하나의 면소(non-lieu)처럼 분절한다. 그곳은 대립된 여러 경향들…이 투쟁을 벌이는 장이다. …그러므로 실천은 근본적인 계기로서 이질적 모순을 내포하며, 이 모순은 아직 상정화되지 않은 자연 혹은 사회 외부에 의해 과정중에 놓인 주체, 낡은 정립들(다시 말하면 거부의 폭력을 차연시키고 지연시키는 표상체계들)과 투쟁중인 주체를 조정한다.[41]

단일하고 통일되어 있는 주체라는 전통적인 개념에 대항해서 과정

41_ 줄리아 크리스테바, 『시적 언어의 혁명』, 김인환 옮김, 동문선, 2000, 235-236쪽.

중에 있는 주체 개념을 설정하는 데 특별한 관심을 갖는 크리스테바는 이런 주체를 예전의 주체를 포괄하고 있지만 동일시보다는 과정을 강조하는 주체로 정의한다.42) 그리고 또 크리스테바는 "우리는 항상 과정 속에서 작업하므로 우리의 주체성은 결코 단 한번만 구성되는 것은 아니다"라고 언명한다.43)

크리스테바가 주장하는 주체는…과정 속의 주체다. 그리고 주체 [생산]를 의미화가 이루어지는 과정으로서 이해하는 것은 실천 개념을 구축하는 데 있어 결정적이다. 왜냐하면, 그것은 관념론의 함정에 빠지지 않는 역사와 실천에 대한 진정으로 유물론적인 이해를 허용하기 때문이다. …이때 주체는 개별화된 존재가 아니라, 의미화 과정이라는 집합적인 배치 속에 존재하는 주체가 된다. 여기서 '집합적'이라는 말은 주체가 사회집단 속에서 형성된다는 의미가 아니라 동시에 기술적 대상, 물질적인 흐름, 비신체적인 실체와 같은 다양한 집합체를 모두 포함함을 이르는 것이다.44)

그렇다면 이제 우리는 여성의 이미지를 더 이상 현실 속 여자들의 단순하고 왜곡된 반영으로 보지 않아야 한다. 이제 페미니스트들은 재현의 문제를 단순히 성적 차이를 반영하는 것으로서가 아니라 어떻게 성적 차이를 구성해내는가에 강조점을 둔 분석으로 발전시켜야 한다. 단순한 반영이라는 재현의 틀을 벗어나 오히려 사물의 의미를 만들어내고, 의미

42_ 딕 헵디지, 앞의 책, 164쪽의 각주 6) 참조
43_ 노엘 맥아피, 『경계에 선 줄리아 크리스테바』, 이부순 옮김, 앨피, 2007, 88쪽. 이하 이 책에서의 인용은 그 쪽수를 본문에 표시한다.
44_ 문아영, 「'언어와 주체의 문제'에 대한 연구」, 서울대학교 사회학과 석사학위논문, 1997, 66쪽. [ ]는 인용자 첨가.

를 선택하고 제시하며, 또한 의미를 구성하고 형성하는 능동적인 과정으로 여성 형상화를 끌어가야 한다. 여기서는 이미지들의 구성성에 대한 강조와 더불어 이미지들의 생산성에 대해 적극적인 관심이 두드러지는데, 수잔나 D. 월터스는 이를 다시 "의미화"(signification) 패러다임으로 설명한다. 이 의미화 관점은 특수한 "의미화실천"에 초점을 둔다. 일단 의미화과정에 참여한 결과로써 우리는 우리가 되며 따라서 그 과정에서 일어난 의미화실천은 텍스트 내 의미들의 자생적 실천만이 아니라 그 의미들에 대한 주체의 실천까지를 의미하게 된다. 의미화실천은 새로운 주체의 실천을 생산한다는 점을 강조한 것이다.

그런데 의미화실천은 결코 단일하거나 통일되어 있지 않다. 그것은 복수적인 기원 또는 충돌들의 결과이고, 그렇기 때문에 단일하고 고정된 의미를 생산하지 않는다. 여기서 다시 크리스테바의 언어분석은 우리에게 그것이 유래한 영역을 주목하라고 요구한다. 그 영역은 다름아니라 바로 말하는 존재, 곧 크리스테바가 '과정 중의 주체'라고 명명하는 것, 결코 자명한 통일체라고 주장할 수 없는 주체이다.(60-61) 이 '과정 중의 주체' 이론은 크리스테바의 또다른 핵심 관념을 낳는다. 주체성은 살아가고 성장하고 그 자신을 갱신하도록 하는 개방적 체계 속에서 발생한다는 점이 그것이다. 안정적이고 단일한 자아모델 대신, 항상 과정 중에 있고 이질-혼성적인 자아모델을 제공한다.(85-86)

의미화과정의 변증법적 개념은 "의미생산이 어떻게 주체를 과정/시도 중에 있게 하는지를 보여준다.(81) 그래서 위치지음이 관습적으로 달성되는 과정을 분열시키는 것이다. 게다가 한 기호들의 체계를 설립하거나 횡단하거나 단절시키는' 것으로 정의된 의미화실천에 대한 전반적인 관념은 주변 문화구성체와 주류 문화구성체 사이의 관계뿐만이 아니라 다양한 형상들 사이의 관계를 더욱 정교하고 치밀한 방식으로 재사유할 수 있는 수단을 제공한다. 어떻게 다른 형상들이 다른 의미화실천들을 표상하는지를 볼 수 있을 것이다.[45]

따라서 거듭 이야기하지만 우리는 우리의 관심을 어떤 성차별적 이미지가 재현되는가에 두기보다는 어떻게 그것이 생산되고 어떻게 의미를 갖게 되는가 하는 '의미화실천'에 두어야 할 것이다. 이것은 '여성 이미지'의 분석으로부터 전환하여 여성의 구성성을 중점적으로 살펴보는 비판이론을 강조하는 것이다. 그러나 여기에서도 구성성 역시 결과가 아니라 과정임을 다시 한번 강조해둔다. 체계의 횡단은 주체가 과정 중에 있을 때, 말하자면 주체가 이전에 그 속에서 자신을 인식했던 사회를 질러갈 때 일어난다. 따라서 그것은 사회적 균열의 순간, 즉 혁신 및 혁명의 순간과 일치한다.[46]

<밥·꽃·양>으로 다시 돌아가 보자. 밥도 되고, 꽃이 되어 다시 양이 되는 그 소수자 여성주체들은 끊임없는 되기의 과정 중에 있는 것이다. 왜냐하면 그들이 다음에 어떤 형상화를 이루어낼지 자신들로서도 모르기 때문이다. 들뢰즈에 의하면 "되기" 개념은 사유하는 행위를 다르게 이미지화해 내겠다는 것인데, 여기서 사유의 행위가 다르게 이미지화될 때 여성은 다른 되기에 접속하는 차이의 변이태로서 끊임없이 변화할 수 있는 가능성이 많을 수밖에 없다.

이제 여기에서 이렇게 형상화된 주체가 문화적 맥락을 가질 수 있

45_ 딕 헵디지, 앞의 책, 163-164쪽 참조
46_ "Signifying Practice and Mode of Production," *Edinburgh'76 Magazine*, no. 1 (1976); 여기서는 딕 헵디지, 앞의 책, 164쪽에서 재인용.

도록 하는 상호관계들을 살펴보자. 주체의 형상화가 명시적으로 모습을 보이는 것은 사건의 맥락 속에서이다. "사건적으로 구성해 나간다"[47]는 말이 더 정확한 표현일 것이다. 들뢰즈는 사건을 구조의 한 항으로서가 아니라 순수 생성[48]이라고 추상적으로 정의하는데,[49] 이 사건의 개념을 이해하는 데 가장 중요한 것은 그것이 '계열'을 통해서 정의된다는 점이다.[50] 즉 사건이란 계열화됨으로써 의미로 화한다. 다시 말하자면 의미란 사건의 계열들을 따라가는 과정에서 가변적이고 생성적이게 되는 것이다. 인간에게 일어나는 모든 사건들은 이미 존재하는 문화-장 내에서 계열화되며, 계열화되는 순간 의미로 화한다. 들뢰즈는 사건이란 무의미와 의미의 두 얼굴을 가진다고 본다. 이렇게 사건의 맥락에서 형상화를 바라보고자 하는 것은 물리적 변화란 그 자체로서는 무의미이지만, 문화세계 내에서 계열화됨으로써 의미로 화하기 때문이다.(29)

그럼 앞서 말한 생성, 되기와 사건의 차이는 무엇일까. 사건은 단지 자연철학적, 형이상학적 맥락에서의 생성이 아니라, 의미의 생성이다. 생성의 사유는 자연철학적, 형이상학적 맥락에서 이루어지는 반면, 의미의 사유는 문화적 심급에서 이루어진다. 들뢰즈는 사건을 물질적 차원의 운

47_ 딕 헵디지, 앞의 책, 15쪽.
48_ "들뢰즈 (내에서의) 존재와 생성의 대립은 그 궁극적 준거점이 (생성 없는 순수존재라는 형이상학적 개념과 대립되는) 존재없는 순수 생성이라는 점에서 근본적 대립이다. 이 순수 생성은 어떤 문제적 존재자의 특수한 생성[되기], 즉 이 물체적 존재자가 한 상태에서 다른 상태로 이행하는 것이 아니라, 그것의 물체적 기반으로부터 완전히 추출된 생성 그 자체이다. 존재없는 순수 생성이 의미하는 바는, 우리가 현재 비켜가야 한다는 것이다. 그것은 결코 '현행적으로 일어나지 않는다, 그것은 '항상 도래할 그리고 이미 지나간 것'이다." 슬라보예 지젝, 『신체 없는 기관』, 김지훈 외 옮김, 도서출판 b, 2006, 29쪽.
49_ 이정우, 「들뢰즈와 사건의 존재론」, 질 들뢰즈 『의미의 논리』, 이정우 옮김, 한길사, 2000, 25쪽. 이하 이 책에서의 인용은 본문에 그 쪽수를 표시한다.
50_ 이진경, 「들뢰즈: '사건의 철학과 역사유물론」 참조. http://blog.daum.net/anapunk/9740197

동에서 파생되는 것이자 동시에 문화적 차원의 가장 원초적 층위에서 발생하는 것으로 이해한다.(25) 따라서 형이상학적 '여성'이 아니라 경험과 실재로서의 '여성'이 드러나는(구성되는, 창안되는) 것이다. 비로소 사건 속에서 계열화의 계통을 따라감으로써.

계열화를 통해 유사한 항들은 말할 것도 없고 동일한 항조차 전혀 다른 의미를 갖는 사건을 구성하게 된다. 이런 점에서 계열화를 통해 형성되는 사건의 의미는 그 안에 포함된 어떤 항이나 요소들의 개별적 의미로 환원되지 않으며, 그것과는 다른 차원에서 형성된다. 반대로 각각의 요소나 항이 갖는 의미는 그것이 갖는 어떤 지시체나 연관된 논리적 명제들, 혹은 주관적인 의도가 아니라, 오히려 계열화를 통해 형성되는 사건을 통해 구성되는 것이다. 계열 안에서 각각의 항은 오직 다른 항들과의 상대적 위치에 의해서만 의미를 갖는다.[51] 이 서술은 의미란, 즉 여기서는 여성 형상화가 사회관계 내에서 문화적으로, 그리고 절합적으로 구성된다는 점을 드러내준다.

들뢰즈에게 있어 의미의 생성은 사건의 계열화와 그 계열화로 인해 발생되는 물질성의 표면효과에서 비롯된다. 스토아학파에게 비물체적인 것은 물체적인 것 이편의 존재, 물체적인 것의 '표면효과'이다. 보름달은 둥그렇다. 스토아학파에게 이 둥그럼은 달의 질료가 일정하게 배치됨으로써 생기게 된 표면효과이다. 따라서 달이 변화하면 둥그럼 자체도 변화하는 것이다. 사건은 물체의 표면효과이며 '말로 표현되는 것'(lekton)이다. 축구 선수가 공을 넣는 사건은 순간적으로 나타났다가 사라지지만, 그 사건은 다음날 아침 신문에 언어화되어 실리기 때문이다. 들뢰즈는

51_ 같은 글 참조

스토아학파의 이 사건 개념을 받아들여 사건을 자연과 문화의 경계면에서 발생하는 것으로 이해한다. 이런 맥락에서 사건이란 물체의 표면이자 문화의 밑바닥, 즉 자연과 문화의 경계면 상에서 발생한다. 들뢰즈가 '형이상학적 표면'이라고 부르는 이 경계면이 모든 문화의 선험적 조건을 형성한다.(25-26)

그리고 텍스트의 물질적 형태로서의 질료가 기표-기의의 이분법적 표상관계를 넘어서 의미의 다층적인 배열 안으로 변환되는 경로를 지도그리는 실천은 재현모델과 생산모델의 부분적인 한계를 극복하고 있다. 이는 외디푸스적 표상체계에 근거한 정신분석의 해석과 대조적으로 욕망의 미시정치를 기도하는 분열분석의 실천과 그 맥을 같이한다. "분열분석은 상대적으로 자율적이고 번역불가능한 기호적 실체의 형성을 도움으로써, 욕망의 의미와 무의미를 있는 그대로 수용함으로써 주체화양식을 의미작용 및 지배적인 사회규칙에 적응하도록 하지 않음으로써 기호적 다중심주의를 촉진한다. 분열분석의 목적은 이런 저런 이유로 공통규칙에서 벗어난 주체의 특이성의 특징들에 그 자리를 주는 것이다."52)

문화적 구성물을 통해 볼 때 그럼 하나는 재현모델이어서 기호로서, 이미지로서의 여성(성)을 재현하고, 하나는 생산모델이어서 구체적인 "여자들"(women)과 같은 주체 혹은 주체형태를 생산하는가? 우리는 이 종별적 질문 앞에서 지금까지의 우리의 서술을 다시 정리해볼 필요를 느낀다. 그렇더라도 일단 버틀러의 지적을 염두에 두기로 하자. "여자나 여성(female) 모두 관계적 용어로서만 그 문제적 의미를 획득

52_ 펠릭스 가타리, 『분자혁명』, 윤수종 옮김, 푸른숲, 1998, 318쪽.

한다'53)라는.

위에서 우리는 수목모델, 그리고 그에 대비되는 리좀모델을 이야기
했고, 또한 정신분석에 대비되는 분열분석 등을 끌어들였다. 리좀모델과
분열분석 등은 모델에 근거하는 사유에서 벗어나기 위한 과정적인 모델
들이거나 그런 모델을 추구하는 기제이기도 하다. 수목과 리좀 같은 대
조적 모델들에서 초점이 되는 것은 재현의 유무다. 예를 들어 지도 혹은
지도작성과 데칼코마니(전사, tracing)가 서로 대조되는 것은 후자가 언제
나 원본으로서의 동일성을 상정하는 재현인 반면에 전자는 재현에서 벗
어나는 과정이자 생성으로 파악되기 때문이다.54) 약간 도식적으로 이 두
모델을 재현으로서의 "여성"과 생성으로서의, 생산으로서의 "여자들"과
관련지을 수는 있겠다. 그러나 그렇더라도 이 둘을 명확하게 대별짓는
것은 그리 소용이 닿는 일이 아닌 것처럼 보이기도 한다. 다음의 설명을
들어보자.

재현에 대비되는 것으로서의 계열, 리좀의 사유는 실재에 충실한 것으로
규정된다. 여기서 충실하다는 것은 충실하게 재현하는 일이 아니다. 실재
와 마주치는 실험, 새로운 생산, 구성작용 등으로 이해되는 리좀의 모델
은 결코 미리 주어져 있는 것으로부터 추출하는 작용과 무관하며 실험적
인 구성인 한에서 열려져 있다. 그러나 리좀모델이 재현모델을 대체하는
것은 아니다. 두 모델간의 관계는 대칭적인 것이 아니며, 두 모델은 상호
전이한다.

53_ 버틀러, 앞의 책, 76쪽.
54_ 박성수, 앞의 글, 39쪽. 이하 이 글에서의 인용은 본문에 그 쪽수를 표시한다.

…현실적으로 두 모델은 고정되어 있는 것이 아니라, 작용하는 과정에서 서로를 향하여 열려지고 변조된다…. 리좀모델의 적은 이원론이다. 재현의 모델이 재현되는 것과 재현하는 것의 두 항을 언제나 전제하는 것이므로 리좀모델의 적은 재현모델이다. 그러나 그 적은 리좀모델에 필수불가결한 적이며, 리좀적 사유란 재현모델을 배치하고 재배치하는 지속적인 작업을 의미한다. …그리고 재현에 대한 저항이란 동일자로 환원되지 않는 이질성을 사유하는 것이며 어떤 관통되는 본질에 귀속되지 않는 이질성에 다다르려는 것이다.(40-42)

세계를 새로운 눈으로 지각하고 새로운 관점으로 사유하기 위해 리좀모델의 개념없는 차이의 중요성을 강조하는 들뢰즈도 재현이라는 사상적 적을 결코 폐기시킬 수 있는 것이라고 보지는 않는다. 재현의 구속성과 편협성 그리고 억압에 저항하기 위해 재현을 넘어선 유토피아를 꿈꿀 수는 없다. 생성과 재현 이 둘다가 필요불가결한 것이다. 물론 두 가지가 결코 동일한 것은 아니지만, 새롭게 사유하기 위해서는 재현을 재현 내부에서 끊임없이 유동화시키고 변이 다시 말해서 생성의 관점에서 접근해야 한다.(51)

소수자되기, 여성되기, 포괄적 범위의 성차—차이라는 몰젠더적 말로 통합되지 않는—, 의미화실천, 사건을 새로운 여성 형상화에 소구되는 개념으로 살펴보았다. 이런 일별들을 통해 이제 우리는 우리 자신들이 속해 있는 문화가 코드화했던 것처럼 여성들과 여성 정체성에 대한 축적된 기존의 이미지와 개념, 그리고 때문은 기존의 표상들을 돌파해야 할 것이다.

4. 글을 맺으며: 페미니즘의 문화정치학

목표는 벨 훅스가 정확히 칭한 바
"급진적 포스트모더니즘" 즉 역사적으로 위치지어지고 기호적이며 물질적인
주체들이 인종중심적이거나 젠더중심적이지 않은 방식으로 연결과 절합을 추구하는
반(反)상대주의적인 구체적 공동체의 창출이다.
또한 문제는 이를 어떻게 구체적으로 페미니즘적 정치 실천의
현장에서 행하는가이다.
—브라이도티

그렇다면 우리가 새로운 여성 형상화를 논의하는 이유는 무엇인가? 또 다른 맥락의 어법으로 우리가 지향하는 정치적 실천—물론 페미니즘을 경유한—은 과연 무엇이 될까라고 물어야 할 것 같다. 기실 두 질문은 같다. 따라서 그에 대한 답도 같다. 그러나 여기서는 이것은 성정치의 영역이며 "과정으로서의 삶과 저항"인 문화정치의 문제라는 것만 일단 말하고 지나가자.

「페미니즘과 문화정치학의 정의」에서 영국의 맑스주의 페미니스트인 미셸 바레트(Michèle Barrett)는 다음과 같이 주장한다.

문화정치학은 **의미**에 대한 투쟁을 포함하기 때문에 페미니즘에 결정적으로 중요하다. 오늘날의 여성해방운동은 대개는 우리의 억압이 자연적으로 주어진 성적 차이나 경제적 요인에 의하여 초래되었을 가능성을 거부해왔다. 우리는 우리의 전투를 위하여 의식, 이데올로기, 이미지, 상징주의의 중요성을 주장해왔다. 가족생활과 성적 노동분화의 사회적 의

미뿐만 아니라 여성성과 남성성의 정의들은 이러한 토대 위에서 구성되었다. 페미니즘은 그 유례를 찾을 수 없을 정도로 일상생활—한 사회의 살아있는 실천이라는 인류학적 의미에서의 문화—을 정치화해왔다. 그것은 또한 영화, 문학, 연극 등등을 재평가하고 변혁함으로써 흔히 대중적으로 문화로 알려져 있는 예술적, 상상적 표현의 다양한 형태들을 정치화해 왔다.55)

"문화는 다양한 꼴들이 만들어지고, 그것들의 '가치'가 산출되고 비교되는 영역이다. 이 가치는 물론 고정되어 있지 않다. 이미지나 꼴은 늘 새롭게 생산되고, 서로 덧씌워지고, 변화하며, 그것들의 가치 역시 변동하지 않을 수 없다. 이것은 의미가 변한다는 말이기도 하다. 그런데 의미란 고정되어 있지 않기 때문에 그것의 흐름을 관리하고 통제하는 일, 혹은 기존의 의미와 방향을 결정하는 일이 중요해진다. 의미를 둘러싸고 다양한 경합과 투쟁이 벌어지는 것은 이 때문이다."56) 바렛도 위 인용에서 말했듯 이 경합과 투쟁이 바로 문화정치이다.

바렛의 논의를 좀 더 진전시켜 보자. 문화정치는 지배적인 기호적 실천, 즉 이미지나 텍스트 등의 배치로 만들어지는 재현체계와 이로써 발생하는 꼴값이나 의미의 유지, 전환 노력 등을 둘러싸고 벌어지는 일련의 투쟁으로 구성될 것이다.(86) 누가 여성들을 획일화된 모상으로 재현하는지, 그리고 그것을 유통시키는지, 그렇다면 그에 대항하여 우

55_ "Feminism and the Definition of Cultural Politics," in Rosalind Brunt and Caroline Rowan, eds., *Feminism, Culture, and Politics* (London: Lawrence and Wishart, 1982), p. 37. 강조는 원문.
56_ 강내희, 『한국의 문화변동과 문화정치—문화사회를 위한 비판적 문화연구』, 79쪽. 이하 이 책에서의 인용은 본문에 그 쪽수를 표시한다.

리는 여성주체를 어떤 다른 모상으로 형상화시킬지, 이 모든 것은 전적으로 권력의 문제이다. "권력은 문화의 필수 요소이며 문화는 권력 행사의 주요 장이다. 모든 '의미화실천'이 나름의 권력관계를 수반한다. 의미와 상징, 사회적 가치를 규정할 수 있는 수단의 확보가 모두 권력의 문제와 결부되어 있음을 뜻한다. 이처럼 문화정치는 문화적 실천이 기본적으로 사회맥락의 다양한 권력 양상과 관계 맺는다는 점을 재강조한다."[57]

페미니즘은 새로운 연구 대상들을 생산해냈으며, 낡은 것들에 대해서는 재사고할 것을 강요했다. 새로운 연구 대상은 기존의 대상들에게 배척당하고, 동요를 겪는 낡은 것들은 새로운 것들에 딴지를 건다. 여기서 문화적 투쟁이 일어난다. 기호, 이미지, 텍스트, 담론 등을 통한 의미생산의 진보적 실천을 위해 정치경제적 투쟁 이외에 문화정치가 필요하다.(82) 특히 우리의 이 여성 형상화 작업은 페미니즘적 문화정치의 영역에 속한다. 기존의 이미지가 생산될 수밖에 없었던 사회적 조건을 바꾸려고 의미생산 메커니즘의 장악을 놓고 벌어지는 투쟁이기 때문이다.

기실 문화적 재현과 정치·경제적 투쟁을 두고, 전자를 덜 물질적이고 그러므로 투쟁의 덜 중요한 장소라고 평가절하하는 내재적인 위계 서열이 있어 왔다. 그러나 양쪽 모두 공공성에 대한 투쟁에 관여하고 있으므로 "세상을 창조하기 위한 실제적 영향력"으로 귀결된다.[58] 문화를 자

57_ 전규찬, 「문화 정치」, 『문화 연구 이론』, 한나래, 1998, 157쪽, 169쪽.
58_ 로라 현이 강, 「'아시아 여성'의 교통: 심상, 가시성, 지식의 지구지역적 순회」, 한국여성연구원 30주년기념 국제학술대회 자료집 『지구지역 시대 지식생산과 여성연구의 도전』, 2007, 46쪽.

신들에게 가해지는 가장 개인적으로부터 가장 정치적인 것에 이르기까지의 모든 종류의 압력에 대한 이해의 문제로 생각[59]하는 경우라면, 그리고 "개인적인 것이 정치적인 것이다"라는 페미니즘의 기치를 뼈저리게 각인하는 페미니스트라면 특히나 이 두 양상의 투쟁은 분리될 수 있는 것이 아니다.

새로운 재현의 상은 기호적-비기호적 기표의 투쟁의 결과이다. 우리가 유물론적 형식이라는 이름을 붙이며 여성을, 여성주체의 대안적 형상화를 구현하고자 하는 것 자체는 가부장제 문화가, 혹은 전일적인 자본주의가 기왕에 규정해놓은 여성 이미지에 투쟁하기 위해서이다. 이 두 여성 이미지는 이제는 분리되는 것도 아니다. 가령 가부장제 문화에서 재현하는 현모양처 이미지는 이제는 복종, 절약이라는 근대적, 개발적 이미지보다는 전지구를 횡행하는 금융 투기의 귀재로 나서면서 가정경제의 최일선 책임자로 책봉되고, 또 자녀 교육에 온 몸을 던져 부를 세습시키는, 즉 계급 재생산에 완벽히 기여하는 자본주의의 화신인 이미지로 드러난다. 이 현모양처 이미지는 재현 체계 내에서 작동하면서 우리 여성들에게 이데올로기로 다가와 우리를 그 수행적 주체로 기꺼이 참여하게 만든다. 이제 우리는 긴급하게 새로운 여성 형상화를 필요로 하게 되었다. 그 형상은 우리에게 앞으로 어떻게 살아가야 하는지를 알리는 길라잡이이기 때문이다. 여성 형상화의 문제는 새로운 삶의 양식을 구성하는 일과 맞닿아 있다. 그리고 기호와 이미지의 꼴도 이때는 구조화된 재현체계에서 정해진 위치 값들의 연쇄에 상응하여 형성

59_ 레이몬드 윌리암스 「문화연구의 미래」, 존 스토리 엮음, 『문화연구란 무엇인가』, 백선기 옮김, 커뮤니케이션 북스, 2000, 364쪽.

된다기보다는 재현체계의 가치체계를 뒤흔드는 어떤 비정형성을 지녀야 할 것이다. 이렇게 되면 의미는 결정불가능성(un-decidability), 동요, 해체 등의 특징을 띨 가능성이 높다. 재현체계의 안정적 운영을 통해, 이데올로기

_ 한 아이의 엄마면서 암스텔담 출신의 하드 코라(HARD CORA) 그룹의 가수

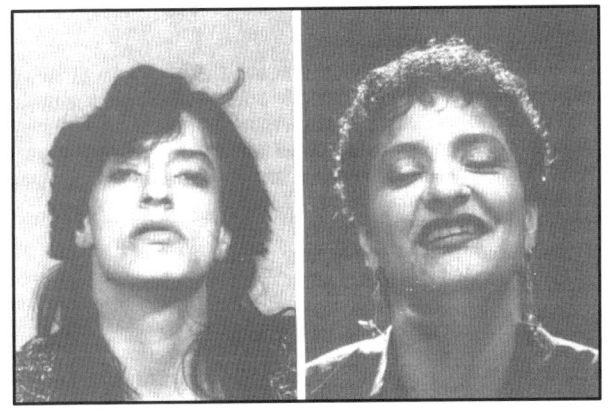

_ 1993년의 현상수배 사진에서는 희생자의 모습이었으나 현재는 승리자의 모습

와 욕망의 장악을 통해 자신에게 유리하게 투쟁을 끌어가려는 지배세력이 이런 교란 방식들에 예의 주시하면서 통제하려는 것은 바로 이런 위험이 자신들이 작동시키는 권력구조에 대한 도전임을 알기 때문이다.(80-81)

또 반복하건대, 새로운 재현의 상은 기호적-비기호적 기표의 투쟁의

_린 랜돌프, <사이보그>, 1989

결과이다. 우리의 교란의 형식들은 우리가 여성 형상화의 새로운 구체적인 상을 만들어낼 때 우리에게 급진적으로 다른 시각을 제공해준다. 이제 그 모상은 모성의 어머니만도 아니고, 암울한 과거에 얽매인 우울한 페르소나도 아니고, 인종도, 세대도 문제가 안 되며 인간도, 기계도 아닌 여성의 형상이리라 짐작해본다.60)

<hr />

60_ 앞 쪽의 두 쌍의 이미지는 성형외과에서 내거는 'before & after'의 쌍처럼 보이나, 그 의미는 판이하다. 앞 이미지 두 쌍은 Elizabeth Bernstein, *Temporarily Yours* (Chicago: University of Chicago Press, 2007), pp. 84-86에서, <사이보그>는 다나 해러웨이, 『유인원, 사이보그, 그리고 여자』, 민경숙 옮김, 동문선, 2002, 310쪽에서 가져왔음을 밝혀둡니다.

3

페미니즘/여성주체/문화공학*

나는 분자적, 노마드적, 다중적인 욕망하는 주체와 같은 새로운 종류의 주체를
구성하지 않고서는 사회적 변화란 일어날 수 없다고 생각한다···. '여성 페미니스트
주체'는 계급과 인종, 성적 선호라는 다중적 차이들에 직면해 있는 여성들이
정의하고 확인하여야 할 새로운 인식론적, 정치적 실재이다.
―로지 브라이도티

사이보그 신화는 진보세력에게 필요한 정치적 작업의 한 부분으로서 탐구해야 할
위배된 경계이자 강렬한 융합이며 위험스러운 가능성이다···사이보그의 세계는
인간이 동물과 기계와 친척이 되는 것을 두려워하지 않는 것이며, 파편화된
자기정체성과 모순적인 관점이 영구적으로 지속되더라도 두려워하지 않는 그런
사회적, 육체적 실재에 관한 것이다.
―다너 해러웨이

---

* 이 글은 태혜숙 선생님과 같이 작성했던 글임을 밝혀둡니다. 『문화/과학』 14호를 기획
했을 때 '문화공학'이라는 특집 주제와 페미니즘을 함께 생각해보자는 취지에서 그때 당시
『문화/과학』의 여성 편집위원이던 우리 두 사람이 공동집필하기로 했는데, 이 주제가 그
간 생각해 보지 않았던 주제였던 관계로 처음에는 많은 어려움을 느꼈다. 그런데 글이 조
금씩 완성되어 가면서 또 서로 많은 의견을 나누면서 공동작업의 중요성을 실감하게 되었
다. 특히 여성들끼리의. 혼자만의 작업이 아닌 이 글을 책에 함께 묶게 해준 태혜숙 선생
님에게 다시 한번 고마움을 전한다.

1. 들어가는 말

이 글은 '문화공학'이 내거는 실제성을 운용할 수 없을 것이다. 왜냐하면 우리가 염두에 두고 있는 페미니즘은 근대적 사유의 남성중심성을 전면적으로 문제삼는 '문제제기적 사상'의 차원에 있는 것이지, 예를 들어, 여성운동과 같은 하나의 영역에 국한되는 것은 아니기 때문이다. 물론 여기서 예로 든 여성운동이 페미니즘과 관련되어 있지 않다거나 그 관련성이 중요하지 않다는 말은 아니다. 오히려 앞으로 한국의 문화지형에서 페미니즘은 중요한 자리를 차지할 것이다. 페미니즘의 상업화로 인한 거품이 빠지고 있는 요즈음, 복고주의나 신가부장제 기류가 나타나고 있지만 오히려 급박한 현실이 페미니즘의 정당성을 확보해주는 것 같다. 가부장 남성 중심으로 파행적으로 진행된 경제적 근대화의 허상이 여지없이 드러난 시점에서 새로운 주체, 새로운 운동방식, 새로운 대안이 시급한 실정이기 때문이다. 우리의 위기는 이런 내부적인 문제뿐만 아니라 발전된 자본주의가 구축하는 새로운 세계경제체제라는 외부적인 상황으로 증폭되면서 많은 사람들에게 고통을 가져다주고 있다. 게다가 생존의 위협은 위협대로 남은 채, 제조업 중심의 생산과 노동의 비중이 점점 줄어들어 주체할 수 없을 정도로 많은 시간을 갖게 될지도 모른다. 따라서 앞으로의 삶에서 우리의 문화적 능력, 문화적 자본은 더욱 중요하게 대두한다. 페미니즘 진영은 이 문제에 어떻게 대처할 것인가?

90년대에 페미니스트 의식이 대중화한 것은 사실이지만 우리 학계나 문화판을 크게 바꾸어 놓았다고도 할 수 없고 페미니스트 주체를 제대로 형성한 것도 아니다. 그동안 페미니즘은 여성/남성, 자연/문화, 감성/이성, 사/공의 이항대립을 비판하는 과정에서 주로 뒤집기 전략을 실천해 왔다. 그런 페미니스트 실천의 전제는 소위 근대적 경험주의, 본질주의에서 상정하는 통합적이고 단선화된 주체 개념이다. 즉, 전통적으로 여성을 이차적이고 무력한 위치에 가두어 두었던 구조를 생산해내는 과정을 혁신하지 않고, 단지 여성/남성 간의 위계적 위치만을 역전시키는 것은 기존 모델을 그대로 반복하는 보수적인 것이었다. 그 역전이 몇몇 여성들에게는 이득을 가져다주었을지 모르지만 결과적으로 그것은 많은 수의 여성들, 특히 '소수자'(minority) 여성들을 배제하였을 뿐만 아니라 현 서구중심 자본주의 가부장체제의 기본구조를 공고하게 하였다. 탈근대를 지향하는 이론과 실천의 새로운 정치적, 이론적 초점으로 '차이들'에 대한 긍정과 탐색이 출현한 것도 이런 문제의식에서 연유한 것이다.

바로 이런 문제의식을 갖고 우리는 하나의 특정한 영역에 국한시키기보다 문제제기적 차원에서 페미니즘과 문화공학을 연결시켜 보려고 한다. 페미니즘과 문화공학이라는 서로 다른 층위들이 처음에는 잘 연결되지 않아서 굉장히 큰 어려움을 느꼈다. 그런데 위에서도 말한 대로 현재의 성적 구조를 재생산해내는 과정을 혁신하기 위해서는 주체생산 방식에 개입해야 한다는 생각에 도달했고, 그 과정에 필요한 것이 주체생산의 '문화공학'적 방식임을 알았다. 페미니즘에서 주체 문제는 젠더(gender)의 경험을 중심으로 다루어져 왔다. 하지만 이제 젠더의 경험 자체가 계급, 인종, 세대, 성적 취향 등과 내재적으로 교차된 다중적이고 복합적인 것이라는 '차이의 정치학'이 제기한 문제의식을 도외시할 수 없게 된 시점이다. 그렇다면 다중적이고 복합적인 여성주체를 실제로 생산해낼 수 있는 거점들을 어떻게 마련할 것인가를 고민하는 것이 현실적이라고 하겠다. 그리고 이런 주체생산 문제에 '문화공학'을 개입시킬 수 있으리라고 본다.

주체생산은 '의미'와 '감수성'의 문제, 즉 이데올로기 형태로서의 주체형성과 감각과 감수성의 욕망으로서의 주체형성으로 갈래지을 수 있다. 그러나 이 둘은 별개의 것이 아니라 주체화양식을 구성하는 내부의 중층적 요소들이다. 따라서 우리가 여기서 문화공학적 접근을 하자는 것은 의미와 욕망의 새로운 결합방식에 대한 구체적 전략을 가지자는 말이다. 문화공학은 일종의 과정학이며 우리가 지금 문제삼고 있는 주체생산이라는 문제에 새로운 공정을 도입하는 것이다. 즉, 생산과정과 생산양식에 주목하자는 것이다. 그리고 그 과정이란 일종의 공정들의 연속이라 할 수 있는데, 이 공정들이 작동되면서 새로운 주체형태가 생산된다. 따라서 현재의 주체 형태는 유일한 것도 고정된 것도 아니며 주체를 구성하는 요소(factor)들을 어떻게 작동시키느냐에 따라 탄력적으로 다른 주체가 될 수 있고 그 주체 또한 바뀔 수 있다. 들뢰즈의 개념을 빌어 설명하자면 다양한 요소들을 계속 촉발시킴으로써 주체의 탈영토화가 일어날 수 있다. 탈영토화란 이미 영토가 있다는 말―기존의 영토, 즉 근대적 사유와 세계를 전제로 함으로―임과 동시에 그전 영토의 새로운 배치라는 말이다. 벽돌을 빼서 다른 곳에 끼우는 것과 같은 공정이며, 그것은 동시에 새로운 배치를 형성하는 것이다. 그리고 그 작업은 연속적으로 실행할 수 있다는 점에서, 또 일종의 공정이라는 점에서 공학적 과정학이다.

'공학은 서구에서 19세기 중반경에 전통적인 비법을 공개적인 지식의 장으로 옮겨놓는 과정에서 필요하게 된 공학적 기술, 과학적 기술의 학문체계로서 생겼다. 그렇다면 '공학은 출발점에서는 해방적이고 민주적인 기획이었던 셈이다. 그렇지만 여성과학자들이나 생태주의자들은 근대과학의 핵심적인 부분을 차지하는 '공학이 처음부터 견지하고 있었던 남성중심적인 속성을 비판하고 문제삼는다.[1] 오늘날과 같은 과학기술 사회를 도래케 한 근대과학이야말로 효율성과 생산성의 기치 아래 자연과 여성을 지배/정복/통제를 일삼아도 되는 대상으로 여기고 억압하고 착취해왔기 때문이다. 이 점을 좀 더 자세히 살펴볼 필요가 있겠다.

2. '문화공학에 대한 비판적 검토

문화공학은 지배적이고 도구적인 근대과학을 극복하려는 소위 복잡성의 과학이라는 탈근대 과학을 따르고자 한다. 탈근대과학이란 비법과 관련되는 전통적인 기능적 기술과 공학적 기술을 이분법적인 선택 사항으로 보지 않고 둘을 포괄하면서 둘의 상호작용, 효과 등이 지닌 복잡성을 인정하고 문화적 요인들 각자에 대한 대상적 지식과 기술만이 아니라 요소들의 상호작용 혹은 관계 설정에서 생기는 흐름들, 과정들을 소통시키는 데 역점을 둔다고 한다.[2] 이런 방향은 근대성이 억압해온 에너지와

1_ 예컨대 이블린 폭스 켈러, 『과학과 젠더』, 민경숙, 이현주 역, 동문선, 1996; Judith Plant, ed., *Healing the Wounds: The Promise of Ecofeminism* (Philadelphia, PA: New Society Publishers, 1989); 특히 유럽 근대과학의 태동과 여성/자연/제3세계의 식민화과정을 연결시키는 마리아 미즈의 논의를 보면 마녀 사냥을 통한 여성육체의 탄압과 착취가 자본축적의 기본 메커니즘이었다는 사실이 여실히 드러난다.

흐름들을 소통시키면서 여성적 자원이나 여성적 감수성의 활로를 열어놓는다고 할 수 있다. 그렇다면 문제의 초점은 탈근대 과학의 기저에 있는 세계관과 방법이 근대과학의 그것들과 어떻게 다른지를 명확하게 이해하는 것이다. 즉 탈근대과학과 동시대성을 지니려는 '문화공학'이 인간과의 친화성을 회복하는 자연 개념을 바탕으로 인간과 자연 모두를 그래서 여성적인 것을 복원하는 '공학'인지, 편협한 합리주의의 도구적 '이성'을 거부하고 차이와 타자를 존중하는 새로운 이성을 바탕으로 하는 '공학'인지를 검토해볼 필요가 있겠다.

과거의 합리성이 선형적 인과론에 의존한 것이라면 새로운 복잡성의 과학에서의 합리성은 비위계적이고 상호적극적인 것이다. 이때 현실의 층위들의 상호작용, 상보성에 입각해서 새로운 질서를 찾는 중층결정론에 따라 결정론과 인과론은 더욱 풍부하게 된다. 원인과 결과, 본질과 현상도 입자파동처럼 상보적으로 얽혀서 비위계적이고 순환적으로 되는 가운데 새로운 형태의 합리성이 조성되는 것이다.[3] 그럴 때 주체 개념이나 공간 개념도 달라지게 되는데 무엇보다 전통적인 유클리드적 공간이 아니라 위상학적 공간으로서 주체를 생각할 수 있다. 그동안 우리는 나의 뇌가 나의 욕망을 억누르거나 나의 욕망이 나의 뇌를 뒤집거나 하는 식이어서 머리가 명하는 대로만 따르느라고 몸을 자유롭게 놀리지 못하며 살아왔다. 그러나 위상학적 관점에서는 주체의 부분들이 중층결정되어 내가 손으로 무엇을 만지는 것과 그때

2_ 강내희, 「문화공학을 제안하며」, 『문화/과학』 14호, 1998년 여름 참조

3_ 복잡성의 과학을 다루는 책들은 시중에 많이 나와 있는데, 그 중에서도 『복잡성 과학이란 무엇인가』, 『혼돈으로부터의 질서』 참조함.

무엇을 생각하느냐가 합성되어 몸, 소리, 자기 신체동작, 자기의 사고가 유연하게 움직이고 그것이 새롭게 자기의 몸을 유연하게 해주는 것이다.

이런 주체성 개념에 따르면 인간은 지성, 상상력, 신체가 복합적으로 움직이는 새로운 복합적 감각을 갖게 되고 행위의 다층성에 열리게 된다. 그리하여 탈근대를 지향하는 주체는 일률적이지 않고 매우 다양한 운동을 동시에 할 수 있으며 이것이 분열을 낳는 게 아니라 상승효과를 낳아 주체의 진폭이 넓어지고 자유로운 움직임을 통한 해방을 가져올 수 있다. 여기서 인간을 억압하는 근대 자본주의적-오이디푸스적 영토들로부터 탈주하는 욕망의 흐름들을 표현할 상이한 문화적 기호들과 의미들의 집합적 배치가 갖는 효과는 중요하다. 바로 그것으로 인해 인간의 '감각'은 무한하게 증폭된다. 오늘날의 자본주의 사회에서 찾아보기 힘든 이런 새로운 감각은 탈영토화의 탈주선을 타면서 욕망과 감각들의 반란, 사회적이고 정치적인 저항의 의미들을 담는다. 반면 근대과학에서의 주체란 단일한 축을 따라 단일하게 움직이며 한 가지 일만 하는 자동로봇과도 같다. 즉 남녀를 막론하고 근대적 규율에 의해 단선화되어 능동성과 적극적 에너지를 억압해 왔다는 것이다. 그래서 근대적 인간은 자기의 감각도, 몸도 혁명하지 못하면서 해방의 서사를 외쳤고, 문화란 없고 코드만 있었던 것이다.[4]

이렇게 주체와 세계를 열린 체계로 보고 그 복합성과 다층성을 포괄

4_ 1998년 2월 21일 『문화/과학』 편집회의 중 복잡성의 과학, 주체 욕망에 대해 나왔던 논의를 정리한 것임을 밝혀둔다. 복잡성의 과학에 대한 인식을 바탕으로 욕망, 탈주, 주체를 새롭게 이해하고 그것을 현장과 관련시키려는 태도에서 들뢰즈, 가타리의 영향을 읽을 수 있을 것이다.

하려는 새로운 과학 자체가 특별히 반여성적인 함의를 갖는 것은 아니다. 오히려 근대적 규율기제에 의해 성, 계급, 인종, 성적 취향, 세대에 상관없이 거의 모든 주체가 억압받아온 욕망, 무의식, 육체를 중요한 지점들로 자리매기며 새로운 복합 감각의 발산을 주장하는 것은 아주 중요한 의미를 갖는다. 새로운 과학과 인식론적으로 같은 선상에 있는 문화공학은 '차이의 정치학'에 기반을 두고서 여성 진영과의 연계가능성을 열어놓는 셈이다.

'문화공학'이 지향하는 것은 후기자본주의 사회에서 주체의 안과 밖 양면에서 다중적이고 복합적인 주체성의 작동기제를 다양하게 활성화하는 생산시스템을 만드는 것이다. 이것을 위해 우선 비국가적/비자본적인 문화정치를 필요로 한다. 이런 문화정치 의식을 바탕으로 해야 오늘날 필요한 문화적 능력을 획득할 수 있다고 보기 때문에 국가와 자본에 저항하는 다양한 방식을 인정하고 실험하고자 한다. 특히 문화예술 생산의 아방가르드적 실천을 통해 생성되는 새로운 실험적인 문화공간들 속에서 주체들이 다양한 방식으로 자신을 교육하고 자기 확대를 꾀함으로써, 끝없이 고도화하려는 자본주의적 노동방식에 길들여지지 않는 생산적 에너지를 활성화하는 것이 중요하게 된다. 이 실질적인 작업에 공학적 인식과 과정학이 필요하다는 것이다.

이런 생산성을 갖는 사람들이 바로 소수자들이다. 후기자본주의 사회에서 이 소수자들은 다양한 형태로 존재하는데 이들의 이질적인 과정들과 흐름들은 더 이상 일률적으로 통일되지 않는다. 이 다양한 과정들과 흐름들이 자본에 휩쓸리지 않으면서 새로운 주체를 생성하는 역할을 하도록 묶어내는 것이 바로 네트워킹이다. 자본에 접수되지 않고 자본을 타고 넘으며 생성적 공간을 확보해내려는 문화공학의 실천적 가능성은 네트워킹을 실제로 해내는 역량에 달려 있다. 그러므로 이질적인 충동들 자체의 발산을 긍정하면서 흐름들 사이의 충돌과 간극을 어떤 원칙에 따라 어떻게 조율할 것인지가 중요한 문제이다. 물론 문화공학은 근대사회에서 특정 성, 인종, 계급, 성적 취향을 중심으로 미리 규정된 획일적인 원칙을 거부하므로 실제 변화하는 현실의 현장성을 바탕으로 그때그때 유연하게 진보적인 흐름을 타도록 하는 실질적인 능력의 활성화를 중요하게 본다. 하지만 이런 과정 역시 자명한 것으로 보아서는 안 될 것이다.

다양한 감각과 흐름들 사이의 충돌과 간극 문제는 좀 더 깊은 논의를 필요로 하는 문제이다. 그렇지 않고 소수자들의 에너지 자체만을 너무 긍정하는 것은 근거없는 낙관주의에 빠지는 것이다. 특히 전지구적 자본주의 사회의 국제적 노동분업체계 속에서 만연하는 '빈곤의 여성화', '여성의 식민화'5) 현상 속에서 여성, 특히 제3세계 여성이 이런 공학적인 지식과 기획력과 실천력을 갖기란 더욱 어려워진 것이 신자유주의가 팽배한 세계화시대의 엄연한 현실이다. 이런 현실 속에서 '문화공학' 논의를 주도하는 주체들의 입장을 반성적으로 되짚어 보는 태도가 필요할 것이다.

바로 이 투명성 문제야말로 '문화공학'이 따르고 있는 가타리와 들뢰즈의 욕망 개념의 추상성과 관련되는 것 같다. 갈등과 비극이 배제된 긍정적 통일성이자 에너지로서 욕망 개념이 모든 욕망을 무차별하게 뒤섞

5_ 다너 해러웨이, 「사이보그를 위한 선언문」, 『사이보그, 사이버컬처』, 문화과학사, 1997, 147-209쪽; Maria Mies, *Patriarchy and Accumulation on a World Scale* (London; Atlantic Highlands, N. J.: Zed Books, 1986) 중 제3장 '식민화와 가정주부화' 참조.

어버림으로써 그들이 말하는 새로운 위상학적 공간에서 상상력의 유연함을 발휘하는 것은 원칙적으로 성의 구성과 무관하게 된다. 하지만 과연 그런가? 그들의 의식과 무의식 속에서는 젠더가 성차별적이지 않을 수 있겠지만 현실 속에서의 젠더는 **이미 항상 성차별적**이다. 그들은 이렇게 성차별적이지 않은 젠더 설정에 의해 여성문제를 해소하고 성차를 간단하게 넘어가버릴 수 있다. 이 차이 이론가들은 서구 지식인 남성주체로서 자신의 위치를 결정적으로 간과하고 무한정한 '차이들'의 세계로 빠져들 위험을 보인다. 남성 육체를 갖고서 '여성'이 되고자 하고 여성적 사고를 하려는 욕망 이론가는 '쾌락'과 '저항'의 과잉의미화, 손쉬운 의미화를 통해 섹슈얼리티나 가족 등에서의 제도적인 지배와 억압 문제를 간과한다.[6] 그러므로 새로운 과학과 이성의 해방적 가능성을 믿는 '문화공학' 또한 여성적 자원을 전유할 위험에서 완전히, 자동적으로 자유로운 것은 아니라는 사실을 명심해야 한다.

3. 다중적 여성주체 생산을 위한 이론적 고려

이제 주체생산에 개입되는 다중적 층위들을 부인할 수 없게 되었다. 이 사실을 인정하고 여성주체를 구성하는 여러 조건들을 '구성적으로' 이해할 때 복수적이고 중층적 주체를 생산할 수 있는 길이 보일 것이다. 그러므로 페미니즘에서의 문화공학이란 이미 생산된 주체의

6_ Rosi Braidotti, "Toward a New Nomadism: Feminist DeleuzianTracks; or, Metaphysics and Metabolism," in Constantin V. Boundas & Dorothea Olkowski, eds., *Gilles Deleuze and the Theater of Philosophy* (New York: Routledge, 1994)에서 부분적으로 이런 지적을 한다. 그러나 브라이도티의 입장은 들뢰즈를 거의 적극 수용하는 것으로 보인다.

경험론적 의미행위나, 양성간의 본질적인 차이에 관심을 가지기보다는 주체의 요소들을 작동시키는 메커니즘들을 명료하게 밝히는 가운데 주체의 욕망과 의미를 새롭게 결합시키는 방식을 제시함으로써 오늘날의 위기에 제대로 대응하는 진보적인 문화정치학을 실천하려고 한다.

이런 틀에서의 페미니즘은 기존의 여성주체 생산양식에 대해 기본적인 문제제기를 하고 있는 셈이다. 이 문제제기 속에는 노동, 성, 이데올로기, 세대, 감성, 인종, 계급 등 자기 내부의 복수성을 주체생산의 절합 지점으로 삼아 다층적 주체생산 과정화라는 실질적인 공정 단계를 내장하는 문제도 포함되어 있다. 그래서 페미니즘은 실천적인 문제가 되는 것이다. 또한 문화공학을 '과정'이라는 개념으로 설명할 수 있는 것은 그것이 '기계론'이기 때문이다. 기계론은 기계의 작동, 기계들 간의 배치를 말하는데, 주체생산 문제를 기계들이 연결되고 절단되는 구체적인 공정과 연결시켜 보면 네트워킹의 문제로 집약될 수 있다. 예컨대 여성은 이제 어머니나 주부로만 남지 않는다. 전형적인 가족 형태에 비추어보면 불완전한 가족 형태에 속하는 비주류 가정의 여가장처럼 어머니는 또 때로는 어머니임을 파기하기도 한다. 그런 여성은 계급적으로는 노동자 프롤레타리아이며 또한 자신의 감성적 실천으로써 그 노동의 내용을 새롭게 기획하는 정념적 주체로 네트워킹될 수 있다. 그것은 여성이 가부장제 속의 어머니로, 주부로만 재생산되는 게 아니라 새로운 형태의 중층적이고 다중적인 주체로 생산되는 것을 말한다.

그렇지만 '자본주의 가부장제'[7] 생산양식은 모든 여성으로 하여금 결

7_ Mies, op. cit., 1장 참조. 미즈는 자본주의는 가부장제 없이는 기능하지 않는다는 의미

혼하도록 혹은 이혼 후에 재혼하도록 해야 할 생산양식 자체의 필요에 따라, 여성들을 기존 결혼제도로, 가족제도로 몰아넣고 있다. 모든 여성이 지금, 그리고 언제든지 봉사할 수 있는 남성과 아이를 가져야만 현체제가 유지되기 때문이다.[8] 근대적 결혼제도와 가족제도를 통해 여성의 욕망, 쾌락, 감성, 육체 등은 계속해서 재영토화되어 왔다. 이제 이런 재영토화 방식이 아니라 탈주의 선을 타는 방식으로 주체생산을 이루어내야 한다. 이 탈주의 가능성은 국가의 통제를 벗어나 재생산 구조 속에 쉽게 들어가지 않는 여성들—예를 들면, 이혼, 비결혼, 편모 등등의 형태로 살아가는—의 성적, 정서적 재생산에서 찾아낼 수 있을 것이다. 새로운 다층적 여성주체의 생산은 이처럼 멈추지 않는 재생산기계인 자본('자본주의 가부장제')과 국가장치의 작동을 방해하고 와해하는 방식으로 이루어져야 한다.

이런 맥락에서 새로운 주체 형성과 관련하여 페미니스트들은 여성육체를 둘러싼 새로운 형상화를 기획하면서 자본과 국가를 와해시키는 방식을 실험한다. 그들 중에서 여성의 육체를 복원하기 위해 전략적으로 재본질화된 육체화('몸으로 글쓰기'에서처럼 추방된 육체성 자체의 생생한 복원)나 탈본질화된 육체화(사이보그 이미지에서처럼 육체성 자체의 새로운 개념화)를 들 수 있을 것이다. 그 구체적인 내용에 들어가기에 앞서 주체성 논의의 새로운 지반과 관계되는 육체와 감성의 층위가 갖는 의의를 이해할 필요가 있다.

근대성의 연원을 역사적으로 살펴보면, 합리적인 남성의 이성 영역

에서 이 용어를 써야 한다고 주장한다.

8_ 레오뽈디나 포르뚜나띠, 『재생산의 비밀』, 윤수종 역, 박종철출판사, 1997, 102쪽.

과 상충되는 것으로 감성적인 여성의 육체 영역을 대당적으로 설정하면서 이성과 합리성과 문화를 우월한 것으로 고양시키고, 감성과 육체와 자연을 저급한 것으로 혐오하고 억압하고 정복한 데 있었다. 이런 근대성을 근간으로 하는 소위 '합리적 이성' 개념에 따라 조직된 근대 시민사회는 감정이나 감성의 문제를 사적 영역으로 추방하는데, 이런 감정과 이성 간의 제도적 분할은 여성과 남성 간의 제도적 분리를 거의 그대로 따른 것이다. 그러나 온전히 여성들의 몫으로 남겨졌던 감정이 이제 다양한 방식으로 생활정치적인 쟁점이 되었다.9)

근대적 남성들은 관계 외적인 것에 의해 지탱되는 관계나 자기 외적인 것에 의해 지탱되는 자아정체성에 안주함으로써 결과적으로는 감정적으로나 정서적으로 취약해졌다. 반면, 기존의 제도들로부터 억압받아온 여성들이 오히려 사적 영역 속에서 고유한 친밀성의 세계를 발전시켜 왔다. 여성들의 몫이 된 사적 영역의 민주화야말로 오늘날 초미의 관심사로 떠올랐을 뿐 아니라, 개인생활의 내재적 속성들을 부상시킨 것이다. 개인생활에서 일상적인 감정 영역은 쉽게 포착되지 않고 거의 눈에 띄지 않지만, 근대성 자체에 대한 비판이라는 심대한 함의를 담고 있다. "개인적인 것이 정치적이다"라는 페미니스트 선언은 바로 이런 함의를 담고 있으며 공적 영역의 민주화라는 근대적 정치 의제가 배제해버린 육체, 섹슈얼리티, 감성, 쾌락, 욕망의 영역을 재구성할 필요성을 제기한다.

기든스는 근대의 역사적 과정을 거쳐 감정의 영역이 여성에게 소

9_ 앤소니 기든스, 『현대사회의 성, 사랑, 에로티시즘』, 배은경, 황정미 옮김, 새물결, 1996, 310-312쪽.

여된 배경을 설명하면서 '친밀성'의 능력을 갖춘 여성을 더 이상 피해자가 아니라 진정한 민주화의 주역으로 올라서는 해방된 주체라고 자리매긴다.[10] 기든스가 중요하게 보는 친밀성이라는 여성의 감성은 바로 여성이 처했던 사회문화적 조건에서 연유하는데, 이 조건 중 특히 여성의 육체가 차지하는 몫은 다대하다. 육체는 주체성을 주조하고 억압의 체험을 각인하는 곳일 뿐만 아니라 동시에 그러한 여성성의 역할들을 자율적으로 선택함으로써 욕망을 현시하며 감성을 내장하는 곳이어서 주체의 근본적인 물질성을 나타낸다. 또한 육체는 성, 인종, 계급, 세대 등의 다중적 코드가 각인되는 장으로서 주체의 물질성을 담보한다. 따라서 육체는 고정된 본질이나 자연적 소여가 아니라 다중적 코드들이 횡단하는, 그래서 운동성을 가질 수 있는 장이며, 그 운동의 양상에 따라 중층적이고 다중적인 주체를 생산할 수 있는 거점이 된다. 이렇게 육체를 사고하는 것은 페미니스트들의 주체생산은 국지적인 것들의 망(예컨대 성, 인종, 계급, 세대 등 사회문화적인 분할들) 같이 아주 구체적인 조건들에서 출발하는 것을 전제로 하기 때문이다.

주체 문제를 육체로부터 전면적으로 다시 생각하는 것은 주체성에 대한 새로운 이해를 나타낸다. 그저 여성의 육체를 드러내고 이야기하자는 것이 아니다. "육체, 혹은 주체의 육체화라는 용어는 주체성을 재정의하려는 페미니스트 투쟁을 위한 열쇠이다. 우리는 이 용어를 생물학적이거나 사회학적인 범주가 아니라 육체적인 것, 상징적인 것, 물질적인 사

10_ 이런 입장은 우리의 무의식까지 지배하고 있는 제도적 억압의 문제를 간과하는 순진한 낙관주의를 드러내고 있으며 우리 현실에 맞지 않고 앞서 나간 면을 경계할 필요가 있다.

회적 조건들 간의 중첩 지점으로 이해하여야 한다."[11]

이리가라이에 따르면, 여성적 감성과 친밀성은 남근적 구성과는 다른 다원적이고 분산적이며 접촉의 리비도 경제를 갖고 있는 여성의 육체 안에 있으며, 여성의 육체가 가지고 있는 다중적이고 이질적인 쾌락을 즐길 수 있는 능력에 놓여 있다.[12] 이런 육체성을 바탕으로 근본적으로 여성의 성적 쾌락은 타자를 소유하고 동일화하여 정복하는 것과 달리 같이 나누고 돌보며 살린다고 한다. 들뢰즈식으로 말하자면 여성의 육체는 남성보다 훨씬 많은 주름을 가지고 있다. 그것은 버추얼한 에너지를 더 많이 함축하고 있어서, 상대적으로 여성의 육체는 남성 육체에 비해 훨씬 더 유연한 공간이다. 따라서 거기에서는 접히는(folding) 동시에 펼쳐지는(unfolding) 두 개의 상반되는 운동이 무수히 일어날 수 있다. 여성의 몸이 원래 소유한 수많은 주름들 자체의 유연한 에너지가, 주름들 사이의 이질적인 서로 다른 코드들이 연결되고 이접되며 분절되는 운동을 통해 발산되면서 새로운 감각이 생산된다. 그것은 이질적인 서로 다른 코드들을 연결시키고 이접시키는 운동을 통해 끊임없이 차이를 생성하고 그리하여 주체는 끊임없이 '다른 것이 된'다.

그 감각은 물론 이항대립적 논리에 따라 단선화되고 규율화된 단일한 감각이 아니라 복합적 감각일 수밖에 없으며, 그것을 가지느냐, 못 가지느냐에 따라 행위의 다층성이 열리는 중요한 관건인데, 여성들의 경우, 그것을 미리부터 차단하도록 구조화되어 있기 때문에—예를 들면 정숙,

11_ Braidotti, op. cit., p. 161.
12_ 이리가라이는 여성의 성적 쾌락을 근본적으로 자기성애적이고 다중적이라고 본다.

현모양처, 음란성 등등의 몇 개의 윤리적 코드들이 감각의 다중적 작동을 차단하고 있어—특정 코드로만 감각을 작동하는 것을 허용하는 방식으로 해서 여성들의 멀티플한 감각은 단선적, 협착화된 감각으로 화할 우려가 끊임없이 있어 왔다. 페미니즘에서의 문화공학이 개입해야 하고, 그 메커니즘을 작동시켜야 할 지점이 바로 여기다. 문화공학은 여성의 신체, 여성의 상상력, 여성의 지성, 여성의 행동패턴, 여성의 가사영역에 다층적이고 감성적 실천을 적용해보려는 그래서 새로운 주체를 생산하려는 과정학적 방법론이기 때문이다.

　　그런데 위에서 지적한 것처럼 여성들이 도덕주의의 함정에 빠지지 않기 위해서는 성적인 것, 사회적인 것, 국제적 노동분업 간의 상호작용에 대한 유물론적 이해를 심화하고 확대할 필요가 있다.[13] 여기서 유물론적 이해란 감성이나 여성의 재생산 노동을 배제하는 전통적 맑스주의를 넘어서는 것을 말한다. 생산과정에서 노동이 추상화, 단순화하는 경향과는 상반되게 재생산과정 안에서 가사노동은 언제나 더욱 구체적이고 사적이고 복잡한 노동으로 나타난다. 재생산은 노동력 자체의 사용이 생산노동의 기반이기 때문에 기계 사용은 제한되는데, 생산에서 상대적 잉여가치 생산형태가 확산되면 재생산노동에서는 가사노동을 여성의 생활일(life-work)과 똑같은 것으로 만들려는 절대적 잉여가치 생산형태가 등장한다. 가정 안에서 절대적 잉여가치 생산형태가 확장되고 구체적이고 사적이고 복잡한 노동들이 확산되는 것은 자본의 이데올로기로 작동하지만 동시에 노동자 여성의 주체성을 확인해낼 수 있는 지점이기도 하다.[14] 자본주의 생산관계 내에서 주체형성이 다양

13_ Mies, op. cit.

한 형태(물질적, 지적, 감성적인 형태)의 노동력 재생산과정을 통해 이루어진다는 점을 간파하는 바, 재화의 생산을 둘러싼 노동/자본/계급의 관계를 비노동/비자본/비계급의 관계와 함께 접합하려는 기획을 가져야 한다.[15]

여기서 남성들과는 전혀 다른 여성들의 감성적 실천이 필요해진다. 다양한 형태의 노동과 연결된 주체성의 양식들, 친족 연결망을 창조하고 유지하는 데 포함된 관계적 노동 방식, 사회적 재생산에의 필요성, 양립할 수 없는 가치와 개개인의 고유한 욕구들, 꿈들, 욕망들을 살려내는 방식을 실천하는 데서 그렇다. 여성이나 주변부 사람들이 주로 맡아온 생계상 꼭 필요하면서도 교환가치로 표현되지도 포섭될 수도 없는 필요노동의 내용을 바꾸고 폭을 확장함으로써 지배적인 사회문화적 경제적 가치 증식 양식을 전복할 수 있는 거점들을 만들어낼 수 있을 것이다. 전체적으로 자기가치 증식의 전략, 즉 필요노동의 영역을 확장하고 재구성하는 전략이 필요하다. 이를 통해 노동자들은 자본주의 생산방식이 허용하지 않을 자신들의 요구들, 열정들, 능력들을 증식시키고 확장한다.[16] 여성들 역시 이런 욕구와 열정이 강하며 일상생활을 바탕으로 하면서도 그것에 한정되지 않는 새로운 노동 영역과 노동 방식을 탐구하고 제시해야 한다. 이것은 새로운 삶의 방식, 새로운 감수성의 다층적 확장과 관련되어 있다.

14_ 윤수종, 「이딸리아 여성 운동과 페미니즘 이론」(레오뽈디나 포르뚜나띠의 『재생산의 비밀』에 실린 역자 해설), 18-19쪽.

15_ 이동연, 「의미화실천, 주체화양식, 실험공학의 장: 한국 문화연구의 생산적 논쟁을 위하여」, 『문화/과학』 13호, 1997년 겨울, 56쪽.

16_ 윤수종, 앞의 글, 18-19쪽.

4. 여성주체생산 방식의 새로운 작동을 위하여

우리는 앞에서 문화공학은 주체화양식을 생산하는 기제라고, 또한 하나의 사회체로 기능하는 주체들의 서로 이질적인 욕망들을 생산하고 배치시키는 공간을 기획하는 프로그램들을 구체적으로 작동시키는 실제의 과정학이기도 하다고 말했다. 말하자면 주체의 생성적 힘들을 생산시키는 구체적이고도 실제적인 방식이다. 페미니즘에서의 문화공학은 여성들이 자신들의 문제 지점들을 의식하지 못하도록 하는 많은 보수적인 장치들의 시스템을 파악하고, 그것을 다른 것으로 바꾸어내는 실질적인 장치나 프로그램을 개발하는 것이라고 할 수 있다. 이 점을 구체적인 예를 통해 좀 더 설명하겠다.

1) 여성 재현/생산[17] 방식

90년대 초 당대 최고의 탤런트였던 채시라가 근사한 어조로 내보낸 "프로는 아름답다"라는 광고 카피는 카피 이상의 효과를 냈던 것으로 기억된다. 80년대 중후반 이후부터, 자본축적에 있어 유연적 축적방식이 공고화되면서, 그것의 당연한 결과로—노동의 유연화의 결과로—여성 유휴 노동력이 많이 양산되었다. 따라서 그 이전 지독한 산업화 과정에서 여성노동자들에게 부과하던 '평등'이라는 개념은 불필요한 것이 되었을 뿐만 아니라, 그것을 대체할 다른 이데올로기들이 필요해졌다. 이때 나온 것이, 그리고 IMF 직전까지도 통용되던 것이 "일

17_ 아래에서 분명하게 밝혀지겠지만 여기서 재현과 생산은 대당 개념으로 쓰이는 것이 아니다. 광고에서 재현된 여성은 그 이데올로기적 효과로, 현실에서 광고에서의 생각들을 실천하며 살아가는 주체들을 만들어낸다는 의미에서 그렇다.

하는 여성은 아름답다" "프로는 아름답다" 류의 '고무적'인 표제들이었다. 생산체제의 변동이 가져온 여성노동력의 과소 필요성 때문에 전문성을 자유나 미로 연결시켜야 할 필요나 이유들이 생겨나게 되었던 것이다. 이제 (여성)노동력 내에서 평등이라는 개념은 진부한 것이 되었다.

그러나 그 이후, 지금 IMF체제 하에서는 어떤가? 앞서 말한 프로는 아름답다류의 광고란 없다. 안심할 만한 임금을 주는 안정된 직장에서 쫓겨나는 첫 번째 성이 여성인 지금, 그런 광고란 결코 없다. 정세적 효과의 결과이다. 고무적 표제의 광고들을 페미니즘 확산의 결과로 이야기하는 것의 함정이 여실히 드러난 셈이고, 오히려 여성 재현의 방식은 우리가 생각하는 것보다는 훨씬 더 자본축적의 문제가 규정하는 것임이 드러났다. 따라서 여성 재현의 방식을 어떻게 바꿀 것인가 하는 문제는 자본축적방식에 대한 개입이기도 하다.

분산과 분열의 틈새전략이 필요할 것이다. 이 전략은 이제까지 우리가 말한 주체생산방식—재영토화되지 않고 탈주선을 타는 방식—에 가장 적합한 전략으로 보여진다. 성, 인종, 계급, 세대 및 중대한 사회문화적 분할과 재현이 중첩된 주체는 벌써 이 다중적 코드가 횡단한다는 점으로 보아서도 단선화된 것이 아니다. 이런 복잡함과 복합성의 지점에 단일한 코드, 통일된 총체적 방식으로 다가간다는 것은 오히려 무모해보인다. 이 다중적 코드들이 때로는 수평축으로, 또 때로는 수직축으로 그리고 횡단적으로 코드들을 합성할 때 우리는 그 그물에서 빠져나와 있는 지점들, 구멍들의 틈새들, 빠져나와 있어 비주류로 간주되는 실은 소수자의 코드를 확대하고, 총체적 주체를 분산시켜야 한다.

그래서 '프로'보다는 앞치마 두른 남자를 이야기하는 것이 더 중요하다. 프로여서 이미 여성 내에서도 남성화되어 타자가 되어버린 여성을 말하기보다는 보편자와 동일자화된 남성의 타자화의 가치를 선전하고 것이 더 중요할 수도 있다.[18] 왜냐하면 가부장체제에서 평등한 여성이나 프로인 여성은 가부장적 남성이 될 여성을 의미한다. 우리는 우선 이분법적 대립들의 기초가 되는 이 이분법적 사고구조를 극복해야 한다. 따라서 확대되는 여성상에 방점을 찍을 것이 아니라 축소되는 남성상을 확대화로 선전하는, 문화적으로 가치론적으로 거꾸로 된 방식으로 시작해보자. 이상하게 사는 남자(반권위적으로 사는 남자) 띄우기, 남성 역시 소수자로 만드는 것, 그래서 가치관의 혼란을 가져오는 것이 더 좋지 않을까? 이런 방식이 육체에 각인될 때, 여성과 남성의 아비투스에도 변환을 가져올 수 있을 것이다. 성, 성차의 효과로 생산되어 확정된(것처럼 보이는) 기존의 아비투스를 뒤엎을 때 모성과 양육을 재구조화하고, 가족구조도 변형시킬 수 있다. 이러한 변형을 통해 사회생활의 정서 또한 변화될 것이고, 무엇이 사회적이고 무엇이 사적인가에 대한 개념도 바뀌게 될 것이다. 실제로 오늘날에 와서는 주체들의 절합 양상에 따라 공적 영역과 사적 영역은 계속 분절해 나가기 때문에 그 사이의 경계는 언제든 달리 나타날 수 있다.

그럼 요즈음의 광고에서 여성은 어떻게 재현되고 있는가. 직장에서 일하는 여성은 거의 보이지 않는다. 등장하는 여성들 거의가 기혼이다. 그런데 주로 '목소리'(만)를 많이 내고 있다. 얼굴은 화면에 잡히지 않지

18_ 이 생각은 <여성문화이론연구소>의 담론분석 세미나에서 이야기했던 것을 정리한 것이다.

만, "고기반찬 썼다고 화내지 마세요…"라는 잔잔한 목소리의 '축협'광고 등 남편들을 격려하는 목소리들. 다른 여성에게 "제발 남편을 격려하라"는 충고조의 목소리들을 내면서 광고 내에서의 화자나 청자할 것 없이 대다수 여성들은 전업주부나 어머니로만 남아 있다. 실제 IMF 현실에서는 여성들에게 돌아갈 일자리는 없다. 광고 내에서 가상적으로라도 여성들에게 일자리를 주어서는 안 된다. 그들을 전업주부 또는 어머니로만 묶어두어야 할 가상적 타당성들—그 이데올로기적 효과로 현실적 타당성이 되는—이 있어보여야 하기 때문이다. 여성의 역할을 주부 혹은 어머니로만 한정시킬 때, 자연히 여성고용의 가능성은 희박해질 것이며, 따라서 동시에 여성노동자에 대한 수요는 줄어들게 된다. 말하자면 현재의 IMF 상황 하에서 여성해고의 '정당성'은 상당부분 대중매체들이, 좀 더 거국적으로 말하자면 알튀세르가 언명해낸 이데올로기 국가장치가 담보해내고 있는 셈이다.

게다가 남성노동자와 여성 가사노동자 사이의 교환이 지닌 특정한 성격들 때문에, 여성은 일단 고용되면 결코 퇴직하지 않는다. 그녀는 남성의 퇴직 동안에도 남성을 계속 재생산해야 할 뿐만 아니라, 그녀의 아이들에게는 여전히 어머니로 남아 있어야 한다.[19] 요즈음 튀는 광고로 지목되는 전원주 출연의 '002 광고'는 어떤가. 유학 간 딸, 아들이 보고 싶은 어머니를 상정한다는 점에 있어서 그것은 어머니의 범주를 전통적으로 상정하고 있다고 할 수 있다. 그런데 그녀는 전형적 어머니상과는 어긋나게도 코믹하다. 이 코믹함은 유학 간 20대 딸의 머리통에 전원주 얼굴이 들어섰을 때 극치를 이룬다. 그건 아마 이 광고 전체를 관통하는

19_ 레오뿔디나 포르뚜나띠, 앞의 책, 103쪽.

이질적 요소들의 접합이 그 순간에 가장 결정적으로 드러나기 때문일 것이다. 어머니의 육체와는 통례적으로 상충되는 것으로 여겨지는 20대 딸의 육체가 매개하는 '세대' 문제, 달리거나 지붕 위에 올라가 있는 나이든 육체가 가지는 '운동성, 속도감' 등등은 이제 광고에서도 주체를 구성하는 서로 다른 코드들을 작동시킨다는 것을 보여준다. 그러나 그럼에도 불구하고 그것은 언제나 여성을 어머니로만 남게 하는 재영토화로 귀결된다.

여기서 다시 강조점을 두어 이야기할 필요가 있는데, 여기서 우리가 말하는 '재현'은 그 재현된 것의 내용을 정태적으로 지적하는 것은 아니다. 광고에서의 여성 재현은 그 이데올로기 효과로 자기 스스로 나는 이런 존재지, 나는 원래 여자지, 내가 여자구나라고 생각하는 주체를 생산하며, 또 그 생산된 주체의 삶의 양태들은 그 이데올로기를 계속 실천함으로써, 재현된 여성은 끊임없이 현실에서 실제로 (재)생산된다. 이처럼 재현은 주체를 생산한다는 의미에서 문학적 의미의 '재현'이 아니라 그 자체 생산력을 지니는 것이다. 주체로 호명된 여성은 그 이데올로기의 효과를 자신의 육체에 각인시키며 몸을 놀리며 살아가는 것이다.

물론 자본이 요구하는 방식대로 재영토화되고 있는 경우만을 들어서인지, 우리의 논의는 거의 전향적이지 못하다. 이것을 돌파하는 방식으로 다음과 같은 제안이 필요하다. "여성은 다른 또 하나의 재현체계를 가져야 한다." 남성적 재현체계로 보자면 여성주체는 억압을 인내하고 때로 억압에 대항해 반란을 일으키는 존재라는 매우 단순한 가면을 쓴 존재로 보인다. 그러나 여성을 직시하면 그 가면을 벗고 복잡기괴한 모습을 드러내게 될 것이다. 여성은 처음부터 재현의 '남성적' 체계에서 배제되어 있던 존재였다지만, 오히려 남성적 재현체계로는 여성을 재현할 수 없었기 때문이라는 말이 더 맞다. 그래서 여성은 남성의 계열이 아닌 다른 하나의 재현 체계를 가져야 한다는 것이 대다수 페미니스트 이론가들의 입장이다. 이것은 곧 여성 나름의 주체생산 체계를 가져야 한다는 말이다. 그 주체생산 체계의 틀로서 우리는 우선 이원론을 거부하며 성차 이론들 내의 남성성과 여성성의 이항대립에 주어진 선차성에도 반대한다. 이같은 생각을 기초로 하여 우리는 기존의 이분법적 여성/남성의 대당적 틀이 아니라 여성/남성/비여성/비남성이 혼효된 관계틀을 제시한다. 여성을 남성과 대립되는 위치에, 그리고 혹은 위계적으로만 둘의 관계를 설정한다면 여성은 늘 타자로 남을 수밖에 없다. 그러나 이 경계가 불분명하며 범주적 구분도 서로를 넘나드는 식의 관계틀에 위치시킨다면 그 각각은 다른 것을 규정하지 않는 소수자들이 될 것이며, 그것들끼리 관계 맺는 방식에 의해 다층적 주체의 생산이 가능할 것이다. 이것이 차이를 존중하는 한 방식이다. 우선, 여성-남성, 여성-비남성, 남성-비여성, 그리고 비여성-비남성의 각각의 관계들을 생각해볼 수 있을 것이고, 여성-비여성-남성-비남성 사이를 운동하거나 매개하는 관계론적 전체 장 등을 상정할 수도 있을 것이다. 여기에 덧붙인다면, 인간, 비인간, 자연 등등의 항들도 또 생각해볼 수 있겠다. 이 모든 경우, 또 각 항 사이의 관계망은 대립만이 아니라 모순, 협력이라는 다른 관계망을 포함하며, 나아가 각 항 사이의 영향관계를 통한 각 항 자체의 특성의 변화와 힘의 이동이라는 동학(動學, dynamics)을 포함하고 있다.[20]

따라서 페미니즘적 주체는 상호연결망 안에서 기능하는 강렬하고 다중적인 주체가 될 수 있다. "나는 이것이 리좀적이고 육체화되어 있으므로 완전히 인위적인 주체라는 점을 덧붙이고자 한다. 하나의 인공물로서 그것은 기계적이고 복합적이며 비개인적인 양식으로 상호연결될 다중적 능력을 부여받는다. 이것은 추상적이며, 완벽하게, 그리고 작동적으로 실재적이다."[21] 이것이 바로 우리가 생산하려는 '문화공학적 과정'이 내장된 주체의 모습이다. 또한 그것은 바로 해러웨이가 제안하는 사이보그의 모습과 흡사할 것이다. 그것은 혼성물이며, 연결을 만드는 실체이다. 우리의 주체생산은 언제나 과정 속에 있으며 따라서 완결되지 않는다. 주체생산은 늘 과정의 형태로 진행중이기 때문에 그래서 문화공학적이다.

이제 해러웨이를 따라 여성주체에 대한 새로운 형상화를 제시해본다.

해러웨이는 현대세계의 하이테크놀러지의 현실에 맞도록 비개인적 방식의 페미니즘 주체에 대한 새로운 형상화를 추천한다…: 해러웨이는 페미니즘적 주체성에 대한 새로운 형상화를 사이보그로 제안한다. 혼성물이자 육체-기계로서 사이보그는 연결을 만드는 실체이다. 이것은 상호관련성, 수용성, 그리고 인간/기계, 자연/문화, 남성/여성, 외디푸스적/비외디푸스적 등의 범주적 구분들을 고의적으로 흐리게 만드는 지구적 커뮤니케이션에 대한 형상이다. 이것은 상대주의로 빠지지 않고도 특수성을 사고할 수 있는 방식이다. 뿐만 아니라 사이보그 모델 안의 육체는 자연적이지도, 기계적이

20_ 심광현, 「테크노문화의 '이중구속'」, 『탈근대 문화정치와 문화연구』, 문화과학사, 1998, 261쪽.
21_ Braidotti, op. cit., p. 162.

지도 않으며, 또한 텍스트에 충실하지도 않다. 이것은 오히려 내적 외적 실재 사이의 상호작용을 위한 대항 패러다임이다. 이것은 육체와 기계뿐 아니라 이들 간에 무엇이 진행되고 있는지에 관한 근대적 독법이다. 정신/육체 논쟁의 강력한 대체물인 사이보그는 탈형이상학적 구성물이다. 사이보그는 하나의 페미니즘적 형상화이다.22)

2) 대학 교육과 20대 여성주체의 세대적 실천

대학은 자본주의체제가 원하는 주체를 생산하는 핵심적인 이데올로기 국가장치다. 많은 사람들이 일상적으로 보고 접하는 광고가 대중의 무의식적 욕망과 관련되는 데 비해 (대학)교육은 좀 더 이데올로기적인 의미층과 관련해서 주체형성에 커다란 영향을 미친다. 대학교육을 받는 중심 세대는 20대다. 이른바 신세대로 불리는 지금 20대 여성들이 가정과 가족을 비교적 훌훌 떠나버릴 수 있는 감수성은 직장과 가정 양쪽에서 안간힘을 쓰는 30대 여성의 타협적 감수성과 확실히 다르다. 20대 '자아실현파'들은 30대들의 과도기적이고 때론 이중적인 삶을 관찰하면서 현모양처 신화를 일찌감치 벗어던졌다. 막연히 꿈꾸기보다 일찍부터 자신이 할 일을 준비하고 집중하는 경향을 보인다. 여자라는 성적 정체성을 받아들이고 이제 더 이상 여자라는 것 자체로 주눅 들지 않는다. 이들은 특히 성적인 면에 관심이 많고, 성적 주체로서 이들이 갖는 감수성과 감각은 자유롭고 분방하다. 일면 이들은 상업주의가 부추기는 성문화에 길들여졌다고도 할 수 있지만, 봉건적이고 근대적인 삶의 조건이 낳은 타율적 분위기에서 벗어나 자신의 몸에 적극

22_ Ibid., pp. 176-180.

적인 관심을 갖고 자신의 몸을 능동적으로 표현하는 측면도 동시에 갖는다고도 볼 수 있다.

그러나 한편으로는 억압적인 상업 자본주의가 부추기는 성문화에 빠져든 많은 20대 여성들은 성경험 자체를 강력한 유혹이자 맹목적인 '해방구'로 추구하기도 한다. 이들은 30대에 비해 규율로부터 자유롭고 다층적이지만 반대로 상품미학에 포섭될 가능성이 농후하고 비판적 이성을 자발적으로 개발하기 어려운 측면이 있다. 성적 경험 자체로 새로운 의식이 생기는 것은 아니다. 그들이 의외로 결혼에 집착하는 게 그 단적인 예이다. 이런 신보수화 성향으로 보건대, 그들이 성과 사랑의 영역으로 페미니스트 운동을 확대해가는 주역이 되리라고 손쉽게 낙관할 수 없는 측면이 분명히 있다. 그렇지만 그들에게 잠재된 해방적 에너지와 실험성을 생산적이고 진보적인 흐름을 타도록 하는 것은 위기에 처한 우리 사회의 전면적 재구조화에 중요한 과제일 것이다. 이런 인식은 전통적인 진보운동에서의 계급중심 논의에서 빠져나가 버렸던 세대론적 관점을 반영한다.

이 과제와 관련하여 여기서는 21세기를 이끌고 나갈 문화적 주체로서 여자 대학생의 교육 프로그램을 실제로 제안해 보고자 한다. 주지하다시피 21세기는 문화의 시대로서 그 어느 때보다도 창의적인 문화 역량과 문화적 지식을 필요로 한다고들 하지만 대학에서 실제로 운용하는 교과과정을 보면 교양과목에서나 전공과목에서나 분과학문 체제가 정한 구태의연한 과목들을 별반 수정 없이 그대로 반복하고 있는 실정이다. 급변하는 현실 속에서도 거의 그대로 유지되고 있는 분과학문 체제를 해체하기 위해서는 제대로 된 학부제 형식을 갖추고서 전공 분야를 넘나들며 시대를 관통하는 문제의식, 주제의식 중심으로 미래학적 관점에서 교과목을 다양하게 개설해야 할 것이다.

예컨대 '앞으로 어떤 시대가 도래할 것이며 어떻게 살 것인가 하는 주제 중심으로 역사학, 페미니즘, 생태학, 탈근대 과학 등등 몇몇 전공 분야별로 강의를 전개할 수 있을 것이다. 또 '결혼/가족/국가', '언어/욕망/주체', '21세기 문화와 지식 생산', '과학과 젠더', '섹슈얼리티/주체/젠더' 등등의 과목을 펼쳐 분과별 전공 영역과 관계되면서도 개별 영역을 넘어서는 방식과 팀 티칭 방식으로 운용한다면 어떻게 될까? 우선 요즘 많은 여대생들이 토익, 토플, 영어회화에 무분별하게 쏟고 있는 엄청난 시간과 돈과 에너지조차 서구 중심의 전지구적 자본주의의 세계화논리에 멋모르고 휘둘린 결과라는 것을 깨닫게 될 것이다. 또 자본주의 발전이 요구하는 노동과정의 변화에 따른 구조조정이 20대 여성 인력이 노동시장에 들어가서 생산성을 높일 수 있게 하는 방안이라는 맥락에서 진행되는 것이 아니라는 사실을 알게 될 것이다. '가장의 기를 살려주자'는 더 이상 바람직하지도 현실적이지도 않은 남성 생계부양자 논리에 따라 진행되는 구조조정으로 말미암아 여대생의 취업이 더욱 어렵고, 취업한들 여성의 다양한 능력을 최대한 활용하는 체제개혁이라는 측면과는 거리가 멀다는 사실을 인식하게 될 것이다.

이런 새로운 문제발견적인 교과목들은 무엇보다도 가정에 있건 사회에 있건 노동에 참여하는 개인을 존중하는 자율적 권리와 의무 개념, '노동'의 질에 대한 근본적인 문제제기를 출발점으로 하여 '가족', '시장', '민족' '국가'라는 공간에 대한 새로운 물음을 포함하는 것이다. '남자 기살리기'가 횡행하는 신보수주의 시대에 의심받기 쉬운 여성노동의 정당성을 유보해서는 안 된다는 굳건하고 당당한 의식을 펼쳐 보일 수 있는 장으로서 수업이야말로 전공분야에서 단편적인 지식들의 획일적인 습득보다 훨씬 더 중요하고 본질적인 것이다. 그리하여 세계화나 신자유주의 논리에 도사린 착취와 억압 기제에 저항하는 적극적이고 생산적인 에너지의 흐름 쪽으로 여대생들의 시선을 돌릴 수 있도록 해야 할 것이다. 그러면서 기존 노동유형이나 노동체제가 견지하고 있는 비조직/조직, 가정/ 일터, 공/사의 구분을 깨는 직업 유형을 새로 창출할 필요성을 자각하고 거기에 필요한 자원과 기능과 요소들을 갖추고 배치할 수 있는 길들을 상상하고 그 이미지를 그려볼 수 있도록 해야 할 것이다.

이제 20대 여성주체는 그동안 묵혀둘 수밖에 없었던 적응력과 유연함을 발산하고 지력과 감수성, 복합감각을 총동원하여 그저 성적인 감각만을 발산하는 것도 아니고 남성과의 동등한 대우만이 아니라 새로운 직업, 새로운 노동과정 자체를 창출할 수 있게 될 것이다. 그 새로운 일의 영역에서는 가정과 직장을 엄격하게 구분하기보다 두 영역을 넘나들며 험한 바깥세상에서의 기계적인 고달픈 일이 아니라 줄어드는 노동시간과 늘어가는 유휴 시간 속에서 인간적인 감각의 풍성함과 삶의 충일함을 위한 새로운 공간을 형성할 수 있다. 바로 거기서 여성의 일상생활에서 출발하면서도 그것에 한정되지 않는 새로운 여성 노동방식을 탐구하고 구체화할 것이다. 이렇게 새로운 직종을 창조하는 것은 아방가르드적 노력과 용기를 필요로 하는데 특히 실험할 가능성과 에너지가 가장 큰 20대에 부족한 비판적 이성을 수급하면 반자본/반국가 지향성을 갖고 비자본주의적 시장까지 창출할 역량을 기대할 수 있을 것이다.

이렇게 여대생의 주체 위치를 환기하고 시대에 대한 문제의식과 자신을 연결시키면서 주체성을 형성해나가는 장으로서 교과목을 운용할 때 실생활 속의 자신과 아무런 상관도 없는 상아탑의 학문이 아니라 아무리 위기가 닥쳐오고 상황이 복잡해진다고 해도 여성 특유의 탄력성과 창의력으로 대처할 수 있을 것이다. 바로 이것이 오늘날 20대 여성들에게 가장 필요한 문화자본의 핵심을 형성할 것이며 이것을 키워주는 것이 대학의 기본 목표가 되어야 하며 대학과 지식의 구성방식도 이 목표에 따라 재편성되어야 하는 것이다.

물론 여대생들이 이렇게 제도권 안에서 유연하고 탄력적이면서도 비판적이고 저항적인 문화적 역량을 갖추는 것만으로는 부족하다. 제도권/비제도권, 공/사를 넘나들며 여러 차원의 관계와 조직 속에서 세대별로 다양한 감수성과 활동영역 사이를 실제로 네트워킹하는 것이 필요하고 이것을 위해 구체적인 방법론을 세워야 할 것이다. 바로 여기에 문화공학적 방식이 도움이 될 것이다. 이 네트워킹망을 실제로 구축해야만 여성운동 내부의 분할을 넘어서고 다른 운동 단체들과 단절되지 않고 연계할 수 있다. 그러려면 여성운동과 다른 운동들과의 교차범위가 어떻게 다양하게 형성되는가를 과정학적으로 분석해야 할 것이다. 그 네트워킹은 위계적이고 일괄적인 방식으로는 안 되기 때문에 각 분할된 세대들 안에서 진보적인 흐름을 타는 소수집단적인 모임들을 계속해서 만들어 나가면서 여성 문제를 치고 나가는 것이 필요하다. 기존의 굳어있고 분절적이고 산발적인 소수의 흐름을 새로운 다른 관계망으로 전환시키려면 소수들이 만나는 망을 새로 만들어 나가야 하는데 그때 과정학 시스템이 필요하고 이 시스템을 제공하고자 하는 것이 문화공학이다.

소수들이 만나는 망을 구체적으로 제시하려면 진보적 여성의식을 길러내지 못하는 계모임, 동창회, 문화센터, 사회복지관 독서 모임 등의 기존 문화 형태와는 다른 문화활동을 구상하고 실행시키는 실제적인 프로그램을 만들어내야 한다. 여성운동의 문제가 조직할 수 없다는 것인데, 그 모을 수 있는 기제가 뭔가를 고민해야 하고 그것은 노동조직(노동조합 중심의)이란 관점에서가 아니라 문화공학적 관점에서 보면 모일 수 있는 프로그램의 적극적인 개발을 고민하고 창출할 수 있게 될 것이다. 20대 여성주체와 문화적 관점에서 다른 세대 여성들과의 단절과 괴리를 인정하면서도 함께 연대할 수 있으려면 소수자의 하위문화적 자원을 포괄해내는 실질적인 장치나 프로그램 개발에 대한 연구가 필요하다.

이 연구를 위해 여성연구소가 필요하며 제도권 바깥에서 여성교육장을 다양하게 활성화하는 모태의 역할을 맡아야 할 것이다. 여성운동가와 여성활동가들이 여성단체를 만드는 것만으론 여성운동을 제대로 할 수 없고, 여성연구소와 여성교육장의 활성화와 구체적인 작업들이 필요하다. 지역문화운동을 하는 여성들과 페미니즘 이론가들이 정규적으로 만나야 한다. 여성 이론가들이 문화공학적 발상을 통해 프로그램을, 연구계획서를 만들고 운동단체에 문화정책적 제안을 미래학적 관점에서 계속 함으로써 현장과 연구소의 연계를 지속적으로 강화해야 할 것이다. 이 작업을 통해 여성문화 영역의 확장과 생산성을 꾀할 수 있을 것이다. 바로 이런 상호작용 속에서 여성영역이 다른 영역들 휘하에 들어가지 않는 자율성을 견지하는 능력을 키우고 여성적 공간을 다양하게 확보해나가는 동시에 다른 영역들과 연대하고 동맹하는 것, 이것만이 생산제일주의의 우리 근대화가 압살해 왔던 여성주체와 여성적 자원을 활성화하여 새로운 구성을 가진 사회로 나아가게 하는 길이다. 여기에서 문화공학적 방법을 실행할 수 있으리라고 본다.

제 2 부

여성과 공간
: 계급과 소비

세계화/여성/문화과정

집창촌/신자유주의/코뮌

여성/백화점/공간실천

소비공간/일상/주체

4 세계화/여성/문화과정

1. 글을 시작하며

▶ 제니 첸 후지쯔를 소개하다!

제니 첸은 싱가폴에서 일하는 저
널리스트로서 아메리카와 유럽에
자신의 글을 송고한다. 말하자면
그녀의 담당구역은 아시아다. 그녀
는 이 지역을 끊임없이 돌아다닌
다. 그녀는 지금 여기서 택시를 잡
고 있다. 그녀가 가는 곳을 따라가
보면 아시아 전역에서 보다 큰 미
래의 토대를 구축하기 위해 묵묵
히 일하는 전지구를 연결하는 컴
퓨터와 통신을 보게 될 것이다.

제니 첸은 상하이의 호텔방에서 이메일(e-mail)을 통해 중국 전역의 취재원들과 접촉하면서 많은 일을 처리한다. 그녀는 이메일을 통해 중국의 거의 모든 지역에 다다를 수 있다.

이번 여행 동안 제니 첸은 늘 시간이 없어 가볼 수 없었던 남타이완의 명승지 카오시웅을 방문할 수 있었다. 홍콩에서 타이완으로 이 명승지 여행을 예약했는데… 전화 연결은 아무 장애 없이 완벽하게 진행되었고…

　　『타임』에 꽤 오랫동안 게재되었던 이 광고1)를 처음 보았을 때 나는 대충 '아시아에서 여성으로 산다는 것 3' 정도의 모호한 이야기를 연상하

1_ 『타임』지 1997년 4월 28일자 '신일본' 특집호에 실린 광고(이후 3-4회 정도 연속 광고). 영어로 된 시사주간지라는 매체의 특성 때문에 그리 보편적으로 많은 사람들이 보지 못한 약점을 가진 광고이다. 그렇더라도 『타임』 아시아판에 실린 이 광고가 아시아 여러 나라 사람들에게 보여졌다는 점이 이 글의 주제의 일부분인 '세계화'를 설명하는 데 어느 정도 유용하리라 보여져 텍스트로 사용했다.

거나 구상했던 것 같다. 그 연상은 이 광고의 이미지들이 <아시아에서 여성으로 산다는 것>(변영주 감독의 필름)에 그 맥이 닿아 있되―신국제 분업체제에 의해 이제는 세계자본주의에 식민화된, 그래서 매춘의 형태로 식민화된 아시아 여성을 형상화한 <아시아에서 여성으로 산다는 것> 전편과 결코 유리되지 않는―그러나 이제는 저널리스트인 싱가폴 여성 첸이 표상하는 진취적 현대여성 이미지를 등에 업고 몹시 자발적인 형국으로 자본주의 전략을 실행하는 아시아의 여성을 참 '끔직이도' 형상화했기 때문에 이루어졌으리라. 아시아에서 여성으로 산다는 것, 어느 면에서 그것은 서구에서보다는 더욱 여성으로 '된다'는 것의 끔찍한 함축일른지도 모른다. 다너 해러웨이의 적절한 지적처럼 여성으로 된다는 것은 성적이고 과학적 담론과 다른 사회적인 실천과의 경쟁 속에서 형성되는 고도로 복합적인 범주이다. 물론 우리는 성적 주체나 정체성 같은 좀 더 복잡한 체계로 접근해야 하는 이야기를 시작하려고 하는 것은 아니다. 우리는 단지 지금 신국제분업체제가 가로질러 가고 있는, 아니 보다 쉽게 이야기하면 자본의 세계화에 가로놓여 있는 여성들의 이야기를 시작하려고 할 뿐이다. 그리고 우리가 텍스트로 삼고 있는 이 재현물(후지쯔의 광고)이 그리고 있는 이곳은 바로 현재 '세계화의 덫'에 걸려 있는 지점―아시아―이기 때문에 우리는 오늘 이 텍스트를 화두로 삼아 이야기를 시작해 보려고 한다.

2. 세계화의 이중구조와 위기에 대한 접근방식

1) 빠른 '자본 이동'과 일국 내에 갇혀있는 '노동'

우선, 우리의 텍스트를 보자. 그러나 분명히 말해두건대, 이 텍스트는 이야기를 시작하는 단초에 불과하다. 이 텍스트가 형상화내고 있는 매끈한 표면—타임지의 얇은 종이가 반짝거리느라 더 이상 아무 심층도 없어 보이는—보다는 훨씬 다층적이고 굴곡진 상황에 여성들이 처해 있기 때문에, 정말로 '후지쯔'라는 이 텍스트는 우리 이야기의 표면에 불과하기 때문이다.

우선 내가 이 텍스트를 통해 본 것은 초국적기업을 소개하는 중국계 싱가포르인 여성 제니 첸이 아니다. 이 텍스트에서 '소개'라는 고답적 방식의 기술(description)로 묘사된 아시아 여러 지역에 산재해 있는 '후지쯔'의 공장들은 아시아의 값싼 젊은 여성 노동력에 의해 가동되고 있다. 물론 그들은 제니 첸의 진취적이고 활달하고 친자본적 모습에 의해 차단되어 있어 표면에 드러나지 않는다. 이 텍스트는 대충 이와 같은 방식으로 늘 이중구조화되어 있다.

그런데 이 이중구조의 틀은 뒤에서도 규명되겠지만 일단 요약하면 급증하는 세계 자본 흐름과 결합된 빠른 '자본 이동'과 일국 내에 갇혀 있는 '노동'이라는 형상에 시종일관 비유된 것이다. 정보통신, 전자매체 사업 분야의 이 '후지쯔' 상품들은 실제로 지역과 공간을 자유롭게 오가는 데 효용되는 것이나, 제니 첸은 그와 정반대되는 방식으로 실제의 공간에 출현하는 방식을 취하고 있는 점도 그렇다.(물론 그러면서도 첸은 동시에 자유롭게 이동하는 초국적 자본의 표상이다.) 인터넷과 같은 사이버 테크놀로지 기제들은 사용자의 육체적이고 공간적인 경계를 탈영역화한다. 전자매체를 매개로 하여 시간과 공간의 제약으로부터 해방된 육체적인 체험을 경험하고, 원거리에 있는 사람들과 의사소통을 하고 필요한 정보를 확보할 수 있는 상품을 광고함에도 불구하고 첸은 실제의 공간을 돌아다니는 제한적 육체로 현현한다. 이것은 무슨 의미인가? 이동성 자본은 비이동성 예비노동력을 찾아 이동한다. 자본은 자유롭게(여기서는 후지쯔의 상품들처럼, 또는 제니 첸처럼) 이 노동시장에서 저 노동시장으로 이동할 수 있지만, 노동은 국경을 넘지 못하도록 규제당하고 있다. 일국의 노동시장은 엄격히 통제된 국경으로 둘러싸여 있는 폐쇄된 공간이다. 이 체제는 각국의 예비노동력이 자국의 경계선 내에서 유지되는 것을 기초로 하고 있는 것이다. 이리하여 첸의 자유로운 육체가 표상하는 것과는 완전히 역전된 방식으로 빈곤은 일국 내에서 심화되고 있는 것이다. 게다가 일국 내에만 산업예비군이 있는 것이 아니라 전세계적으로 대부분의 지역들이 국제 노동비용을 조절할 수 있는 '저임금 노동예비군'을 보유하고 있다. 바로 이것이 이 나라에서 저 나라로 옮겨가는 생산자본의 국제적 이동을 가능케 하는 지반이자 조건인 것이다.[2]

그런가 하면 '후지쯔'의 이 광고는 축어적(literally)으로는 아시아의 발전을 표방하는 듯하지만(Fusitu is helping Asia create…) 궁극적으로는 자본의 세계화 전략을 추구한다고 보여진다.(우리가 이렇게 아시아의 발전과 자본의 세계화를 상충되는 것으로 보는 이유는 자본의 세계화가 아시아 위기를 심화시키고 있다고 보기 때문이다.) 따라서 우리는 오히려 아시아의 위기는 전혀 "아시아의 위기"가 아니라고 말할 수 있으며 시장, 정부 그리고 국제금융기구들이 급속한 금융자유화를 다루는 방식의 부적절성을 보여주는 "세계적 위기"라고 말할 수 있는 것이다.

2_ 미셸 초스도프스키, 『빈곤의 세계화—IMF경제신탁통치의 실상』, 이대훈 옮김, 당대, 1998, 103쪽.

그런데 우리가 이제까지 추출해 놓은 이런 이중틀은 세계화의 문제를 다룰 때 쟁점들을 대당구조로 묶어버려 문제를 단선적으로 바라보게 할 여지가 다분히 있다. "세계화에 관한 최근 모델은 경제적이든 문화적이든 대부분 세계화를 두 개의 상이하고 상반된 것들 간 관계로 이해하고자 한다. 때로 이러한 상반된 것은 국지성이라는 장소로 나타나기도 하고 때로는 힘의 형태로 나타나기도 한다. 예를 들어 세계화의 한 이론은 두 장소간 관계로 세계화를 정의하면서 힘있는 곳과 힘없는 곳으로, 그리고 후자를 주변국가로 설정한다. 전자는 초국가적 유통주체이며, 취약한 곳은 이를 수용하는 장소로 간주된다. 그리하여 세계화는 식민주의나 제국주의의 마지막 형태로 간주되며, 취약한 지역의 자원이 힘이 강한 지역으로 옮아가고, 결국 강자의 구조 및 가치가 약자에게 전이되는 것으로 간주된다.[3]

이런 틀들을 어떤 식으로 돌파하면서 우리는 아시아에서의 여성, 아시아의 현재 위기로 인해 더욱 신국제분업체제에 극심하게 가로놓여 있거나 있게 될 우리들에 대해 생각해볼 수 있을까?

2) 경제와 비경제의 절합

그건 현위기를 어떻게 파악할 것이냐 하는 문제에 대한 숙고를 우선 요한다. 세계화와 관련된 현재의 경제적 위기가 금융위기라는 국면적 위기냐, 자본주의 자체의 구조적 위기냐, 아니면 이 두 가지의 복합이냐 할 때, 대체로 두 가지의 복합으로 인식되고 있다. 일시적 호황, 불황의 파동은 있겠지만 지난 20년 동안의 상황은 자본주의가 한계에 다다렸음을 보

3_ 로렌스 그로스버그, 「문화연구의 교차로 블루스」, 『언론과 사회』 제19호, 1997, 248-249쪽.

여주고 있다는 점에서 특히 그렇다. 자동화, 신기술 개발, 이윤율 하락 등에 따른 1, 2차 산업의 하락과 그것의 당연한 결과인 고용감소가 이 상황과 관련되어 있고, 3차 서비스산업 분야 역시 엄청난 하강 국면에 접어들었다. 이런 상황을 통해 우리는 자유화, 탈규제화, 민영화, 유연화라는 기치를 내거는 신자유주의라는 새로운 속성을 목격할 수 있는데, 신자유주의는 자동화니 구조조정을 하면 고용안정을 할 수 있다고 하지만 그것은 이데올로기에 불과하며 현재의 미국의 예에 비추어 보더라도 잘해야 저고용이든, 구조적 실업이든 그 사이를 왔다갔다 하는, 전인구의 30-40%가 아니 그 이상이 불안정고용상태에 있는 그런 단계 정도에 머물 것이라는 예측이 지배적이다.(이 글은 원래 1998년에 작성되었다. 이후 11년 뒤인 2009년 현재 확실히 그렇다는 것은 여러 지표들을 통해 이미 입증되고 있다. 오히려 예측보다 비정규 노동자의 수치는 훨씬 상회하는 실정이다.) 실제로 앞으로는 자본주의가 위기를 통과해도(이제 이 말도 헛말이 되었다) 안정고용은 이뤄지지 않는다. 이렇게 볼 때 만약 자본주의 내에서 단일한 경제 시스템의 시장경제 틀을 다양한 사회적 경제, 문화경제로의 이행으로 끌고 가지 않는다면 위기 상황을 돌파하기는 어렵다는 생각이 든다. 그렇다면 이 이행을 위해서는 어떤 식의 재구성이 필요한가. 생산성 개념, 경제 개념을 바꾸는 이론화와 실천방향이 필요할 것이고, 그것은 삶의 문화의 재개념화 등을 포함해야 할 것이다.

세계화에서 관건이 되는 것은 물론 새로운 경제체제를 실현하는 것이 아니고, 새로운 도식 속에서 개인과 개인성의 장소를 재창조하는 것[4]이라는 그로스버그의 말을 빌지 않더라도, 현재의 위기 내지 국면을 경

4_ 같은 글, 266-267쪽.

제와 관련된 문제로만 이해할 것이 아니라, 경제는 이미 언제나 사회의 비경제적 충위들과 절합되어 있는 문제임을 인식하고, 이런 틀을 가지고 우리 논의에 접근해 보자.

3. 세계화와 아시아의 위기

1) 아시아의 위기와 여성

자본주의가 전세계체제로 움직이게 되면 계급은 생산의 수준으로 부상하게 되고, 이것은 여성의 노동은 정말로 쉽게 이용가능한 것이라는 암시를 준다.[5] 왜냐하면 자본의 경우, 노동력과는 정반대로 값싼 노동력과 자원을 찾아 이곳저곳으로 쉽게 옮겨갈 수 있을 뿐 아니라, 일국 내에 묶여 있는 여성의 노동력은 조직화되어 있지도 않고 언제나 가장 저임으로 착취할 수 있는 불안정한 가정주부화된 임노동의 형태가 대부분이기 때문이다.

그러나 우리의 텍스트가 보여주는 것처럼 자본의 메타포(metaphor)인 제니 첸은 참으로 쉽게 이동하고 있다. 초국적 자본은 국경이 없다.

서울

그녀가 서울에 있을 때면, 그날은 월요일임에 틀림없다.
서울은 그녀가 롯데호텔에 있다는 것을 의미한다. 고급스러운 롯데는 거대해서, 그곳에는 없는 것이 없다…

5_ 캐롤린 라마자노글루, 『페미니즘, 무엇이 문제인가』, 김정선 역, 문예출판사, 1997, 180쪽.

위기가 시작된 이후 (한국에서는) 하루 약 200개의 회사들이 문을 닫고 있으며 1998년 1월 5일에는 340개로 도산한 회사의 수가 최고를 기록했다. 이것은 4천명 이상의 사람들이 매일 거리로 나간다는 의미이다.[6]

태국

태국에서, 제니는 치앙 마이 대학을 방문한다. 그녀는 치앙 마이 대학에 있는 국립전자컴퓨터 기술센터에서 일하는 연구원들과 이야기할 필요가 있다…. (태국 내의 후지쯔 공장 생산품은 이 나라 수출의 1.6%에 달하고 있다.)

1997년 후반기에 방콕의 거의 모든 건설공사가 중단되어 도시는 반쯤 짓다 만 건축구조물들로 추하게 되었고, 수천명의 노동자들은 위축된 경제 한가운데로 내팽겨쳐졌다. 12월까지 6만여개 농촌마을로 각각 평균 다섯 명의 도시이주 노동자들이 되돌아왔다고 한 비정부기구(NGO)가 추산했다.

인도네시아

위기 시작 이후 수입가루우유의 가격은 세배로 뛰었다. 가난한 가족들은 어린아이들에게 우유 대신에 설탕을 탄 차를 먹일 수밖에 없다. 단백질의 주요

6_ 타임에 실린 이 광고를 설명하는 작은 글씨로 된 글과 필자가 덧붙인 다른 서체의 글은, 전자가 김영삼의 문민정부가 외치던 장밋빛 구호의 자본주의의 전지구적 관철인 '세계화'에 완벽하게 일치된다면, 후자는 진정한 의미의 '세계화, 현재 우리가 맞고 있는 자본의 세계화 국면에 완벽하게 합치되는 '비참한 실상'이다. 한국의 현재 상황을 나타낸 이 부분의 인용과 아래 태국, 인도네시아의 현재 상황을 다른 서체로 나타낸 부분들은 PICIS가 엮은 『IMF의 아시아 호랑이 길들이기』(문화과학사, 1998)에서 발췌한 것임을 밝혀둔다.

공급원인 가축 기르기도 이제는 감당할 수 없게 된 수입사료와 수입의 약품에 의존하고 있었기 때문에 무너지고 있다.

자카르타에서는 그녀는 주로 쇼핑을 한다.
그녀는 아시아에서 가장 큰 백화점인 마하타리에서 구매한다…

위에서 열거된 대규모의 실업사태, 극도로 피폐화하고 있는 아시아 민중의 삶, 이런 상황은 어떻게 해서 발생하는가. 항상 보다 '경쟁력 있는' 노동시장을 추구하는, 다시 말해 보다 값싼 노동력을 추구하는 자본의 논리가 현상황이 발생하게 된 원인의 많은 부분을 차지하고 있다는 분석이 있다. 이 지역들에서의 임금은 형편없이 낮다. 그럼에도 불구하고 이 지역들에서 노동자 임금은 다시금 한정없이 추락할 위험에 처해 있다. 이것은 명약관화한 사실이 되고 있다. 이런 신자유주의 국면에서는 노동에 대한 공격이 핵심적인 쟁점이 되고 있고, 또한 초국적 자본이 기업사냥을 하려면 이것이 꼭 필요하기 때문이다.[7]

여성노동의 경우 이런 상황은 더욱 심각하게 나타난다. 세계시장구조 속에서 실제로 여성노동자들에게 주어지는 노동조건은 가정주부화된

7_ 프레데릭 F. 끌레르몽, 「아시아의 호랑이들을 덮친 금융 태풍─좌초하는 동아시아형 성장 모델」, 전태일을 따르는 민주노조운동연구소 편, 『신자유주의와 세계민중운동』, 한울, 1998, 186-188쪽.

형태의 임노동이 대부분이다. 더욱이 재생산노동은 아예 노동으로 간주되지도 않는 것이 통례이다. 마리아 미즈는 가정주부화란 총체적인 원자화와 은폐된 노동력의 비조직화를 뜻한다고 설명한다. 고정적인 일자리가 없으며, 저임금, 긴 노동시간, 단순노동, 노조도 없고, 전문화 과정도 없고, 승진도 없고, 권리도 없고, 사회보장도 없는 노동형태이다.[8] 그리고도 여성들에게 이 질곡은 현재 이중의 구조로 작용한다. 가정주부화된 임노동의 형태 위에 "국가 기능의 상당 부분을 가족의 기능으로 전환"[9] 시킴으로써, 즉 노동의 재생산비용마저 가계와 '생계' 부문으로 이전시키고 있기 때문이다.

아직까지도 노동 및 상품 '생산자'들로서 가계 구조들이 자본주의 세계경제를 창출하는 데에 중심적인 부분이었다는 것조차 전면적으로 인정되고 있지도 않으면서도, 그 이중의 질곡 구조는 자본의 세계화에 힘입어 더욱 강고하게 여성을 현실적으로 억압하고 있다.

이제 전지구적 규모로 진행되는 현대의 자본축적과 여성노동과의 관련을 명백히 하는 것이 우리에게 커다란 과제이다. 실제로 1980년대에 들어서면서 노동력의 '여성화'와 관련된 한 가지 특징으로 여성노동의 국제적 재편을 들 수 있는데, 이것은 이제 여성노동 문제는 더 이상 일국의 봉쇄체계로서 해결될 수 없는 단계에 들어섰음을 지시하는 바이다.[10] 우리가 '세계화'라는 표제 아래 '여성'을 지속적으로 이야기해야 하는 이유는 바로 여기에서 연원한다.

8_ Maria Mies, *Patriarchy and Accumulation on a World Scale* (London; Atlantic Highlands, N. J.: Zed Books, 1986), ch. 3. '식민화와 가정주부화' 참조

9_ 조순경, 「민주적 시장경제와 유교적 가부장제」, 『경제와 사회』, 1998년 여름, 182쪽.

10_ 다케나카 에이코 편, 『여성노동론』, 장하진 역, 여성사, 1996, 240-241쪽.

국가가 담당하는 복지 부문의 전면적 축소, 실제로 복지체제가 완벽하게 미비 상태인 우리나라와 같은 경우, 대량실업 사태 등은 모든 삶의 비용을 가족에게 전적으로 부담시킨다. 그리고 이것의 당연한 결과로 여성들은 '빈곤한 여성'이라는 '새로운' 노동계급으로 창출될 수밖에 없는 것이다. 여성의 빈곤화는 이제 절박한 초점이 된다. 이 여성의 빈곤화가 다시 생산해놓은 빈곤은 결국 '낮은 생산비용'을 의미하며, 저임금노동경제(공급측면)에서의 투입요소가 될 뿐이다.11) 따라서 빈곤은 여성 내에서 더욱 악순환될 수밖에 없는 것이다.

전세계를 극도로 신속하게 이동하는 금융자본, 그리고 이와 더불어 새롭게 출현하는 국제적인 노동분업은 '빈곤한 여성'인 '새로운' 노동계급이라는 집단을 만들어내고 있는데, 리차드 고던(Richard Gordon)은 이처럼 새로운 상황을 '가내경제'(homework economy)12)라는 용어로 요약한다. "가사노동 현상을 포함시키면서도, 과거에는 여성의 일, 그리고 말 그대로 여성만이 행했던 직업이라고 할만한 포괄적인 특성을 가졌던 일의 재구조화를 일컬어 '가내경제'라고 정의"하는데, 이때의 일은 문자 그대로 여성의 일과 남녀에 상관없이 여성화된 직업 모두를 의미하는 것으로 재정의될 수 있다. 오히려(사실 노동자 축에도 끼지 못하는 사람들이) 가내경제는 공장, 가정, 시장 등이 새로운 차원으로 통합되는 것을 지칭하며 (이런 재편과정에서) 여성(혹은 여성의 역할)이 중심적임을 보여주는 것이다.13)

11_ 미셸 초스도프스키, 앞의 책, 84쪽.
12_ 다너 해러웨이, 「사이보그를 위한 선언문: 1980년대에 있어서 과학, 테크놀로지, 그리고 사회주의 페미니즘」, 『사이보그, 사이버컬처』, 문화과학사, 1997, 181쪽.
13_ 같은 글, 181쪽 수정하여 인용.

2) IMF체제와 한국 여성

1970년대부터 시작된 세계적인 구조조정—이윤이 남는 부문은 남기고 그렇지 않은 부문은 팔아넘기거나 해외로 이전하는 등의 구조조정—으로 인해 생겨난 것이 이른바 신국제분업체제였다. 한국은 이 신국제분업체제 속에서 중화학공업화를 '이룩했고', 동남아시아는 신흥공업국의 대열에 들어설 수 있었다. 그러나 분명한 것은 20세기말의 이런 공업화는 그 전 세기와는 다르게 세계적 분업에서의 상향이동의 지표로 볼 수 없다는 점이다.[14] 여기서는 그 공업화란 저임금 노동력, 노동자에 대한 초과 착취, 대자본들과 결탁해 일사불란한 노동탄압 정책을 펼칠 수 있었던 독재정권 등에 의해 수월하게 이루어진 점만은 부기해두자. 세계적인 구조조정 이후 이 나라들의 경제는 세계경제체제에 점점 더 깊숙이 얽혀 들어갔다. 작년 여름 이후, 아시아에 밀어닥친 위기는 외환위기의 형태로 나타났는데, 이것은 바로 이번 위기가 '세계화'를 빼놓고는 설명되지 않음을 말하는 것이다. 세계화란 지구촌 전체를 하나의 경영 단위로 삼는 공세적 전략이며, 그 전략은 무엇보다도 금융시장의 세계화로 인해 가능해진다. 말하자면 화폐시장의 세계화라 할 수 있는데, 세계화가 화폐시장의 세계화라는 말[15]은 세계화란 똑같은 교환체제를 모든 국민경제들에 강요하는 것이라고 할 수 있다.[16]

앞에서 이미 말한 여성들의 전세계적 경제적 빈곤을 구조적으로 가능케 하는 세계화의 효과는 우리 여성들에게 특히 어떤 식으로 나타나는

14_ 라비 팔라트, 「토론: 아시아—태평양 지역의 형성과 해체」, 『발전주의 비판에서 신자유주의 비판으로』, 공감, 1998, 172쪽.
15_ 전태일을 따르는 민주노조운동연구소, 「신자유주의란 무엇인가」, 『신자유주의와 세계민중운동』, 20-21쪽.
16_ 가야트리 스피박, 「오 대지여」, 97광주비엔날레 국제학술심포지엄 자료집.

것일까?

방콕에 본부를 둔 <남반구포커스>(Focus on the Global South)와 런던에 본부를 둔 카톨릭해외개발기금(CAFOD)의 공동성과물인 「호랑이 길들이기」라는 기고문[17]은 최근의 경제 위기에서 가장 심하게 타격을 입은 세 나라, 태국, 인도네시아 그리고 한국에서 실제로 어떤 일이 일어났는가를 보여주는데, 한국을 다루는 장에서 유일하게도 "여성들이 첫번째 해고대상이며 자녀가 있는 여성들은 고용주의 눈에 '가정에서 필요로 하므로' 가장 먼저 해고될 것"이라는 노동연구소의 보고를 인용하고 있다.

이와 관련하여 한국이 IMF체제에 진입한 97년 말부터 시작돼 지금까지도 언론매체를 통해 총체적으로 행해지고 있는 소위 '여성주의적'인 담론들을 살펴볼 필요가 있다. 물론 이 담론들은 언제나 경제와 문화의 문제를 분리시키거나, 한 쪽을 편법적으로 이용해 그 둘의 관계를 끊임없이 왜곡시키고 있다는 점을 염두에 두고 읽을 필요가 있다.

98년 1월 9일자 『한겨레신문』을 보자. 우선, 알뜰 주부의 살림지혜, 비법을 실어달라는 독자투고들이 있었음을 알리는 사측의 편집자의 말 같은 것이 짧게 실리고 그 뒷면에 『나도 살림하는 여자예요』의 저자 최유라의 살림비법이 실렸다. 거슬러 1월 6일자 『조선일보』를 보자. 25-26면 전체를 메운 '아내 위로가 남편 기 살린다'라는 기획기사. 기사의 일부를 인용하겠다. "…이런 역할을 해낼 수 있는 사람은 바로 주부들이다.

17_ 「호랑이 길들이기」는 아시아 경제 위기에 대한 토론에 제출된 기고문으로, 특히 아시아 추락의 핵심 행위자 중 하나인 국제통화기금(IMF)의 활동과 동기를 탐구한다. 이 기고문은 이 글의 각주 6)에서 인용한 『IMF의 아시아 호랑이 길들이기』(문화과학 게릴라총서 12)라는 책으로 번역되어 나와 있다.

회사에서 혹독한 시련을 겪고 있는 가장들 기를 살려주고 '역시 가족이라는 긍지를 심어주자. 더 큰 인내심과 포용력이 필요한 때다···. IMF체제는 우리에게 가족의 소중함을 다시 새길 소중한 기회를 주고 있다."

오늘날 자본이 취하는 여성노동정책은 한편에서는 여성을 가정에서 끌어내는(저임으로 쓸 수 있으니까) 여성노동력 개발정책을 취하면서 다른 한편으로는 가정에서의 여성의 책임을 강조하는 가정정책을 이중적으로 취하고 있다. 그러나 그것은 자본에 있어서는 결코 모순된 정책이 아닌 노동력의 상품화체제를 유지하고자 하는 경제적 합리성의 정책적 표현이다.[18] 따라서 실제로 불황 국면에 접어들었을 때, 여성을 비경제활동인구로 묶어두는 것은 실업억제를 위한 가장 손쉬운 정책으로 간주되어 왔으며 또한 시행되어 왔다. 이미 영국이나 미국에서 1970년대 말, 80년대 초반 경제위기가 심화되면서 레이건 정권이나 대처 정권과 같은 보수정권이 들어섰을 때의 상황은 이를 잘 반증해주는 역사적, 동시대적 사례이기도 하다. 그 당시 현재 우리의 언론 매체가 보여주는 것과 아주 똑같이 가부장가족에 대한 강조, 모성 이데올로기의 재도입, 동성애에 대한 반격, 이성애 강조, 가사와 육아 책임에 대한 강조 등등의 전략이 행해졌다. 게일 러빈은 이 시기를 1880년대, 1950년대에 이은 세 번째 성전쟁 (sex war) 시기로 규정지을 정도이다.

물론 이 '성전쟁'의 궁극적 목적은 국가나 사회가 책임져야 할 개인의 복지를 가족 단위로 이전시켜야 할 경제적 필요에 의한 것이었다. 동시에 이 기치들은 표면적으로도 페미니즘에 대한 전면공격이었다. 이러한 전략은 '생산의 지구화', '노동의 유연화'라는 경제체제 내의 근본적

18_ 다케나카 에이코 편, 앞의 책, 243쪽.

구조변화를 이데올로기 효과로 환치시키며 문제의 본질을 흐리고 넘어가
도록 한 셈인데, 여기서 여성은 이 전략의 즉각적 목표물이 되어버린다.
여성들은 가정으로 되돌려 보내진다. 이 경우 가사활동을 중요하게 부상
시킬 필요는 최우선이다. 이렇게 가사를 중요한 것으로 부상시키기 위한
지반으로 현모양처 이데올로기 강화 또한 필수적임은 자명하다.

　　그러나 이런 여성과 가족에 대한 보수이데올로기와는 반대로 이제는
가정은 더 이상 여성이 안정된 물적 토대를 발견하는 장소가 못되고 있
는 것 역시 현재의 실제 상황이다. 증가하는 남성실업이 가장으로서의
위치를 불안정하게 만들고, 여성에게 결혼이 강요되고 성행함에도 불구
하고 결혼은 더 이상 평생생계를 보장하는 장치가 아니게 되고 있기 때
문이다. 그러면서도 모순되게 여성실업의 만성화로 인해 오히려 결혼이
성행할 것이고 거기에 따라 순결이데올로기가 더욱 강화될 것이 예측된
다. 당연히 성적 억압이 더욱 강화될 것이라는 말이다.

　　이것은 가족—가부장적인 원칙과 이성애에 기초한 공동생활과 혈연
관계로서의—구조를 오히려 경제적으로만 연결된 일면적인 것으로 바라
보기 때문에 일어난다. 지난 8-9월에 걸쳐 일어났던 울산 현대자동차 파
업 때 아기를 업은 부인들과 아이들 손을 잡고 전가족이 파업에 참여한
가족을 보는 것은 다반사였다. 이것은 실제로 '가족'이란 전형적인 성별
역할분업 체계—남성은 주된 생계부양자로서—로서 가부장적 관계에 기
초하고 있음을 확실히 드러낸 지점이다. 그리고 또한 자본주의 자체가
재생산노동을 둘러싼 성별분업과 양성간의 지배관계가 존재하는 근대적
가부장제 가족을 기초로 하는 가부장제적 자본주의임이 밝혀지는 대목이
기도 하다. 그러나 가족구조란 경제적으로만이 아니라, 감성적으로도, 이

넘적으로도 연결되고 구조화되어 있어야 한다. 가족구조를 경제적으로만 연결된 일면적인 것으로 볼 때 경제위기와 함께 급증한 이혼, 가출, 기아 (棄兒) 등의 문제를 해결할 길은 봉쇄되고 만다.

그리고 앞서 언론매체에서 유포하는 그와 같은 이데올로기들이 구조적으로 유효할 수 있다는 것은 경제의 문제 안에 이미 문화가 함께 작동하고 있는 사회 구조를 드러냄에도 불구하고, 그것은 표면적으로는 경제의 문제로만 환치되는 듯한 효과를 생산함으로써 문제의 본질을 역전시키고 있는 것이다.

이런 검토를 통해서도 시장경제적 경쟁과 독점 원리로 삶의 모든 것들을 탈취하고 식민화하는 자본의 세계화에 저항하는 방식은 경제적인 저항 방식만으로는 문제를 해결할 수 없다는 것이 드러난 셈이다.

그럼 어떻게 할 것인가? 다음 장의 논의는 이 부분에 대한 대안을 모색하는 과정에서 이루어진 것이다.

4. 대안을 찾아서

자본주의 발전은 특히 "여성의 관점에서 볼 때, 여성들을 임금경제 안에서 임금을 받지 않는 노동자라 하여 지속불가능한 모순에 처하게 했고, 자율적으로 존재할 권리를 부정했기 때문에 항상 여성 자신들을 스스로 지속불가능하도록 만들었던 것이다."[19] 더욱이 현재와 같은 자본주의 자체의 위기 국면에서는 여성의 임노동력은 남성에 비해 더욱 경쟁력을 상실할 뿐만 아니라—우리는 그 예를 금년 10월에 있었던 금융권 구

19_ 레오뽈디나 포르뚜나띠, 『재생산의 비밀』, 윤수종 역, 박종철출판사, 1997, 272-273쪽.

조조정시 아이 딸린 기혼 여성 은행원이 해고 1순위라는 지침, 부부행원 중 1인, 필시는 부인 쪽이 해고 대상이 되는 지침에서 쉽사리 찾아낼 수 있다―이제 안정된 직장이란 거의 예외가 되어버려 파트타임 노동, 파견 노동 등 불리한 노동조건을 수락할 수밖에 없는 여성들의 입지는 경제적 측면에서 더욱 좁아지고 있다. 그렇다고 해서 자본주의가 이 위기 국면을 통과한다 해도(거의 불가능하다는 것이 이제 판명났지만) 이 저고용, 불완전한 노동형태가 심화되고 있는 상태가 호전될 근거는 없다. 왜냐하면 신기술 개발, 자본의 유연적 축적체제에 따른 노동(력) 형태 등등이 절대로 많은 고용인구를 필요로 하지 않을 것이기 때문이다. 이제 노동시장으로는 모든 사람들이 자신의 생계를 꾸려갈 수 있는 가능성이 더 이상 보장되지 않음이 아주 분명해졌다.

게다가 점점 더 적어지는 노동자―주로 완전고용되어 있고 숙련되어 있는 자국(외국인이 아닌) 남성노동자―가 점점 더 높은 임금을 받게 될 것이고, 이와 반대로 여성을 위시한, 외국인, 어린이, 노인 등은 한층 더 주변화될 것이다. 그 결과 축소되고 있는 자본주의적 중추와 비시장적인 제도적 체제 및 생활조건을 보유하고 나아가 확대해가는 주변부로 편제되는 이분화된 사회가 출현하게 될텐데, 이 이분화 과정은 우연히 발생하는 것은 아니다. 그것은 오히려 자본의 발전논리에 의해, 즉 새로운 생산물을 개발하고 수출을 증대하며 노동생산물을 증진하는 등의 그 추진력에 의해 전략적으로 촉진되는 과정인 것이다.[20] 따라서 여성의 주변부화는 지금까지와는 비교할 수 없는 정도로 가속화되리라고 보여진다.

20_ 클라우스 오페, 「복지국가와 사회주의의 미래에 대한 성찰(대담)」, 이병천·박형준 편저, 『후기자본주의와 사회운동의 전망』, 의암출판, 1993, 103쪽.

만약 이렇다면, 그 불안정 고용상태에 있는 주변부 여성들이 새로운 문화를 경험함으로써 오히려 새로운 경제모델을 제시하여 이 시스템에 변화를 일으키는 것을 생각해 보아야 한다. 말하자면 장기적으로 보아 불안정 고용상태의 인구가 일하지 않는 '시간'에 뭘 할 것인가를 구상해야 하는데, 그때 문화활동을 중요한 경제의 재생산부분으로 자리잡게 하자는 것이다. 현재 3차 산업에서 떨어져 나간 사람들, 2차, 1차 산업에서 떨어져 나간 사람들을 고용 쪽으로 흡수하는 것에만 신경을 쓰는데, 오히려 현재 진행되고 있는 필요노동의 내용을 다르게 바꾸어내고 그 폭을 확장시키는 것이 우선 필요하다. 이를 통해 노동자들은 자본주의 생산방식 안에서는 만족할 수 없는 방식으로 자신들의 요구들, 열정들, 능력들을 증식시키고 확장[21]시키게 될 것이다.

이제까지 현재 비고용자들이 배우는 교육은 고용부분에서 다시 쓰기 위한 것인데, 새로운 교육은 지속가능한 성장을 위한 1, 2, 3차 산업을 다시 구조화하는 데 필요한 서비스를 창출하는 것에 주력해야 한다. 그래서 기존의 경제 부분을 재배치하는 것이다. 그것은 기본적으로 생산성 개념 자체를 재개념화하는 것이라고 압축해 말할 수 있다. "새로운 생산성 개념은 생산과정과 재생산과정에 문화적 지표가 내포되는 정도에 따라 측정되어야 하는 바, 이는 문화과정을 배제한 채 오직 외연적 확대재생산만을 추구해온 근대적 정치경제의 패러다임이 주체들의 문화적 역능(신체적, 정신적 역능)의 활성화 지표를 내포한 탈근대적 문화정치적 경제, 또는 문화경제(cultural economy)의 패러다임으로 전환되어야 함을 뜻

21_ 윤수종, 「이딸리아 여성 운동과 페미니즘 이론」(레오뿔디나 포르뚜나띠의 『재생산의 비밀』에 실린 역자 해설), 18-19쪽.

하는 것이라 하겠다. 결론적으로 말하자면 삶의 전과정을 경제의 논리에 선행시키는 '문화경제학이 필요하다'[22]고 보여진다.

이제 여성들도 오히려 여성들 쪽에서 노동력을 재생산하는 기계로 기능할 것을 거부해야 한다. 대신 "자신들과 다른 사람들을 사회적 개인들로 재생산할 것을 요구"[23]해야 하는 것이다. 이 요구는 말하자면 인간 재생산이 여성의 지속 불가능한 희생 위에서 참을 수 없는 성적 위계제 안의 노동시간일 뿐인 생활이라는 관념과 구조의 일부로서 세워지지 않는 새로운 삶의 양식을 세우는 일 자체이다. 『재생산의 비밀』에서 서술한 순서대로 그 요구를 요약해 보이겠다. 아래의 인용문 전체가 그것이다.

요구는 총체적으로 보아, 행복에 대한 것이다. 1) 노동으로만 이루어진 생활에 반대하는 것인 시간에 대한 것. 2) 노동력의 단순한 용기 또는 노동력을 재생산하는 기계로서의 신체에 반대하는 것인 신체적인 삶/성애(신체를 더 생산적으로 만드는 기능들이 아닌 전체로서의 신체)에 대한 욕구. 3) 사회의 신체에서의 개인들의 고립에 반대하고 전체로서의 살아있는 자연으로서의 집합성(단지 다른 남성 및 여성이 아니라 다양한 살아있는 존재들과의 조우)에 대한 욕구. 4) 공공공간에 대한 욕구. 5) 놀이, 불확정, 발견, 놀람, 명상, 감정 등에 대한 욕구뿐만 아니라 공공공간인 지구의 총체성과의 관계를 찾으려는 욕망.[24]

22_ 이런 생각들의 많은 부분은 심광현의 『탈근대 문화정치와 문화연구』(문화과학사, 1998)에서 얻은 바 크고, 『문화/과학』 편집회의의 토론에서 힘입은 바 크다.
23_ 레오뽈디나 포르뚜나띠, 앞의 책, 276쪽.
24_ 같은 책, 277-278쪽 요약.

우리의 생각을 간결하게 요약 정리한 위의 요구들은 분배수단 및 생산수단에 의해 충족될 수 없다는 의미에서 상당히 비경제적이다. 이것은 소득과 부의 양보다는 자연적, 사회적 생활조건의 질에 관련되어 있다. 말하자면 이것은 경제와 관련되기보다는 우리 삶의 과정, 즉 문화과정과 관련된 것이다.

대안을 제시하는 의미로, 위의 요구에 그 맥을 대고 있는 몇 가지 미처 정리되지 않은 생각들을 풀어놓는 것으로 이 글의 결론을 대신하겠다. 그러나 그 생각들은 획일적으로 단절하여 실천할 수 있는 것이 아니다. 구조적으로 연결되어 있기도 하고, 아니 오히려 그 생각들의 구체적 양상으로 드러날 수 있는 실천들은 대체로 '흐름'의 한 지점이기도 해서 서로가 서로를 지나치며 건드리며 엮어지고 있다는 것을 인식하자.

1) 시간의 재조직화

대량해고를 막기 위한 대안으로 노동시간 단축이 유용하다는 생각들이 지배적이다. 현재 진행되고 있는 노동운동 역시 노동시간 단축을 중요한 이슈로 삼고 있다. 제한된 일자리를 나누어 가질 수 있다는 이유에서, 그리고 실제로 경제위기 이후 대량해고 사태와 함께 더욱 가중된 노동강도를 완화시키기 위해서도 그렇다. 노동시간 단축은 여성들에게도 중요한 요구가 될 수 있다. 실제로 성별역할구조가 가능했던 한 측면은 전업주부를 전제로 한 남성의 장시간 노동이었다. 역으로 또 똑같이, 남성의 장시간 노동은 여성을 가사노동에 온종일 얽매이게 할 뿐만 아니라 남성 또한 일상적 생활활동을 수행할 수 없는 존재로 만듦으로써 결국은 여남 모두를 생활에서 소외시켰다.

재생산노동에서는 가사노동을 여성의 생활일(life-work)과 똑같은 것으로 만들려는 절대적 잉여가치 생산형태가 등장하는데,[25] 이는 여성의 노동시간을 전일제로 연장시키고자 하는 자본주의 기획이다.(물론 남성의 장시간 외부노동 역시 여성의 전일제 노동에 의해 가능해진다.) 그러나 이제 노동시장에 전적으로 의지한 생계유지는 불가능하다. 따라서 노동시간 단축은 필연적인데, 이때 남아도는 자유시간을 삶을 재조직화하는 방식으로 가져가면, 여남 사이에 가사노동 분담이 보다 자연스레 이루어질 경향이 높아질 것이다. 그렇더라도 이것은 우선 "종래의 모성보호를 양성의 권리로 보는" 관점과 "가사와 육아를 생활인의 자유로운 노동을 위한 생활권"[26]으로 보는 근본적 관점을 필요로 한다. 또한 노동시간 이외의 자유시간에 자발적으로 가사와 육아에 양성이 공동으로 참여하게 되면 뒤이어 자연스레 이들의 교육문제 개입도 가능해진다. 실제로 가사분담과 육아 노동에의 공동 참여는 교육운동의 혁신을 가져올 수 있는 단초가 분명히 될 것이다.

삶의 시간을 재조직화함으로써 실제로 삶의 질 향상에 도달한 경우는 많이 있다. 예를 들어보자. 이탈리아에서 1980년대 한때 조세를 덜 내고 여성을 가정에 복귀시키며 사회화되지 못한 재생산으로 되돌려 보내자는 제안이 제출되어, 그 일환으로 탁아소의 민영화 및 탁아 요금의 인상을 단행한 적이 있다. 이 상황에 직면하여 여성들은 아이돌보기 체제를 조직하고 발전시키는 것으로 대응했다. 이때 젊은 여성들과 나이든 여성들 사이에 방어적 세대간 네트워크를 만들고(이때 각 세대의 여성들

25_ 윤수종, 「이딸리아 여성 운동과 페미니즘 이론」, 『재생산의 비밀』, 18-19쪽.
26_ 다케나카 에이코 편, 앞의 책, 244쪽.

은 각자의 삶의 시간을 그때까지와는 다른 방식으로 조직함), 또 그 네트워크는 인구감소 혹은 첫아기 출산의 연기(전반적 추세이기도 했지만 젊은 여성들이 자신의 삶의 시간을 조정한 사례)와 결합되어, 여성으로 하여금 복지체제의 축소에 저항할 수 있게 하였다.[27]

2) 육체의 감성적 실천

위에서 말했던 삶의 시간의 재조직화가 비로소 '육체'에 각인될 때, 여성과 남성의 아비투스에 실제적인 변환이 올 수 있을 것이다. 이렇게 기존의 성별 아비투스가 균열될 때 모성과 양육은 새롭게 창안될 수 있고, 가족구조까지도 변형시킬 수 있을 것 같다.

그리고 실제적으로는 각 세대별로 비조직/조직, 가정/일터, 공/사의 구분을 깨는 직업 유형을 새로 창출하기 위한 노력이 필요할 것이다. 이것은 남성과의 동등한 대우뿐만 아니라 여성들만의 새로운 직업, 새로운 노동과정 자체를 창출해야 함을 말하는 것이다. 일상생활을 바탕으로 하면서도 그것에 한정되지 않는 새로운 여성노동 영역과 노동방식을 탐구하고 설정해야 한다. 새로운 직종을 창조하는 것은 아방가르드적 노력과 용기를 필요로 하는데 그것은 새로운 삶의 방식, 새로운 감수성의 다층적 확장에 관련되어 있다. 이리가라이에 따르면, 이 여성적 감수성은 남근과 관련되어 생기는 것이 아니라, 남근적 구성과는 다른 다원적이고 분산적이며 접촉의 리비도 경제를 갖고 있는 여성의 육체 안에 있으며, 여성의 육체가 가지고 있는 다중적이고 이질적인 쾌락을 즐길 수 있는

27_ 이 구체적인 예는 알리싸 델 레의 「여성과 복지」(『이딸리아 자율주의 정치철학』, 갈무리, 1997, 295-296쪽)라는 글에서 읽었다. 괄호 친 부분은 필자가 이 예에서 추론해 본 삶의 시간의 재조직화이다.

능력에 놓여 있다. 이렇게 보건대 여성의 육체는 남성들과는 전혀 다른 여성들의 감성적 실천이 가능해지는 지점인 것이다.

이런 육체성을 바탕으로 근본적으로 자기성애적인 여성의 성적 쾌락은 남성의 그것과는 달리 타자를 소유하고 동일화하여 정복하지 않고 '같이 나누고 돌보며 살린다고 한다.28) 근대사회는 합리적 이성에 따라 조직됨으로써 감정의 문제를 사적 영역으로 추방했다. 따라서 감정은 사적 영역에만 국한되는 것으로 치부되면서, 온전히 여성들의 몫인 것으로 치부되어 왔다. 이처럼 감정과 이성 간의 제도적 분할이 일어나면서 그 분할은 여성, 남성 양성간의 분리선을 거의 그대로 따라갔다. 기존의 제도들로부터 억압받아온 여성들이 오히려 사적 영역 속에서 고유한 친밀성의 세계를 발전시켜 왔는데, 온전히 여성들의 몫으로 남겨진 감정은 이제 다양한 방식으로 생활정치적인 쟁점이 될29) 수 있다.

마리아 미즈는 페미니즘은 의도적으로 위계적인 정치조직을 갖지 않으려고 하기 때문에 강압적인 정치전략의 근거가 따로이 존재하는 것은 아니라고 말한다. 이것은 페미니즘에서 일상적 실천이 중요시될 수밖에 없다는 것을 말해주는 것이다. 일상적 실천은 바로 여성 자신들이 가지고 있는 다층적 감각에 의해 가능해진다. 앞에서 서술한 '시간의 재조직화'나 후술하게 될 '공적 공간'과도 깊은 관련을 맺을 수밖에 없는 일상적 실천은 개인생활의 민주화이다. 개인생활의 민주화는 공적 영역에서 일어나지 않기 때문에 거의 눈에 띄지 않는 과정이지만, 그 함의는 심대하

28_ 태혜숙·손자희, 「페미니즘/여성주체/문화공학」, 『문화/과학』 14호, 1998년 여름, 151-153쪽. 이 글은 본 책에도 같이 실려 있다.
29_ 앤소니 기든스 『현대사회의 성, 사랑, 에로티시즘』, 배은경·황정미 옮김, 새물결, 1996, 291쪽.

다. 개인생활의 민주화는 공적 영역의 민주화에서와 마찬가지로 결국 모두에게 혜택이 돌아가는 것이기 때문이다.[30]

3) 공적 공간

자본주의의 추진력에 의해 전략적으로 촉진되는 중심과 주변부의 이 분화사회에서 여성들은 생활의 대부분을 꼭 자본주의적이라고만 말할 수 없는 비제도적 틀 속에서 보내게 될 여지가 높아졌다. 가장 넓게 볼 때 이런 영역은 국가나 자본, 즉 시장이 아닌 영역, 그렇지만 우리의 삶이 영위되는 특정한 장소임과 동시에 공간성을 지니는 '지역'이라는 영역을 포괄하는 것이 아닐까. 지역은 일상이 영위되는 곳이다. 생활의 많은 부분을 보내게 될 이 영역에서 각자의 시간과 활동의 내용을 어떻게 가져갈 것인가?

먼저 사적 노동을 시간의 재조직화와 여성의 감성적 실천에 바탕한 지역서비스 등의 형태로 사회화하고 조직하는 것을 생각해보자.[31] "무공해 식품의 공동구입과 그것으로 만든 급식 등 식생활에 관한 사업, 공동보육, 아동보육에 관한 교육산업, 신체장애자 보호, 노인보호 등의 보호에 관한 사업 등, 그 내용은 지금까지의 주부노동의 문제의식과 경험을 살리는 것이 많이 있을 수 있다."[32]

또 지역 차원에서 이뤄지는 문화적 활동에 주목해보자. 이것은 동시에 기존의 문화 개념을 완전히 바꾸는 것이기도 한데, 과거에는 예술 영

30_ 같은 책.
31_이런 활동에 대해 여성의 노동력을 행정의 하청을 받아 값싸게 이용하려 한다는 비판이 있을 수 있다는 것에 유의할 필요가 있다. 다케나카 에이코 편, 앞의 책, 225쪽 참조
32_ 같은 책, 224쪽.

역에서만 아방가르드적으로 실험했던 것을 문화영역 전체로 재보급시키는 것과 관련되어 있다. 예를 들어 지역의 벽화운동에서도 퀼트식의 벽화운동이라고 해서 모듈 안에 몇 개의 것을 선택해서 지역의 어느 특정 공간에 주민들 각자가 자신이 원하는 이미지를 박아보도록 한다. 그렇게 하면 그것을 보는 주민들은 우리 마을이 앞으로 어떻게 되어야 하고, 또 어떤 것들은 없어져야 한다는 생각이 그 벽화의 그래픽을 통해 쭉 생겨나게 될 것이다. 이때 자연히 주민들에 의한 지역의 구체적인 상이 생겨나고, 마찬가지 원리로 주민대자보 같은 것도 자원이 소모되는 것이 아니라 피드백을 하게 되면서 지역 구성을 선도하게 될 것이다. 이러한 변형을 통해 사회생활의 정서 또한 변화될 것이고, 무엇이 사회적이고 무엇이 사적인가에 대한 개념도 바뀌게 될 것이다.

그리고 한정된 좁은 영역이긴 하지만 몇 개의 특정한 공간을 장악해본다. 물론 이 경우도 국가나 자본 외부에서 형성되는 새로운 공적 공간의 개념을 적용할 수 있는 공간이 되도록 해야 하는데, 구체적으로는 일종의 사회센터[33] 같은 것들을 구상해볼 수 있을 것이다. 이곳을 중심으로 "정치적 집단화와 자유시간의 자율적 관리가 이루어지게 되면 사람들은 점차 자기 자신을 '자율-생산'의 현장으로 정의하게 될 가능성"[34]이 높아진다(이탈리아의 수많은 사회센터의 경우, 출판물에서 음악에 이르는 문화예술품들의 생산에 주로 종사하면서, 그리고 펑크의 풍부한 공상과학 잡지의 전통에 의존하면서, 그들 기업체들은 '지식, 과학, 의사소통

33_ 참고로 이탈리아의 유명한 사회센터들이 어떤 식으로 형성되었는지에 대한 설명은 이 '공적 공간'의 개념에 대한 이해를 높여줄 것이다. 다음 글을 참조하라. 스티브 라이트, 「짐승의 심장에서 살기—이딸리아의 사회센터들」, 『이딸리아 자율주의 정치철학』, 347-352쪽.
34_ 스티브 라이트, 「포드주의의 위기에 직면하여」, 『이딸리아 자율주의 정치철학』, 237쪽.

행동'에 기초한 새로운 대안적 경제체제를 구축하고 있다. 이것이 바로 자본관계로부터의 ˝탈주의 한 형식인 것이다).

특히 여성들의 경우 남성들에 비해 스스로를 자율-생산의 현장으로 만들 기회를 많이 창출해낼 수 있을 것 같다. 많은 부분 그것은 여성들이 대부분의 시간을 생활이 실제로 이루어지고 있는 '지역'에서 보낸다는 것과, 거기에서 다양한 생활 경험을 한다는 것에 기인한다. 총체적인 생활 과정을 일단의 공간에서 가지게 됨으로써 '생활자로서 생활정치 역시 가능하게 될 것이다.

위에서 열거한 시간의 재조직화, 육체의 감성적 실천, 공적 공간의 확보 등의 대안 제시는 그것들의 매개고리, 구체적 성립·실천 방안들이 함께 이야기되지 않을 때 실현성 희박한 낙관적 논의에 그칠 것이다. 우리의 이 글 역시 그런 한계 내에 놓여 있다. 좀 더 구체적인 실천적 대안에 대한 논의는 다음으로 넘긴다.

5

집창촌/신자유주의/코뮌

1. 들어가며

'통과하기 위해서' 배우는 과정 중에 고급 매춘부는 특별한 어려움에 처하게 되었다. 만일 성공하게 되면 그녀는 변신을 하고 어디든지 갈 수가 있었다. 성공은 그녀가 고귀한 여성들 사이를 돌아다닐 수 있기 때문만은 아니었다. 성공은 그들의 남자들을 위한 육체적 동반자이긴 하지만, 고귀한 여성들처럼 보고 들으면서, 그들을 대신한다는 것을 의미했다. 이것은 매우 특별한 위협이었다.[1]

매춘부들이 다른 '고귀한' 여성들과 마찬가지로 '자유롭게 돌아다니게 된다'는 것은 매춘부들이 '고귀한' 그녀들을 대신하게 되는 결과를 가져올

1_ 리차드 세넷, 『살과 돌』, 임동근 · 박대영 · 노권형 옮김, 문화과학사, 1999, 253쪽.

수도 있다. 그녀들은 자유롭게 돌아다녀서는 안 되고 마땅히 특정한 공간에 격리되어 있어야 한다.[2] 우리는 여기에서 이미 역사적으로도 매춘 여성들의 몸은 그들의 공간에 결속되어 있거나 아니 오히려는 포박되어 있었다는 점을 알게 된다. 이런 그녀들이 자기들에게 할당된 공간을 벗어나서 '자유롭게' 돌아다니려면 존재 자체만으로도 그들이 위협하게 될 '고귀한 여성'과는 완연히 다른 특별한 복장 상태가 요구되었다. 1543년 베니스 정부의 포고령은 이같은 시각상의 혼동을 막기 위해 내려졌다. 매춘인들은 정숙한 여성들이 하는 목걸이, 진주반지, 귀걸이 등을 착용할 수 없었으며, 유태인과 마찬가지로 노란 옷을 입어야 한다는 규정이 있었다.[3] 여기에서 우리는 다시 그들의 몸이 특정한 다른 외관을 갖추는 문제 역시 공간에 결박된 그녀들의 몸을 다르게 표현하는 한 양태임을 알 수 있다.

복장과 공간의 관계는 위와 같은 역사적 경과 과정을 지나온 이후 이제 매춘부들에게서 위와는 전도된 방식으로 나타나기도 한다. 특정한 드레스코드를 채택하고 있는 차림새는 자신이 'for sale' 상태임을 표시하기 위해 매춘부들에 의해 선택된 측면이 있으며, '창녀낙인'에서는 이것이 더욱 공고해진다. 매춘부에 대한 이러한 이미지는 매춘부를 이상화되

2_ 베니스인들은 국가가 경영하는 매춘굴 같은 것을 생각했고 이런 목적으로 두 채의 집을 구입하기까지 했다. 그러나 국가의 매춘굴 계획은 실패로 돌아갔다. 그럼에도 매춘여성들을 가두어 두려는 욕구는 계속해서 있었다. 같은 책, 255쪽.

3_ Philip Hubbard, *Sex and the City: Geographies of prostitution in the urban West* (Aldershot; Brookfield, Vt.: Ashgate Publishing, 1999), p. 70.
좀 더 자세한 서술을 인용해 보자. "1416년 창녀와 포주들은 노란 스카프를 매라는 명령을 받았다…당국은 같은 방식으로 창녀들을 구분하려고 노력하였다. 1543년의 법령은 창녀들이 취할 수 없는 정숙한 여인들이 지녀야 할 외모의 일면들을 정의했다. 따라서 창녀들은 육체의 어떤 부분에도 금, 은, 비단으로 만들어진 것을 걸칠 수 없으며, 목걸이를 할 수도 없고, 귀나 손에 진주나 다른 보석장식뿐만 아니라 평범한 고리까지, 아무 것도 할 수 없음을 공표하였다." 리차드 세넷, 앞의 책, 254쪽.

어 있고, 매너를 갖춘(그러나 본질적으로는 '탈성화'된) 여성 육체로부터 분리시킨다.[4] 이러한 이미지는 그들이 거주하는 공간도 이질적으로 만들어 그 공간을 그 장소가 가지고 있는 실재성으로 바라보게 하지 않는다. 오히려 그와는 반대로 우리의 이데올로기 혹은 통념이 지시하는 대로 구성된 재현 공간으로 보이게끔 만드는 효과가 있다.

이 글은 성노동자들이 집단적으로 거주하는 공간, 즉 집창촌의 실재와 재현 사이에 놓여있는 많은 과정과 굴절들을 살펴보고자 한다. 과정과 굴절은 대체로 자본주의화 과정일 수밖에 없다는 것이 우리 이 글의 주된 내용을 이루게 될 것이다. 그리고 집창촌의 실재와, 집창촌에 대한 재현 사이에 존재하는 간극을 해소하는 대안을 미약하게나마 코뮌이라는 구상을 가지고 상상해 보려고 한다.

2. 집창촌: 이동과 교차의 지정학, 그러면서 동시에 은폐된 구역

이 글에서 서술하고자 하는 집창촌에 대한 재현과 집창촌의 실재 사이를 그나마 연결해 주는 개념은 불균등, 불평등이다. 이 말의 의미는 집창촌의 실재와 재현, 이 양자의 논의에서 불평등 개념은 지속적으로 다루어질 수 있다는 말이다. 공간의 문제가 이 불평등 문제를 직접 보여줄 수 있는 것은 특히 공간이 가지는 가시성 때문이다. 말하자면 불균등이 우리들 일상생활 한복판에 있다는 것은 가시적 현상으로 드러난다. 우리를 둘러싼 공간, 혹은 경관으로 인해서다. 좀 더 직접적으로 표현하자면

4_ Philip Hubbard, op. cit., p. 165.

사회적 불균등 즉 불평등은 공간적으로 표현된다. "이 불균등은 맑스가 『그룬트리세』에서 지적한 대로 자본주의가 변별적 시점에 변별적 강도로 다양한 사회들에 개입함으로써 상이한 형태의 경제적 문화적 실천들이 공존하게 된 때문이다. 우리는 20세기 자본주의는 주로 공간으로 확장해야만 함으로써, '공간의 생산'에 의해 생존해 왔다고 보는 앙리 르페브르와 데이비드 하비의 견해에 동의할 수 있을 것이다."[5]

'성매매'에 대한 통제는 '평범한 시민'들이 품위를 손상당하지 않고 거리를 걸어다닐 권리라는 것을 통해 정당화된다. '품위있는' 시민이라는 것의 구성은 여성적으로-정의된 개인 개념에 기반을 두고 있으며, 이와 함께 남성은 '순결한' 여성의 응시를 보호하는 존재로 상정된다. 이 이성애적 질서에 준해서 보건대도 매춘 여성은 자신들의 섹슈얼리티를 노골적으로 드러내어 여성들과 아이들을 타락시킨다는 관념[6]은 정당한 것으로 인정받는다. 따라서 사람들의 머릿속에서 매춘공간은 격리되어 은폐되어 있어야 한다는 이념 또한 지배적이 될 수밖에 없다. 그러나 은폐의 이 이념과는 달리 자본주의적 화폐경제의 전일적 지배로 인해 대부분의 매춘공간은 자연히 도시에, 그리고 그것도 대도시의 중심에 자리잡게 된다. 이동과 교차가 왕성하게 일어나는 곳에 말이다. 그럼에도 불구하고 그것은 또 은폐의 이념에 충실한 면도 있다. 이동과 교차가 왕성하게 일

5_ 해리 하루투니언, 「유령 같은 비교들」, 『근대성의 충격들』(『흔적』 총서 3), 문화과학사, 2008, 66쪽.
조금 더 설명을 하자면, 하비와 같은 공간의 정치경제학자는 자본의 축적은 항상 근원적으로 지리적인 문제이며, 지리적 확장, 공간적 재구조화 그리고 지리적 불균등 발전이 없었다면, 자본주의는 하나의 정치경제체제로서 그 기능을 유지하지 못했을 것이라고 주장한다. 데이비드 하비, 『희망의 공간-세계화, 신체, 유토피아』, 최병두 외 옮김, 한울, 2007(초판 4쇄), 8쪽.
6_ Philip Hubbard, op. cit., p. 166.

어나는 곳이라도 '순결한' 여성의 응시가 미치지 않는(순결한 여성이 전염되어서는 안 된다는 취지로, 이는 결국 순결한 여성을 아내로 맞아들이고자 하는 남성 욕망의 투사이지만. 그리고 그리하여 결국 부르주아 가족이데올로기가 완성되는 것이다.) 음침하고 후미진 지구라야 한다. 집창촌이 자리잡고 있는 곳은 대체로 우리가 역세권이라고 부르는 지구이다. 그곳이 생활 지구가 아니라 이동이 빈번하게 일어나는 지구라는 점은 일상의 가족생활이 영위되는 가정이라는 장소와는 물리적으로도 멀리 떨어져 있다는 느낌을 주기 때문에 매춘공간을 소격시키는 데에 있어서도 안성맞춤임에 틀림없는 것일 게다.

　매춘공간의 구성과 생성에 있어 "이동과 교차"라는 위상적, 실제적 조건은 짐멜이 지적한 대로 매춘이 자본주의적 화폐경제와 밀접한 관계를 가지기 때문에 필요로 부상하게 된 조건이다.[7]

> 셰익스피어가 살던 시대까지 여러 세기 동안 베니스에는 선원들과 무역업자들과의 거래를 통해 생계를 꾸려가는 거대한 창녀들의 조직이 있었다. 르네상스 시대, 베니스 '섹스산업'에서 거래되는 엄청난 양의 돈은 점점 '좋은 가문의 고상한 사업을 위한 합법적 이윤의 원천'이 되고 있었다. 베니스는 항구도시였기 때문에…인구의 상당 부분이 항상 오고가는 사람들, 합법적인 잠자리와는 거리가 먼 외국인들이었기 때문에, 베니스는 돈을 빌려주는 유태인들을 묵인한 것과 같이 항구 경제의 일부로 매춘부들을 묵인했다. 무역은 꾸준하게 넘쳐나는 고객들을 공급했기에….[8]

7_ 부언하자면, 짐멜과 같은 경우 도시에서의 매춘의 집중을 근대성의 전형인 화폐경제의 지배 탓으로 설명했다. Georg Simmel, *The Philosophy of Money* (London: Routledge, 1978), pp. 376ff.

이동과 교차가 빈번하기는 '청량리 588', 용산역 일대의 집창촌, '미아리 텍사스', '천호동 텍사스'와 같은 서울의 대표적인 집창촌 지역도 마찬가지였다. 많은 유동인구가 있는 번잡한 지구였던 이유로 이제 이곳들은 급격한 변동의 위기에 직면해 있다.

먼저 입구에 있는 건물 9개 동이 지난 4월 철거되어 철거 대상 건물 78개 동 중 현재까지 20개 동이 헐린 청량리 588부터 보자. 이 집창촌 역시 대부분의 집창촌이 그렇듯이 이동과 교차가 빈번한 기차역 주변에 위치해 현재도 역세권에 속해 있긴 하다. 하지만 '588'을 '현대적인' 청량리 역세권으로 만든다는 개발계획을 세운 동대문구는 이곳을 관통하는 현재 폭 8m 도로를 올 연말까지 32m 너비의 고가도로로 만들어 답십리 방향으로 직접 연결시키고, 현재 공사 중인 청량리 민자역사를 2010년에 완공하고, 경춘선 복선전철이 뚫리면 역세권이 확대되어 집창촌이 완전히 사라질 것으로 본다. 향후 이 일대에는 아파트 외에도 의료·업무·문화 용도 건물이 대거 들어서고, 청량리 민자 역사를 포함한 광역 상권도 형성하게 된다고 한다.(『중앙일보』, 2008. 4. 24) '미아리 텍사스' 자리에는 2011년쯤 최대 40층 높이의 빌딩과 주상복합 건물들을 세우고 공원도 들인다는 계획이 세워져 있다. 그리고 천호·천호신·동서울 등 세 곳 재래시장과 맞물려 있던 천호동 텍사스촌 부지에는 2012년까지 49층 높이의 쌍둥이 고층빌딩을 세울 계획이라고 한다.(『조선일보』, 2007. 10. 29) 재개발 속도가 가장 빠른 용산역 부근 집창촌 지역에는 이미 강남의 고급 아파트만큼 비싼 주상복합 아파트들이 즐비하게 들어섰을 뿐 아니라 향후 국제업무지구가 들어서고 미군기지 이전이 완료되면 "명품 수변도

8_ 리차드 세넷, 앞의 책, 253-254쪽.

시"라는 칭호와 함께 서울 최대의 황금 공간으로의 변신이 약속되어 있다.9) 이런 재개발계획이 수립·진행될 수 있는 데는 현재의 집창촌이 그 속성상 이동과 교차가 빈번한 입지여건이 좋은 지역에 자리하고 있음을 반증하는 사례이기도 하다. 평택, 부산 등 지방의 집창촌을 중심으로 한 재개발 계획도 이와 크게 다르지 않다는 것을 덧붙여둔다.

번잡한 지구에 있으면서도 동시에 매춘공간은 매우 은폐되어 있다. 그럼 이 공간은 어떤 길라잡이를 드러냄으로써 남성 고객들을 찾아들게 하는 것인가. '홍등', 우리는 간략하게 이리 대답한다. 은폐되어 있고 큰 대로변 그것도 수많은 인구가 오고가는 기차역 주위의 은폐된 공간에서 그녀들이 고객에게 자신들이 거기 있음을 알리는 신호탄 역할을 하는 홍등이 의미하는 바는 여러 가지이다. 우선 그것은 매춘공간을 상징화하는 기호이다. 그리고 그것은 그렇게 기호화됨으로써 그 공간 안에 있는 매춘여성을 타자화시키는 한 방식이 되기도 한다. '홍등가'라는 명명은, 즉 그 장소를 비도덕적인 공간으로 분류하여 명명하는 것은 사회적, 공간적 양 측면 모두에서 매춘부 여성들의 지위에 대한 인식을 형성하는 데 있어 중요한 역할을 하고 있다. 사회적 위계가 공간적 위계로 나타나는 이러한 과정은, 매춘의 비도덕성을 (부르주아 가정의 정화되고 질서 잡힌 공간들로부터 심리적으로 물리적으로 떨어진) 비도덕적인 경관 속에 상상적으로 위치짓는 다양한 기호화, 상징화의 고리를 통해 이루어진다.10)

문화적이고 공간적인 경계가 흐려지면서 도시와 그 속에서의 자신들

9_ 이런 약속 따위가 결국은 '용산참사'라는 전대미문의 비극을 불러일으켰다. 억울하게 돌아가신 5명의 용산 4구역 망루 농성 철거민들은 장례도 치루어지지 못한 채 지금도 싸늘하게 병원 영안실에 계시다.
10_ Philip Hubbard, op. cit., pp. 170-172.

의 공간에 관한 사람들의 이해가 혼란에 빠진 포스트모던 도시에서도 역시 매춘부들은 도시 생활의 다양한 위험들을 상징하는 희생양이 되었다. 현재와 같이 위험이 어디에나 편재되어 있는 까닭에 위험이 오히려 더욱 비가시적인 시대에도 이 위험의 상시적 비가시성 때문에 도시의 매춘부들은 매우 가시적인 위협으로 뚜렷하게 보여진다. 따라서 그들은 아주 용이한 표적물이 된다.11) 특히 자연스럽다는 이데올로기로 위장된, 그래서 수용가능한 것으로 여겨지는 이성애적 행위양태를 위반하는 이들에게 성적, 공간적 질서를 다시금 확립하기 위해 어떤 극단적인 조치를 가한다 해도 면죄부가 주어질 수 있다는 심증을 대다수의 사람들이 공유하고 있었던 것이다. 결국 매춘부라는 타자의 배제는 실제로 공권력의 힘을 빌기도 하면서 이성애적 가부장적 질서와 완벽하게 공모한다.

그럼 이제 여기서 다시 이 장의 제목 '이동과 교차, 그러면서 은폐된…'의 맥락에 대해 부연 설명을 하고 넘어가자. 이동과 교차는 공적인 장소에 그것이 위치해 있음을 명백히 하는 구문이다. 은폐됨은 사적 은밀함이 가로지르고 있다는 것이다. 매춘공간은 공적, 사적 공간이며, 그 어떤 것 하나로 규정되지 않는 역(閾, liminal) 공간이다. 이 말은 그것이 완벽하게 규정될 수 없는 공간임을 지칭하는 것인데, 그렇다면 이로부터 우리는 어떤 가능성을 가져가야 할 것인가?12) 매춘공간은 이성애가 작동하는 공간이긴 하지만 '규범적' 이성애 공간과는 달리 '비도덕적'이라고

11_ Ibid., pp. 154-155.
12_ 일단 집창촌에는 성노동을 하여 살아가는 여성들이 있고, 국가의 일방적인 법 시행으로 그 성노동자들은 갈 곳이 없다. "생존권 보장—우리는 갈곳이 없다'고 외치는 그녀들은 자발적으로 성노동을 하고 있는 성노동자들이다. 그런 그녀들에게 공간과 관련하여 아주 작더라도 많은 긍정적 가능성을 열어두는 것이 맞다는 생각이다.

치부되는 공간이다. 그 어느 것 하나로 규정될 수 없이 경계를 흐리게 하며 유동하는 공간이다. 결혼 제도와 공모하여 가족이데올로기를 견지해내면서 윤리를 극히 위배한 가족 내의 성적 위계의 문제를 그저 봉합해내는 수준에서 유지되는 공간을 꼭 도덕적이라고 판단할 수 없듯이 도덕과 비도덕의 공간을 우리는 명백하게 가를 수 없다. 매춘공간은 이성애적 규범이 작동하는 공간이다. 그러나 교외의 부르주아 가정, 특히 우리의 경우는 대도시 목 좋은 곳의 밀집한 고급아파트 군처럼 '도덕적' 이성애 규범이 작동하는 곳은 아니다. 이성애적 공간이나, 그것으로 간주될 수 없는 공간이다. 허버드는 이런 공간을 '이소적(異所的, heterotopic) 공간13)이라고 지칭한 바 있다. 그 공간은 사회적, 역사적 관계의 맥락 안에서 변화되고, 재구성되는 성격을 강하게 지니는 공간이다. 그것은 무엇 하나로 규정할 수 없는 공간이며 '과정 중안' 공간이다. 이 성격은 우리에게 그 공간이 거기에 살고 있는 사람들에게는 '또 다른 공간14)이 될 수도 있다고 고무하는 측면이 분명히 있다. 이것에 관한 서술은 이 글의 마지막 장 '공간의 전유—그들의 키높이 구두'에서 설명해 보도록 하겠다.

3. 신자유주의적 세계화와 매춘공간의 재구조화

전면의 유리방, 그리고 그 유리방 안의 거울에 끝없는 여운으로 반사되는 잠겨있는 피사체로서의 매춘여성의 모습으로 인해 그 어떤 공간보

13_ Philip Hubbard, op. cit., p. 210.
14_ 하비의 개념을 빌어 이야기한다면 그것은 "희망의 공간—유토피아"이다. 왜냐하면 그 공간에 남아서 노동을 하고 있는 구성원들에게는 현재로서는 그 공간만이 생존권을 부여해주는 유일한 '희망의 공간'이기 때문이다. 데이비드 하비, 『희망의 공간』.

다도 공간 자체가 지닌 가시성이 지배적으로 두드러진다고 해서 집창촌이라는 공간이 우리에게 보이는 그대로라고 생각하면 오산이기 십상이다. 그것이 보이는 대로 드러나지 않는다는 점은 적어도 두 가지 이상의 측면에서 그렇다. 하나는 그 공간에 대한 이데올로기 작용에 의해 그 공간이 우리에게 보여지는 대로 보이는 공간과 결코 같지 않다는 점에서 그렇고, 또 다른 하나는 도심재활성화, 즉 젠트리피케이션(gentrification)에 의해 새로운 모습으로 바뀔 때 그 이면에서 작동하고 있는 자본의 원리를 온전히 은폐한다는 점에서 그렇다. 이 두 측면만을 보더라도 그것은 결코 어떤 순간에도 자신의 모습을 직접 드러내는 것은 아니다.

1) 가시적 재편: 도심재활성화(gentrification)

"도심재활성화는 원주민과 주변화된 도시 빈민들이 도시의 더 열악한 다른 지역으로 쫓겨나는 대체과정이다."15) 원주민과 빈민들이 쫓겨난 그 특정 구역에 부유하고 교육을 잘 받은 사람들이 집중적으로 몰려들게 된다. 이는 사람들의 복귀라기보다는 자본의 복귀이다. 윌리엄스와 스미스는 도심재활성화를 '도시의 지리적 극화(polarisation)'로 보았는데, 왜냐하면 도심재활성화는 내부 도시의 특권화된 중간계급 거주자와 여타 노동계급 거주자들 사이의 분리를 강화시키기 때문이다.16)

도심재활성화는 다음과 같은 네 가지의 동시적인 과정으로 파악될 수 있다.

15_ 마이크 새비지 · 알랜 와드, 『자본주의도시와 근대성』, 김왕배, 박세훈 역, 한울, 1996, 108쪽. 이후 이 책에서의 인용은 본문의 괄호 안에 그 쪽수를 표시한다.
16_ P. Williams & N. Smith, "From Renaissance to Restructuring: The Dynamics of Contemporary Urban Development," in N. Smith & P. Williams, eds., *Gentrification of the City* (Boston: Allen & Unwin, 1986), pp. 219-221.

1) 보다 높은 사회적 신분집단으로 대체되는 재정주 및 사회적 집중.

2) 건조환경의 변형을 통한 독특한 미학적 특징과 새로운 지역 서비스 창조.

3) 유사한 문화 및 생활양식, 혹은 적어도 유사한 계급관련 소비자 선호를 가진 사람들이 함께 모여드는 것.

4) 자산가치의 경제적 재편, 건설산업에서 상업적 기회, 그리고 종종 가내 자산의 사적소유권 체제의 확산.(106-107)

위의 요약에서도 보듯 도심재활성화는 보통 계급적 현상이며 특정 지역의 계급 구성의 '향상'이 이 과정의 핵심적인 특징이다. 그리고 이 과정의 이면에 있는 상업적·생산적 이윤 창출이 자본과 계급이 연계되면서 이루어낸 도심재활성화의 최종 목표라고 할 수 있다.(110)

통상 한 지역이 쇠락하면 주택임대로부터 얻을 수 있는 임대료가 줄어들고 새로운 개발을 위한 토지가치는 최소화된다. 지주는 부동산관리를 위한 투자를 중지할 것이고 따라서 토지자산은 더 황폐화된다. 이 순환주기가 특정 시점에 이르게 되면 그 땅의 용도를 변경하는 것이 더 수익성 있게 되는데, 이때 토지와 그에 딸린 건물이 헐값에 팔리고 중산층 세입자와 자가소유자를 위한 주택이 건설되는 것이다. 이 설명은 미국과 같이 도시지역이 대규모 부동산개발업자에 의해 재개발되기 전까지는 계속해서 황폐화되는 경향이 있는 나라에서 적실성을 가진다. 미국에서는 '부동산사업'의 사회학이 매우 중요한 분야인 것이다.(109) 마찬가지로 한국 역시 부동산 문제가 대다수 사람들의 의식과 일상생활을 전일적으로 지배17)하고 있기 때문에 부동산의 사회학이 미국 못

17_ 『지식인의 죽음』(경향신문 특별취재팀 지음, 후마니타스, 2008)이라는 책 발행에 붙여

지않게 중요한 나라이다.

데이비드 하비는 자신의 1973년 저작『사회정의와 도시』[18]에서 토지에 대한 자본투자가 지니는 독특한 특성을 밝히는 데에 집중하고 있다. 하비는 그런 형태의 투자가 자본주의 경제가 기능하는 데 있어서 매우 중요할 뿐만 아니라—왜냐하면 상당량의 자본은 보통 건조환경에 묶여 있기 때문이다—상대적으로 오래 지속되는 물리적인 유산을 남긴다는 점을 강조한다. 그래서 만약 이렇게 만들어진 건조형태가 투자에 수익성만 있다면 자본축적에 도움이 될 수 있다. 그러나 반면에 그것의 내구적인 특성 때문에 짧은 시간 내에 낡고 시대에 뒤떨어진 것이 될 때에는 오히려 자본축적에 방해가 되기도 한다.(65) 용산 집창촌의 명품 도시로의 개발은 말하자면 후자와 같은 경우, 즉 건조환경의 쇠락이 자본축적에 방해되기 때문에 시행되게 된 것이다.

앞에서도 언급한 바 있지만, 위험이 온갖 형태로 편재되어 있어 위험 자체가 더욱 비가시적이 된 이 시대에 매춘부들은 위험의 이 비가시성 '덕분'으로 오히려 매우 가시적인 위협으로 드러난다. 따라서 그들은 아주 용이한 표적물이 된다. 특히 매춘부들을 배제하는 방식으로 공간의 경계를 다시 정의할 수 있을 만큼 충분한 자원을 동원할 수 있는 사람들에게는 더욱 용이한 표적물이 될 수밖에 없다.[19]

강준만 교수가 한 다음의 발언을 보자. "많은 지방대 교수들이 서울에 가서 충격을 받고 돌아오는 게 서울 교수들이 내내 아파트 이야기만 하더라는 점이다"(『경향신문』, 2008. 4. 21). 최고의 지식인이라는 교수들마저도 부동산에 목을 매는 것이 우리의 현실이라고 보면 되겠다.

18_ D. Harvey, *Social Justice and the City* (London: Edward Arnold, 1973).

19_ Philip Hubbard, op. cit., pp. 154-155.

용산 집창촌이 어떻게 바뀌어가고 있는지를 보면 이 점은 확연히 드러난다. 2007년 가을 신문 기사들은 서울 용산역 앞 집창촌 일대가 최고 40층의 주상복합타운으로 탈바꿈한다는 소식을 일제히 전하고 있다. 이미 주변에 다수의 주상복합 아파트가 들어선 용산에서 집창촌은 대부분 철수한 상태이다. "용산역 전면 2구역에는 지하 9층, 지상 35층과 38층 규모의 주상복합아파트 2동이, 용산역 전면 3구역에는 지하 9층, 지상 40층의 주상복합아파트가 각각 건립된다. 2구역은 아파트 130가구와 판매시설, 업무시설로 구성되며 용적률 963.28%, 3구역은 아파트 194가구와 업무시설 등이 들어서며 용적률은 963.37%다. 2구역의 시공사는 대우건설이며, 3구역은 삼성물산 건설부문이다." 용산 집창촌 일대 전면지구는 용산역과 신용산역(4호선) 사이에 위치할 뿐만 아니라 한강대로와도 접해 있어 강북의 '타워팰리스'로 주목받고 있다. 게다가 서울시는 이들 주상복합아파트가 용산역 전면지역의 랜드마크가 될 수 있도록 차별화된 건축 및 야간경관 조명계획을 반영할 것을 주문했다고 한다. 뿐만 아니라 용산 역세권 국제업무지구 개발사업에 아랍에미리트와 호주 등의 해외 디벨로퍼들이 깊은 관심을 보이고 있다는 둥, 코레일 부지의 기준가격이 5조8,000억원으로 결정되는 등 20조원에 달할 것으로 추산되는 용산 국제업무지구 개발사업 수주를 놓고 국내외 컨소시엄들이 치열한 경쟁을 벌일 것이라고 한다. 그리고 외국 업체들이 컨소시엄을 구성해 이번 입찰에 참여할 경우 수주전은 더 치열해질 전망이라고 한다. 용산 국제업무지구 개발이 사상 최대 규모의 프로젝트인 데다 '150층짜리 국내 최고층 빌딩을 짓는다는 상징성도 가지고 있어 많은 업체들이 참여할 것으로 관측된다고 한다.

도심재활성화는 다른 형태의 격리현상과 마찬가지로 불평등과 사회적 폐쇄(social closure)의 한 표현이며, 극단적으로 도시 내의 극화를 강화시킨다. 집창촌이 사라진 바로 그 자리에 분양가만 평당 3,000만원을 호가하는 주상복합 아파트가 들어선다.(이 평당가는 주변 아파트 시세와 얼추 형평을 맞춘 것이라고 한다.) 극화는 오늘날 사회·공간적 불평등의 변화 양상을 포괄적으로 지칭하는 상징적 개념으로 일반화되어 있다. 우리는 이 용어를 주로 양극화라는 용어로 명확하게 의미분류하여 사용하는데 신자유주의 정권이 들어서게 되면 통상 사회보장 지출의 삭감, 부자들에 대한 세금 축소 등의 정책이 시행되면서 소득과 부의 분배에 있어 불평등이 계속적으로 증가하게 된다. 이 경우 양극화는 더욱 심화되는데, 우리는 이의 예를 레이건 정부 이후의 미국, 대처 이후의 영국 사회, 그리고 멀리 국외까지 볼 것도 없이 현재의 우리 사회에서 극명히 보고 있다.

2) 비가시적 재편: 신자유주의적 세계화의 공간 전략

이쯤에서 줄리아 로버츠 주연의 할리우드 영화 <프리티 우먼>을 다시 되돌려 보자. 1990년에 발표되었으니 근 20년이 다 되가는 영화이다. 따라서 웬 <프리티 우먼>? 하지만 지금도 유효하다. 매춘과 공간, 신자유주의 문제가 긴밀히 결합되어 있다는 사실을 밝히는 데에는. 여주인공 비비안(줄리아 로버츠 분)은 시골에서 고등학교를 채 마치지도 못했다. 일자리를 찾아 대도시에 왔지만 조금씩 조금씩 어려움에 부딪치게 되면서 더 이상 나빠질 수 없는 지경에 이르는 걸로 묘사된다. 영화상으로는 대도시 엘에이에서 거리의 매춘부가 되는 걸로 귀결된다. 학창 시절 비교적 똑똑한 축에 들던 학생이었지만 가난 때문에 결국 대학 진학을 접고, 총명한 학생이었던 학창시절에는 상상하지도 않았던 매춘여성이라는 직업을 가지게 되었다. 리처드 기어가 분한 에드워드는 적대적 M&A의 귀재이다. 즉 기업사냥꾼이라는 말이다. 그것도 아주 잘 나가는. 이 둘의 신분 차이는 마지막 두 사람이 결합하는 장면을 더욱 극적 로맨스로 귀결시키는 예비물이다. 이때 남녀 주인공 둘 사이의 간극(우리는 여기에서의 이것을 통상 '양극화라고 부른다)을 보여주는 요소로는 '공간의 제시'가 단연 압권이다. 비비안은 거리의 매춘부이다. 그녀가 차지할 수 있는 공간이라곤 경찰에게 쫓기며 서있는 대도시 엘에이의 흐드러진 밤거리이거나 마지막 장면 등장하는 (친구와 같이 쓰며, 또한 두 사람의 짐으로 가득찬) 작은 월세방이 전부다. 너무도 대당적이라 설명을 붙이기도 낯간지러우나 에드워드는 대도시 엘에이에서도 유명한 특급호텔 펜트하우스를 장기 임대해서 투숙하고 있다. 펜트하우스 베란다에서 내려다보는 엘에이의 밤풍경은 언제나 반짝이며 매혹에 차있다. 그래서 여주인공 비비안이 호객 행위를 하던 그 거리가 바로 이 도시의 한 구역에 존재해 있으리라는 상상은 불가능해진다. 뿐만 아니다. 그는 여타 고급공간, 소비공간의 독점자이기도 하다. 그가 세낸 엘에이에서 샌프란시스코까지 가는 전세 비행기도 그렇고 비비안을 위한 오페라의 좌석만 해도 독점적이다. 에드워드의 화폐로 쇼핑하는 로데오 거리는 처음에는 비비안을 인정하지 않았다. 그러나 결국 화폐의 지배력은 로데오 거리를 비비안에게, 아니 자본인 에드워드에게 자진해서 내어놓게 만든다. 거리의 매춘부가된 줄리아 로버츠는 자기의 사정이 왜 이다지도 나빠졌는지 이해하지 못한다. 마찬가지로 남성 주인공 역시 자신의 상황, 혹은 자신이 무슨 일을 하고 있는지 알 수가 없는 것이다. 그는 말하자면 기업사냥꾼으로서 기업의 구조조정을 단행하고 초국적 자본의 중개인 비슷하게 활약한다. 여주인공 비비안이 노력을 하지 않는 것도 아닌데 사정이 점점 더 나빠지는 것은 그 상대역인 에드워드와 같은 신자유주의 세계화의 일꾼들 덕분(?)이다. 노동에 대한 공세에서 출발한 신자유주의는 한편으로는 자본의 부담을 민중에게 대대적으로 전가하는 구조조정으로 나타나는데, 에드워드는 M&A의 귀재이며 그 과정에서 많은 노동자들을 아예 일자리를 잃는 구조조정의 희생자들로 만들어버린다. 에드워드는 당연히 무수한 노동자들의 몫 대신 비비안 하나만을 구원하는 것으로 적은 자본을 지출하고 그들의 로맨스를 완성시킨다. 그리고 그에게 덤으로 주어지는 것은 이 로맨스에 대한 전세계 여성들의 열광이었다.

바로 앞에서도 인용했듯이 "신자유주의는 자본의 부담을 민중에게 대대적으로 전가하는 구조조정으로서, 그리고 중심부의 위기의 부담을 반주변부와 주변부로 대대적으로 이전하는 체계의 재편으로 나타난다."[20] 이 신자유주의는 1970년대 중반 아메리칸 익스프레스라는 신용카드 회사가 자사 카드의 세계적 확장을 위한 광고에서 사용하기 시작한 '세계화'라는 용어와 들러붙으면서 시장의 전면적 해방이라는 용감한 기치를 달게 된다.[21]

바로 이 지점에서 우리는 "세계화란 항상 자유무역을 통해 부와 권력의 엄청난 혜택과 확대를 찾고 획득하려는 특정 장소의 특정 세력들에

20_ 백승욱, 「역사적 자본주의의 시각에서 본 신자유주의 금융세계화」, 『문화/과학』 47호, 2006년 가을, 32쪽.
21_ 최병두, 「역자 서문」, 『희망의 공간―세계화, 신체, 유토피아』, 7쪽.

의해 추구되고 추인된 특정한 프로젝트"22)임을 다시 한번 상기해야 한다. 물론 부의 상향이동인 세계화의 효과는 장소에 따라 다르다고 할 수 있다. 그러나 지방적 특수성을 전혀 고려하지 않고 지리적 규모와 차이를 관통하여 만들어진 해악의 유형만이 두드러진다. 이 해악의 유형은 **신자유주의적** 형태의 **세계화**에 의한 지리적 불균등 결과로 기술되고 있다.23) 자본(주의)의 확장은 국가사회 내부에서 일어나든 해외에서 일어나든 불균등 생산과 긴밀하게 연결되어 있다. 그 확장은 일국 내에서는 주로 도시의 변형 모습에서 가장 가시적으로 드러나는데, 이는 통합된 세계경제가 산업의 전지구적인 재배치, 건조환경에 대한 투자와 투자철수의 반복, 기업의 재구조화 등을 단행한 결과이다. 결국 일국 내의 도시 모습의 형성에는 세계 자본의 경제 동학이 작용하는 것이다.24)

특히 지대상승을 통해 이윤을 최대화하려는 투기자들(국제금융과 결탁되어 있음)은 뉴욕, 런던과 같은 수위도시뿐 아니라 상하이와 모스크바와 같은 대도시 환경도 급격하게 재편성시키고 있다. 이때 보다 보편적인 전략은 자본투자의 강도에 따라 지리적 차이를 발생시키는 것으로 자본이 풍부한 지역은 보다 부유해지는 반면 자본이 결핍된 지역은 상대적으로 빈곤하게 된다. 이러한 차별화 과정은 경제적일 뿐만 아니라 사회문화적이다.25)

이러한 변화들은 최근 세계화 과정 자체 내에서 일어나고 있는 질적 변화 때문에 부분적으로 보다 더 격렬해지고 있다. 최근 서울을 명품도

22_ 데이비드 하비, 『희망의 공간―세계화, 신체, 유토피아』, 122쪽.
23_ 같은 책, 같은 쪽. 강조는 인용자의 것.
24_ 마이크 새비지·알랜 와드, 『자본주의도시와 근대성』, 84쪽.
25_ 같은 책, 118쪽 참고.

시로 재탄생시키겠다는 서울시의 경우를 보더라도 현재 여기 한국에서도 공간을 둘러싼 불평등체제의 형성이 격렬한 모습으로 드러나고 있다. 이동과 교차가 빈번한 그래서 지대 이윤을 극대화시킬 수 있는데도 불구하고 혐오스럽고 오염되어 있다는 딱지를 붙여 공포스러운 존재로 의식 속에 방치해두던 마지막 장소인 집창촌에 이제 급기야는 재개발이라는 명목으로 손을 대는 것이 그것이다. 재개발이라는 명목은 이 신자유주의 시대에는 글로벌도시[26] 운운하면서 생성되는 담론들과 맞닿아 있는데, 구체적 설명을 덧붙인다면 이렇다. 이제 생산 공장(기지)은 어디다 두어도 작동될 만큼 자본의 통제 능력이 극대화되었다. 반면 문화적으로 축적이 된 지식자본들은 고도로 축적된 상태에서 순간적으로 교류, 소통, 통제된다. 그런데 이 지식자본을 가동하려면 자본통제 회사와 연계된 로펌, 회계사 등과 이런 고급노동력에 더하여 실물경제보다 그 규모가 엄청나게 큰 가상경제를 주무르는 (초국적)고급 CEO가 있어야 한다. 이런 고급 CEO들이 집중적으로 모여 있어야 자본에 대한 통제력이 생기고 금융자본의 흐름이 원활해진다. 따라서 자본은 이런 고급노동력이 있는 곳으로 집중될 수밖에 없다. 이것의 결과로 이들이 모여있는 도시는 자본의 통제 능력이 강화되는 글로벌도시로 성장하게 된다. 그런데 이같은 고급 CEO들이 거주할 만한 도시가 되려면 명품도시라는 라벨에 걸맞은 도시라야 한다. 이런 도시는 도시 자체가 무척 깔끔해야 되는데—항시 반들거리는 바닥, 티끌 하나 안 묻은 초고층 인텔리전트 빌딩의 유리창

26_ 이하의 서술은 2008년 3월 15일 『문화/과학』 편집회의 중 세계화에 대해 나왔던 임동근의 논의를 정리한 것임을 밝혀둔다. 더욱 자세한 것은 Saskia Sassen의 *The Global City: New York, London, Tokyo* (Princeton: Princeton University Press, 1991)와 *Globalization and Its Discontents: essays on the new mobility of people and money* (New York: New Press, 1998)를 참조할 것.

들—그런 상태가 되기 위해서는 안 보이는 곳에서 항상 빠른 시간 내에 투입되었다 빠지는 비정규 노동자들의 노동이 필수적이다. 초국적 고급 CEO를 유치하려면 초과이윤의 상당량을 그들에게 지불해야 하는데, 그들이 자신들의 몫으로 챙겨가는 초과이윤의 많은 부분은 너무나 가혹하게도 바로 이 비정규 노동자들의 상대적 저임금을 착취해서 나오게 되는 것이다. 특히 대다수가 일일 서비스직 등의 직종에 종사하고 있는 비정규 저임금 여성노동자들의 몫도 여기에 더해진다. 이제 글로벌도시는 고급CEO의 명품도시와 저임금의 비정규 노동자(제국의 경우 대체로 식민지 이주노동자이다)가 거주하는 슬럼도시가 맞물려가고 있는 '이중구조의 도시'(dual city)로 존재하게 된다.

그런데 국가는 자본을 유치할 때 향후 발생할 수 있는 이익과 위험 모두를 지방도시한테 넘기고 고급CEO들을 유치한다. 그 한 예가 서울의 경우이다. 서울시는 용산차량기지에 초고층 빌딩을 건립해 국제업무지구로 탈바꿈시키겠다는 계획의 완성도 제고와 한강수변지구 개발 효과 극대화를 위해 KTX 승무원 문제도 해결하지 않는 코레일에게 통합개발을 제안했다. 물론 코레일은 이 개발안을 받아들였다. 이렇게 하여 서울 용산에 명품 수변도시가 탄생하게 될 것이다. 물론 이미 거의 자취를 감춘 용산 집창촌 같은 경우는 1차적 철거 대상이었다.

다시 일차적 질문으로 돌아가 보자. 그렇다면 자본은 왜 세계를 이동하는가? 그것은 '공간에 묻힌 가치'를 착취하기 위해서다. 그러나 자본이 공간을 선택함과 동시에 투하되는 자본 또한 자기 자신의 일부를 공간에 묻어야만 생산과정이 일어난다는 점에서 문제가 발생한다. '고정자본'이라 불리는 이 생산요소는 자본이 이동할 때 버려야 하는 가치(감가상각)

들이다. 이로 인해 자본은 특정 공간에 발이 묶이는데, 이동하기 위해서는 버려야 할 가치들을 초과하는 많은 이윤이 있어야만 한다.[27] 이것이 자본의 이동이 갖는 딜레마이며 공간을 둘러싸고 최단기간에 극대의 초과이윤을 뽑아내야만 하는 이유인데, 이로 인해 공간을 둘러싸고 위에서 말한 이중구조의 도시에서처럼 초과이윤의 몫을 누가 차지하느냐에 따라 부의 양극화와 이에 따른 계급 양극화가 격렬히 발생할 수밖에 없는 것이다. 그러나 순환이 생명인 자본은 신자유주의의 금융자본주의로 인해 특히 이 순환의 성격이 더욱 강화되었는데, 이같은 '자본의 유동화'는 공간적으로는 자본이 공간에 '고정'되는 것을 끊어버린다. 또한 동시에 자본의 유동화는 거대한 자본량이 공간에 특히 건조환경에 투하되어 묶이지 않도록 즉 그와 같은 위험을 관리하는 새로운 자본운영방식을 요구하게 되는데, 특히 공간문제와 관련해서는 리츠(REITs)와 같은 부동산 유동화 방식이 그 대표적인 예이다. 여러 투자자로부터 자금을 모아 부동산에 투자, 개발사업이나 임대 등 운용을 통해 얻은 수익을 투자자에게 나눠주는 리츠 회사는 매년 주주에게 과세 대상 수입의 실질적인 전부(90% 이상)를 법적으로 지불해야 한다. 이와 같이 빠른 수익의 환수로 인해 주주는 건조환경에 묶인 자본을 걱정할 필요가 없게 된다. 주주자본의 입장에서는 오직 수익이 실현되는 기간과 그 양만이 중요할 뿐이다. "주주자본주의하에서는 증서를 사고파는 시장의 상설화를 통해 실제 공간이 필요하지 않은 사람의 자본도 참여시켜 자본의 유동성을 증가시킨다. 결국 공간이 파괴되고 그곳의 가치가 사라져버리는 마지막 단계까지

27_ 임동근, 「신자유주의 시대 공간의 정치학」, 문화연대 '문화정책 월례포럼', 2008. 4. 24. 이후의 서술 중에는 이 글과 그 발표 내용을 요약한 것이 많음을 밝혀둔다.

위기는 미래로 연기되고, 사방으로 퍼지고, 자본이 떠나고 싶을 때 마음대로 떠날 수 있는 기회가 상설시장으로 제도화된다."[28] 자본은 어딘가에 착취가능한 공간이 계속 존재한다면 다른 곳으로 자유롭게 이동한다. 용산 집창촌 권역에 150층짜리 고층 빌딩이 들어설 수 있는 이유이다. 용산민족공원, 한강, 남산이 바라다 보이는 경관에 최첨단의 150층짜리 인텔리전트 빌딩은 서울의 랜드마크로서도 손색이 없다. 이처럼 자본주의는 극악할 정도로 극대화된 자본의 축적을 수용할 수 있는 '적절한 지리적 경관'을 필요로 한다. 그래서 자본축적에 소용되지 않는 모든 공간적 장애물은 제거되어야만 하는 압박에 처하게 되는 것이다.[29]

우리나라의 경우 지하경제에서 매춘이 차지하는 비중이 상당히 높은데, 이제 도심의 요지에 매춘공간이 자리잡고 있는 것보다는 명품도시에 걸맞게 그 공간을 명품으로 만들어버리면 더욱 극대화된 자본을 얻을 수 있다. 그리고 우리는 자본의 작동원리는 전혀 눈치챌 수 없도록 구조화된 공간에서 명품도시의 150층 빌딩에 감탄하며 서있게 되는 것이다. 이때 이 자본의 이윤을 획득할 자격을 갖추지 못한 사람들은 이 공간에 남아 있어서는 안 된다. 매춘여성, 원주민, 도시빈민이 그들이다. 자격이 되는 사람만이 남아서 부를 획득하고, 이 소득의 상당량은 빈민을 격리시키기 위한 견고한 장벽 건설에 쓰일 것이다. 빈민 자신들 스스로를 고립시키기 위한 장벽 설치 작업마저도 일반 노동자로서 고용 기회를 가질 수 있는 그나마도 운 좋은 사람의 주요한 '직업'이 될 것이다. 그러나 장벽이 높아지면 높아질수록, 가난한 사람들은 보다 큰 위험에 직면하게 된다.[30]

28_ 같은 글.
29_ 데이비드 하비, 앞의 책, 94쪽.
30_ 같은 책, 349쪽.

4. 공간의 전유—그들의 키높이 구두

> …갈 곳 없는 여자들도 있지. 우리 가게 마담도 그렇거든.
> 그러면 죽어도 안 나가.
> 과부촌 이모들을 보면 더 이상 갈 데가 없어.[31]

집창촌에 현재 기거하고 있는 성노동자들의 생산수단은 "몸"이다. 물론 안마시술소로, 퇴폐이발소로, 혹은 해외로 간 성노동자들 역시 그렇다. 그들로서는 150층의 고층빌딩이, 40층의 주상복합이 들어서는 세계화의 거시공간에 대항할 수 있는 것은 자신들의 신체뿐이다. 우리가 여기까지 논의해왔던 세계화란 담론은 담론들 중에서 가장 거시적이며, 그에 비해 신체는 사회 작동의 관점에서 가장 미시적인 것이다. 이 두 담론체계는 사회적, 정치적 삶을 이해하기 위한 개념적 스펙트럼의 양 극단에 위치해 있다.[32]

집창촌의 예에서 보듯 세계화의 거시공간적 문제의 다른 한 극단에 신체라는 미시적 공간의 문제가 발생하고 있다. "신체 및 이와 관련된 개념들, 즉, 젠더, 섹슈얼리티, 자아 등에 관한 담론들은 특히 페미니스트들에 의해 강조되었으며, 이들에 관한 광범위하고 근본적인 이론화는 진보적이고 해방적 정치를 지향하는 것으로 간주되고 있다." 하비는 세계화의 거시공간과 신체의 미시공간을 상호결합하여 역사·지리적 유물론으로 분석하는 것이 무엇보다 중요함을 강조하는데 신체는 사회적 구성물

31_ 백재희, 「성매매공간의 다면성과 삶의 권리」, (사)막달레나공동체 용감한여성연구소, 『경계의 차이 사이 틈새』, 그린비, 2007, 61쪽.
32_ 최병두, 「역자서문」, 『희망의 공간—세계화, 신체, 유토피아』, 7쪽.

로서, 그 주위를 휘감고 이에 영향을 미치는 외적 힘들에 관한 이해가 필수적이다. 이러한 핵심적 결정인자들 가운데 하나는 노동과정이며, 세계화는 바로 이 과정이 어떻게 독특한 방식으로 정치경제적 그리고 그와 관련된 문화적 힘에 의해 결정되는가를 보여주고 있다. 자본주의 사회에서 신체는 노동력이라는 가변자본으로 순환하게 됨에 따라, 자본은 노동하는 신체를 손상시키고, 억제하고, 불구로 만들고 결국 파괴시킨다. 그렇지만 이러한 가변자본의 순환에 편입되어 있다고 해서 결코 유순하기만 하고 수동적으로 형성되는 것이 아니다. 노동자는 한 순간에 자본의 명령에 복종하지만, 다른 순간에는 이에 투쟁하게 된다.[33] 사파티스타 운동과 같은 예는 자신의 주어진 공간적, 장소적 조건 하에서 장시간에 걸친 식민화와 자본주의적 과정에 대한 투쟁이다. 신자유주의 세계화의 지형 속에 벌어지고 있는 다원적 투쟁 중, 육체와 감각, 그리고 그것들을 포함하고 있는 공간까지를 범위에 둔 그리고 특히 '여성주체'에 의한 투쟁은 집창촌 성노동자들의 투쟁이 거의 유일하지 않을까. 공간 점거 운동인 스쾃(squat)운동[34]이 반자본주의 운동이듯이 여성들이 중심이 되는 젠더적 공간투쟁인 "집창촌 폐쇄(개발) 반대 운동" 역시 그들의 노동권과 주거권을 박탈당할 수 없다는 생존권 투쟁이므로 반자본의 성격을 지닌다.

매춘의 지정학은 우리에게 또 다른 방식으로 사고할 수 있게 해주는 중요한 지점이다. 그 매춘공간은 소위 '도덕적' 이성애적 규범이 작동하는 부르주아 공간이 얼마나 배타적인지를, 공간 점유라는 것이 얼마나

33_ 같은 글, 7-10쪽.
34_ 이에 대한 자세한 것은 김강, 『스쾃—삶과 예술의 실험실』, 문화과학사, 2008을 참조하라.

위협적인지를 드러내주기 때문이다. 공간은 인간들의 육체와 감각을 포함하게 됨에 따라 그들을 지배하게 되었다. 여기서 우리는 이제 공간을 통하여 우리들의 감각과 육(신)체를 자유롭게 만드는 것이 우리의 투쟁 목표가 될 수도 있다는 것을 인식하게 되었다. 우리는 여기에서 그 공간이 '과정 중인 공간임에 역점을 두고 그 공간을 우리가 어떤 공간으로 '되어가도록' 해야 하는가 하는 실천의 문제와 결부시켜야 한다. 외부인의 시선으로 보면 은폐되어 보이는 그 공간 내에서 성노동자들은 그들만의 대안적 도덕, 리듬을 만들어내고 있으며 공간의 새로운 대안적 구성을 만들어내고 있다.35)

자본주의적 생산 메커니즘의 작동 결과 생겨난 불평등을 공간적 격리 유형과 결부시켜 차이의 공간으로 설명해낼 때 우리는 보다 더 공간, 자본, 불평등(불균등) 사이의 변증법적 관계를 적절히 인식해야 하는데, 이때 '가구'(household) 개념을 가져오면 바람직하다. "왜냐하면 가구란 물질적 자원의 단위이고 노동의 장소이며 노동력 재생산의 중심지이자 또한 일상생활의 핵심이기 때문이다."(122) 특히 일단의 맑스주의 페미니즘 이론가들은 가내문제의 변화를 인식하기 위해 가족(family)보다는 가구 개념을 가지고 연구해야 함을 이미 주장한 바 있다. 특히 다른 가구들과의 협력을 포함하는 생존전략은 가구들이 외부환경에 복잡하게 얽혀들도록 한다. 가구들 사이에서 일상적으로 나타나는 사회성의 형태들—상호호혜성, 유쾌함, 연대, 경쟁과 갈등—은 공간 경험에 핵심적인 것이다. 이때 이 가구들 하나하나에는 통상 핵가족이 주를 이루는 가족 개념보다는 실제로 많은 수의 인원이 포함되어 있다. 각각의 가구들은 이웃 가구

35_ Philip Hubbard, op. cit., p. 183.

와 자급자족을 성취하고 문화와 삶의 다양성을 창조하는 중심이 되어야 하며 차이를 원하는 사람들이 최대한의 자유를 갖고 표현할 수 있는 장소가 되어야 한다. 다양한 가구들이 모인 이 일종의 공동체, 즉 코뮌과 같은 조직 양식은 우선 물리적 외관 모습에 의해 상징적으로 표현될 수 있다. 도시형태를 지배적으로 결정짓는 핵가족의 집들과 그 군을 집합적으로 이루는 아파트와 같은 대단위 주택 형태가 아니라 중소 규모 정도의 집단적 건축물의 형태를 상상해볼 수 있을 것이다.[36] 그리고 사회질서의 기초로서 가족을 유지하려던 필사적 노력은 여기서 그리 중요한 위치를 점하지 못한다는 점에서 이 공동체, 즉 코뮌의 존립 정당성을 찾을 수 있을 것 같다. 자본주의 확장을 위한 사회통제에 있어 가장 기초 단위가 되는 가족은 해체되어야 하고 그 가족구조를 대체하기 위해 다른 관계 맺기가 대담하게 이루어져야 한다. 이러한 조직은 혈연관계가 아니라 자발적 결속에 기초한다. 하지만 전통사회의 대가족 체제와 유사하게 구성되어 있을 확률이 높다. 그러나 가구 코뮌은 상호 자립을 위한 공동경제로서 조직된 집단적 생활편제의 형태를 느슨하게 유지하는 최저 단위로 이 가구들이 모인 큰 단위의 코뮌 속에서 함께 먹고 일하는 동시에 다른 코뮌들과 교환을 통해 '살아가는 방법'에 대해 집단적 의사결정을 실천한다.[37]

타자의 공간에 항의하고 그것을 소멸시키려는 사람들은 기실 더 많은 다양성이나 표현의 자유를 향해 공공영역을 확장하는 것이 아니다. 그들은 사랑과 우정 즐거움 등을 위해 공공 공간을 사용하려는 모든 여

36_ 데이비드 하비, 앞의 책, 357쪽.
37_ 같은 책, 355쪽 참조. 하비는 이런 조직체를 하스(hearth)라 명명하는데, 각 하스는 상호자립을 위한 공동경제로서 조직된 집단적 생활편제의 형태를 구성한다.

성들의 시도가 도시에 위험을 가져온다라고, 궁극적으로는 가족을 위협한다라고 보고, 또 그것을 여성 섹슈얼리티에 대한 공포와 등치시킨다. 그것은 그래서 사실 공격적인 남성적 항의와 다를 바 없고, 그 만큼이나 제한적일 수밖에 없다.[38]

항의와 관계없이, 아니 좀 더 적극적으로 항의를 무시하고 여기에 코뮌을 만들자.

하비는 자신의 관심을 특정한 경제적 힘에 대항하여 특정 도시의 역할을 고정시키고자 하는 사회적, 정치적 투쟁에 두고 있었다. 자본의 철수에 의해 위협받는 사회집단들의 투쟁은 자본이동을 억제시킬 수도 있고 도시하부시설의 존속을 보장할 수도 있다. 1984, 85년 영국 광부들의 파업은 전통적인 탄광지역에 투자를 고정시키려는 시도가 실패한 예이다. 반면에 '성장연합'(growth coalition)의 경우는 투자를 끌어들이는 데 성공한 예이다. 궁극적으로 자본주의 하에서 공간이 만들어지고 다시 파괴되는 경향은 정치적인 투쟁에 달려있다는 말이다. 자본은 여러 순환 사이를 오고가는 경향이 있다는 하비의 주장은 공간에 있어서 정치투쟁의 역할을 인식시켜 준다. 그래서 그는 특정 도시에 있는 사회적, 정치적 세력들이 자본의 퇴거시도를 수정하거나 혹은 가로막기 위해 어떻게 행동하는지를 보일 수 있다. 즉 그의 불균등 발전이론은 인간 주체의 역할을 인식한 것이었다. "우리의 공간은 게토화되지 않는다." 물론 하비의 주장처럼 공간투쟁이 단순히 계급만을 따라 발생하는 것은 아니다. 그 투쟁은 카스텔이 주장하는 바대로 여성, 민족, 근린과 같은 쟁점을 둘러싸고 조직되는 것이다.(67-69)

38_ Philip Hubbard, op. cit., pp. 176-177.

젠더와 공간을 중첩시켜 가로지르며 성노동자들은 다음과 같이 말한다. 이는 그녀들의 염원이다.

자유가 있어야 해. 말하고 싶은 거 말하고, 하고 싶을 때 하고…최소한의 **보장**이 있어야 해. 안정된 생활이 보장되고, 탈매춘 여자들에게는 어느 정도의 생활비도 주고, 오락·건강·체력을 위한 센터도 있어야 해. 그곳 생활을 계속 원하는 여성들은 구타를 당했을 때, 뭐든 강요나 협박을 받았을 때 **도와줄 수 있는 센터**가 생겨야 한다고 생각해. 동네마다 관할 파출소가 있는 것처럼.39)

16세기 베니스를 배경으로 하여 고급 매춘부인 베로니카 프랑코라는 실존인물의 생애를 영화화한 <베로니카—사랑의 전설>을 보면 실연의 슬픔에 잠긴 딸 베로니카에게 젊은 시절 고급 매춘부였던 어머니 파올라가 고급 매춘부 수업을 하는 장면이 있다. "키가 아주 커보여야 한다"면서 키높이 구두라고 할 수밖에 없는 아주 굽이 높은 구두를 신기고 우아하게 걷는 연습을 시키는 장면이 그것이다. 베니스의 빛나는 햇빛을 등진 환한 실내에서 키높이 구두를 신은 미래의 고급 매춘부 베로니카는 불안한 걸음을 뗀다. 많은 시간이 흐른 후 엄청나게 높은 구두를 신고도 우아하게 걸을 수 있게 된 그녀는 당대 최고의 매춘부가 된다. "키가 아주 커보여야 한다"는 어머니 파올라의 말투는 힘이 있어 보여야 한다는 말로 들렸다. 등을 빳빳하게 똑바로 세우고 우아한 자태로 남자들을 내려다보며 관장할 수 있어야 한다는 말로 들린다. 그렇다. 그녀들은 자신

39_ 백재희, 앞의 글, 61쪽. 강조는 인용자.

들만의 키높이 구두로 당당히 서야 자유로울 수 있는 것이다. 특히 그녀들만의 공간에서는 특이하게 높은 그녀들의 구두가 누구에게도 손가락질 당하지도 않을 것임에.

그녀들이 자신들만의 공간에서는 자유로이 신을 수 있는 키높이 구두의 메타포를 관통하여 이제 실제로 그녀들은 보편적 권리가 추구될 수 있는 유토피아적 공간 형태를 끊임없이 사회적 과정에 근거하도록 실천40)해내야 한다. 그러나 공간운동은 그 공간에서 철수하고 나면 흔적으로만 남게 된다.41) 나의 활동이 묻어있는 공간이 만일 순식간에 사라지고 나면 어떻게 해야 하는가? 그래서 사회적인 가치들을 통용시킬 수 있는 프로그램들이 수립되어 실행되어야 한다. 집창촌 공간에서 실천할 수 있는 사회적 가치, 운동하는 가치를 계속 실현해낼 수 있는 프로그램에 대한 논의는 우리의 다음 과제로 넘겨둔다.

40_ 최병두, 앞의 글, 14쪽.
41_ 스쾃운동도 이 점이 그 운동의 특징이자 난점이라고 한다. 김강, 앞의 책 참조.

6

여성/백화점/공간실천

1. 글을 시작하며

소비의 '합리적인' 사용이 교육되는 이런 시대에는, 욕구나 욕망은 광고나 대중매체 등을 통하여 사회적으로 생산되기도 할 뿐만 아니라, 그 욕망을 충족시키는 것 또한 적절한 사회적 제도의 매개에 의해서만 가능하다. 백화점은 물론 제도가 아니다. 일단 그것은 하나의 장소(site)로 보이는데, 그렇더라도 이 시대의 모든 소비공간이 그렇듯이 이 장소는 장소로 보이기보다는 총체적 욕망 생산과 욕구, 욕망 충족의 중간쯤에 놓여있는 '제도'로 보인다. 욕망의 생산과 충족의 매개항 역할을 톡톡히 해내고 있는 셈인데, 이 백화점 논의에서 무엇보다 중요한 것은 이 장소가 소비의 제도화를 통해 그 소비외관적 화려한 모습을 띤 정점으로만 부각되어서는 안 된다는 점이다. 우리의 논의는 일방적 생산과 일방적 소비의 분리만을 기술할 것이 아니라, 우리의 일상적 구매행위 속에서 이 장소를, 이 제도를 공간실천의 한 지점으로 삼는 것을 모색해야 한다.

2. 백화점/주체생산/공공영역

서구에서 처음 백화점이 등장한 시기는 19세기 중반이다. 새로운 판매방식—그저 가격만 매겨 진열된 상품들, 그리고 그 상품들 스스로가 찬란히 빛나는 외관의 양태로 구매자에게 자진하여 이야기를 건네는—을 내놓았던 백화점에서 여성들은 그때까지와는 다른 방식으로 상품을 구매하거나 그녀들끼리 마주치기 시작했다. 인근 상점이나 시장에서 우연히 만나 안부도 묻고 수다도 떨곤 하던 사교행위는 고객 역할과 필연적으로 연관되지는 않았다. 백화점은 이러한 여성의 구매 행태와 여가 행위를 바꾸어 놓았다. 백화점을 통한 여성의 구매 행태는 상품과의 끝없는 대면, 상품과의 대화를 통한 구매 자체가 되었고, 백화점을 통한 여성의 여가 행위 역시 바로 이 쇼핑을 의미하게 되었다.

그러나 쇼핑이 '여가'에만 그치면 안 된다. '소비사회'로 규정되는 현대사회에서 가령 훌륭한 주부 역할을 수행하기 위해서는 이것에 어느 정도 시간을 투여해야 한다(고 한다). 예전에는 시장이나 상점에서 물건을 놓고 흥정할 수 있었지만, 이제 여성은 끝없이 광고나 광고전단지 등에 주의를 기울이며, 이 백화점, 저 백화점 돌아다니며, 또 어느 곳의 어떤 물건이 더 싸고 더 좋은지 파악해야 한다. 지식은 곧 돈으로 환산된다. 그러나 이 지식은 새로운 지식이라는 부담을 줄 뿐 백화점 안에 들어서면 소용이 없어져야 하는 지식이다. 그것은 오히려 합리적인 의사결정을 방해하는 방식으로 작동하는 지식이어야 한다. 19세기 중반 이후, 서구에서 처음 백화점이 세워지고 그것이 번성하면서, 여성들의 역할(혹은 그 변화)이 백화점을 중심으로 남성들의 그것과 더욱 간극이 넓어지는—물론 도시 중간계급 여성에 국한되는 것이었지만—경향을 띠었다. 그전 시기까지는 그리 두드러지지 않았던 구매자로서의 역할을 떠맡으면서, 남편이 생산에 종사하게 된다면 여성은 소비를 담당하는 방식으로 역할이 양분되는 것처럼 보였다. 현대적 노동분할이 이런 식으로 이루어지면서, 여성은 상품 앞에서 충동적이고 감정적인 존재로 묘사되거나 상정되었다.

이런 식으로 백화점과 같은 소비공간은 두 개의 정형화된 여성 이미지를 재생산하는데, 이것들은 얼핏 보건대 서로 양극단—능력있고 합리적인 주부/비합리적인, 그리고 충동적인 여성 구매자—에 있는 것처럼 보인다. 하지만 이 두 이미지는 양극단에서 그 끝을 마주 대면서, 현실에서는 완전히 '상품화'된 전통적 역할을 수행하는 여성주체를 생산해낸다. "주부는 역시 좋은 정보에 빨라야죠"라는 광고 카피가 당연시되는 자본주의 사회에서 "주부의 역할을 하는 여성에게 있어서 진정 중대한 기능, 정말 중요한 역할은 가정을 위해 많은 물건을 구매하는 것이라는 사실이 왜 한 번도 언급되지 않는가"라는 베티 프리단의 불만은 이제 오히려 과도하게 충족되어서 백화점 등은 그 존립의 효과로 가정을 위해서 '현명한 방식으로' 좀 더 많은 좀 더 적절한 물건을 구매하는 것이 훌륭한 어머니, 훌륭한 배우자라는 정형화된 여성주체를 생산해낸다.

전통적 여성성이 백화점과 같은 공간을 통해 전문적인 소비자로 자리매김되면서 다시 한번 여성이 전통적 여성 역할 수행자로 강화되는 이

지점에서, 우리는 전형적 젠더 차별적 수행자로 잔존하지 않고 살아남아 이 공간을 어떤 방식으로 대안적으로 전유, 혹은 점거할 수 있을까?

상품에 대한 지식이 곧 돈으로 환산되는 사회에서, 실제로 쇼핑은 여성의 여가행위만이 될 수는 없다. 쇼핑은, 일상적인 구매활동은 여성들의 공식적인 활동이 되었다. 따라서 이제 우리는 자본주의 도시공간 속에서 새롭게 나타나는 사적, 공적 공간의 경계변동을 설정하여 백화점을 새로운 공공영역으로 확보해야 한다. 그것은 백화점 형성의 역사를 되돌아 보건대도 가능한 이야기다. 19세기의 서구 남성들은 이미 자신들의 클럽, 술집, 스포츠를 가지고 있었으며, 더구나 그들은 도시의 거리들을 지배했다. 이런 남성에 비해 그때까지 자신들의 공공영역을 확보하지 못하고 있던 여성들은 백화점의 도래와 함께 서로 만나볼 수 있고, 일종의 공공적인 이동의 자유를 경험할 수 있는 공공장소를 획득하게 되었다. 마찬가지로 이제 우리도 사적·공적 영역의 경계들을 동요시키는 방식으로 백화점을 여성의 활동장, 지역문화의 중심지, 문화행사장 등의 공간으로 공공영역화내야 한다. 물론 백화점들은 이미 이런 식으로 영역화되어 있기도 하다. 그러나 우리는 백화점들의 이런 기획 안에서 수동적 소비주체로만 매몰되어 있는 경향이 높다. 해방의 공공영역 공간을 기획할 필요가 있다.

3. 사용가치/기호가치의 접경, 그리고 그 굴곡에서의 실천

우선 특정 백화점 정문에 서보자. 화려한 무대의 전면에 높이 치켜올려진 번들거리는 자줏빛 휘장을 연상시키는 백화점 전면의 장식은 백화점을 들어서는 고객에게 안정된 세계로의 진입을 암시해주는 상징이다. 입장(entrance)에 내재된 상징은 이미 그 자체로 기호가 되어 떠도는데, 이것은 부르주아 계급에의 약속을 단단히 비끌어 매주는 욕구의 발동으로부터, 요동, 승인으로까지의 긴 맥락의 '기호'이다.

1852년 개장한 파리의 봉마르셰(Bon Marché) 백화점이 어떤 외관과 형상을 보였는지 여기서 인용해보자.

> 곳곳에서 물건들은 물건들 자체에 무슨 특질이 있다는 것을 나타내는 장식의 효과를 살리게끔 되어있었다. 실크들이 실크화랑의 벽에서 폭포처럼 늘어져 나와 있었고 리본홀 위로 리본들이 한 줄로 죽 매어져 있었으며 우산들은 색깔과 디자인별로 펼쳐진 채 드리워져 있었다. 백화점 밑에서 구경하는 사람들이 보게끔 매끈하고 화려한 동양제의 양탄자가 걸려 있었다.

오페라 무대 같기도 하고 박물관 같기도 하고 살롱 같게도 느껴지는 백화점의 외관은 이미 상징적 기호가치로 고객을 포섭해 들이는데, 이때 이 외관과 이 공간에 진열되어 있는 상품을 둘러싸고 있는 분위기, 또 그 분위기가 약속해주는 가상이 바로 구매의 조건이 된다. 사용가치와는 구별되는, 실로 그러한 가치와는 다른 위상을 갖는 '기호가치'가 이 공간이 가지고 있는 것들의 모든 외관에 부여되어 있는 것이다.

그럼 백화점 전체를 둘러싸고 있는 이 기호가치의 강화는 어떻게 이루어지는가? 우선 백화점은 시선이 지배하는 공간이라는 점부터 지적해야겠다. 상품들은 누군가가 매개해 주는 설명도 없이, 자기 몸체를 스스로 빛내며 스스로를 드러내는데, 이런 세계에서는 시각적인 것이 모든 것을 지배할 수밖에 없다. 표면적으로는 스스로 드러내는 것으로 보이는 상품들은 실제로는 시각의 전문적 통제에 의해 배열된 것인데, 이 시각적 통제를 통해 백화점은 단순한 상품에 불과한 것을 '볼 만한 상품기호', 혹은 '상징적 상품'으로 변화시킨다. 그런가 하면 미셸 푸코가 말한 바처럼 시각이 지배하는 백화점은 감옥, 공장, 학교 등 다른 근대적 공간들이 가지는 공간 배치와 마찬가지로 피수용자들의 시선을 지배하여 피수용자들이 이들 공간에서 벌어지는 지배를 스스로 내면화하는 효력을 생산해 낸다. 시각을 매혹시키는 것, 권력은 바로 '기술적으로 생산된 미적 외양에 대한 매혹'을 통해서 작동하는 것이다.

백화점에서 행해지는 기호가치의 강화는 또 다른 방식을 통해서도 생겨난다. 백화점에 놓여진 상품들은 스스로 연기한다. 이는 곧 상품(의 배치, 전시)에 서사(narration)를 꾸려 넣음으로써 가능해지는 것인데, 가장 단순한 예를 들자면 멋진 배경을, 이국적인 색다른 배경을 설정하여 상품을 전시하는 방식 등이 그것이다. 또한 이상한 장소에, 기대치 않았던 장소에 상품을 놓아두거나 하여 구매자의 상상력을 발동시키기도 하는 것이다. 상품에 서사가 개입되는 이때 상품에는 그것의 사용가치와는 무관한 기호가치가 덧붙여지게 되는데, 이런 방식으로 상품과 그것의 기호가치 사이에 아무런 연관도 없지만 등식이 성립하게 되고, 그 둘 사이에 형성된 '무의미함' 자체가 오히려 그 상품의 의미를 소통시키는 조건이 된다.

백화점에 가보면, 그곳의 화려함에서 기인하는 것만도 아닌 축제 분위기가 늘상 있다. 이런 축제의 일상화는 이미 생산방식의 변동을 집약적으로 지시해주는 것이다. 기존의 포드주의적 대량생산체제는 소비시장을 만족시킬 만한 디자인상의 유연한 대처를 불가능하게 했다. 포디즘의 이런 문제들로 인해 결국 생산과정에서 경직성 대신 '유연성'이 도입되는데, 이 유연성을 기본으로 한 생산방식을 한마디로 요약하면 '다품종 소량생산'이라고 할 수 있다. 종래 대규모 생산라인에서 소품종을 대량으로 생산하던 것과는 달리 적소(니치, niche)시장에 부응하는 다품종을 소량으로 생산하는 것이다. 이런 생산 형태는 생산에서의 회전시간을 단축하고 가속화하는데, 바로 이 생산에서의 회전시간 가속화는 그에 상응하는 소비부문의 가속화를 수반한다. 말하자면 유연성을 기조로 한 축적(유연축적)이 자본축적의 주된 방식이 되면 자본의 회수방식 역시 즉각적인 형태를 띠게 된다는 말이다. 따라서 지난한 기간을 요하는 상품의 생산에 주력하기보다는 대규모 이벤트나 스펙터클, 페스티벌의 생산에 주력하게 된다. 이런 양상은 작게는 백화점에서 온갖 종류의 이름(예를 들면, '불우이웃 돕기 자선바자', '사계절상품기획전', '향토물산전', '선생님 감사합니다 등등)을 걸고 벌어지는 기획전에서부터 '96 서울 국제 만화 페스티벌', '97 서울 모터쇼', '2002년 월드컵'과 같이 외관상으로 스펙터클의 양상을 띠는 대규모 이벤트들에서 찾아볼 수 있다. 계절이 바뀔 때마다 요란한 제스처나 화보로 신문, 잡지를 장식하는 파리 밀라노 등지의 국제적 패션쇼들, 그리고 그후 일어나는 특정 패션의 유행 역시 말하자면 이런 유연축적에 바탕한 생산, 교환, 소비 방식을 따르는 일례들이다.

위에서 이미 보았듯이 단순한 판매 전략으로만 보였던 백화점 내부의 축제의 상시화조차도 생산방식과 관련된 문제인데, 여기서 가장 주목할 점은 이미 소비가 생산의 조건을 규정한다는 사실이다. 그런데 이 생산의 조건을 규정하는 소비의 가속화는 끊임없는 취향의 변경을 통해 지속될 수 있다. 또한 판매되는 상품과는 아무런 관련도 없는 이미지들을 유포시켜 욕망을 조장해야 한다. 게다가 어떤 의미에서 이미지 그 자체가 상품화되기도 해야 한다. 백화점 역시 이와 같은 방식으로 상품의 기호가치를 강화시키는데, 이런 지적이 중요한 것은 이 기호가치의 강화가 일정한 라이프스타일을 규정하여 개인들을 새로운 주체로 만들어내기 때문이다.

백화점은 소비 자체를 이미 하나의 생활양식으로 만들었을 뿐 아니라, 기호가치의 강화를 통해 어떻게 옷을 입어야 하는지, 가구는 어떻게 배치해야 하는지, 여가는 어떻게 보내야 하는지 등의 라이프스타일을 유포시킨다. 백화점 기획전에서 내놓은 가구로 우리집 부엌과 인근의 누구네 집 부엌이 동일한 모양새를 갖추게 되는 것은 백화점이라는 소비공간이 우리의 일상공간을 분할하고 지배하는 효과로 나타나는 것이면서 동시에 우리의 라이프스타일을 규정하는 효과로 나타나는 것이다.

이제 구매자로서의 우리들은 상품을 둘러싸고 있는 상징적 기호가치와 사용가치의 경계가 서로 범람하고 굴곡되어 있는 접경에 서있다. 정당한 소비가 있듯이 정당한 욕구도 있다. 욕구의 정당한 사용은 일상적 소비생활을 새롭게 조직화할 수 있는 가능성을 잠재하고 있다. 무조건 절제하지 않고, 무조건 금욕하지 않으면서 소비와 어떻게 연계할 것인가를 숙고하고, 우리의 라이프스타일이 소비의 조건에 의해 규정되도록 하지 않고 반대로 우리의 라이프스타일이 소비의 합리적인 양태를 구성하게끔 만들어야 한다. 일방적으로 생산과 분리된 채 소비의 기능만을 담당하기보다는 이제는 다양한 경로들을 통해 생산에 우리의 의사를 반영시키는 '생산소비자(프로슈머, prosumer)가 되어야 한다. 그리고 생산소비자로서의 역할이 관철되는 새로운 공간들을 확보해야 한다. 미흡하기는 하지만 새로운 형태로 떠오르고 있는 생산적 소비방식이 통용되는 소비공간—할인점, 대중양판점(GMS), 회원제창고형도매점, 전문점, 카테고리킬러(디스카운트 전문점)—이 그 예들이 될 수 있을지도 모르겠다. 그러나 무엇보다도 지역성을 대표하는 재래시장을 통한 구매와 그 시장을 중심으로 하는 지역 거주자 중심의 행사 등에 대해서도 주목할 필요가 있다.

4. 글을 맺으며

백화점이라는 소비공간이 공공영역화되거나 될 수 있다는 것은 자본에 의한 공간의 조직화가 때로는 그 장소에 각인된 권력을 파괴하고, 공간을 민주화하는 계기가 될 수도 있다는 것을 암시한다. 그러나 결과적으로 자본은 공간을 상품화함으로써—우리는 그 예를 백화점이라는 공간 자체가 기호가치화되는 것을 통해 보았다—새롭지만 똑같이 억압적인 지리적 체계를 생산해냈다. 영국의 역사−지리학자 데이비드 하비는 이런 사실에서 "공간은 공간의 생산을 통해서만 정복된다"는 명제를 도출하는데, 우리도 백화점이라는 공간을 이런 방식으로 이해하여 그 공간을 언제나 급진적인 방식으로 또다른 공간으로 전화해내야 한다. 그것이 바로 그 공간을 통한 '소비의 정치'를 실험하는 것이기 때문이다. 그리고 그것은 동시에 개인들을 새로운 주체형태로 생산해내는 문화정치에 관여하는 것이 되기 때문이다.

7 　소비공간/일상/주체

어두운 밤, 버스에 몸을 싣고 서울의 서북쪽 '금화터널'을 빠져나오면 저기 남쪽에 '우아한(그레이스)' 자태의, 그리고 머리에는 금관을 둘러얹은 하얀 몸체의 슬림한 '여신' 모습이 보인다. 밤에 본 그레이스(현재는 신촌 현대백화점이다) 백화점의 모습이다. 또 동시에 밤에 본 그 모색은 그 백화점이 상징하고 있는 모든 것의 압축이다. 이 구조물의 야경은 긴 터널을 빠져나와 주위의 어둠이나 밝음이 둘 다 낯설 때 맛본 극적 긴장감 탓만이 아니라, 그것이 가진 위용, 자리잡고 있는 위치, 그것이 전면적으로 내려다보는 어둠에 잠긴 곳곳의 지대들로 인해 자신의 상징을 전유한다. 무엇보다 그것이 내려다보는 그 무수한 동네—이름만으로도 낯익은 신수, 합정, 동교, 신촌, 마포, 대흥, 연희, 모래내, 수색 등등—가가호호에서 잠든 일상인들을 포섭하는 그 드넓은 반경은 그 영향력의 범위를 상징적으로 압축하는 공간적 은유이기도 하다.

처음, 통행인들의 진행을 여기저기서 차단하며 불편한 형체의 골조 공사가 시작될 때, 누구나 그것이 백화점이 되어 들어서면 굉장한 구경거리가 될 정도로만 짐작하고 있었을 것이다. 그러나 이제 한갓 구경거리로만 상상되던 그 몸체는 공간향유 방식의 변화를 통해 인간 일상의 삶을 재조직하는 몸체가 아닌 작동소로 변환되었다. 이제 그 구경거리는 자본주의적 관계가 대중의 일상 속으로 주입되어 작동하는 명시적인 지점들이 되었다는 말이다.

1. 도시화, 그 자본주의 재생산 메커니즘

신촌 부근에서 오래 살았거나 오랫동안 신촌 근처를 오고갈 일이 있었던 사람이라면 지금 현대백화점(구 그레이스백화점)이 들어선 자리를 사적으로 개관해 볼 수 있으리라. 전형적 재래시장, 특히 소위 '미제 물건' 점포가 시장 어느 한 구역을 다소 넓게 점령했고 신촌시장의 명물인 그런 점포를 구경삼아 보려다 약간만 잘못 들어서면 온갖 떡을 촉수 낮은 백열등 아래 솜씨좋게 꾸려놓은 떡집 골목이기가 십상이던 시절을 거쳐, 언젠가부터 '신촌종합상가'라는 멋대가리 없는 간판을 내걸고 시멘트 구조물 속으로 점포들이 포복해 들어갔고, 그레이스백화점의 전신인 '현대슈퍼마켓'이라는 다소 현대적 면모의 쇼핑센터가 시장터에 인접해 들어서면서 조금씩 조금씩 그 형세가 위축되어 가던 상가 시절. 그리고 그후 그레이스의 기초공사가 시작되면서 아예 철거민촌을 연상시키던 나무 판자의 가건물로 몇십년 간의 재래시장의 정통성이 그 명맥을 유지하던 시절이 막 지난 후 그레이스라는 거대한 구조물이 들어서기까지의 경로가 바로 그 '터'의 사적 개관이다. (이후 1998년 그레이스백화점은 거대 재벌 현대가 인수하여 현대백화점 신촌점이 된다. 이 그레이스백화점, 그러니까 10년 이래로 계속 현대백화점인) 이 소비공간은 소규모 상인들의 이윤창출 방식으로부터 거대 독점자본의 최대 이윤창출 방식으로까지 변모해 나가면서 또 동시에 주위의 군소상인들을 합병하고 흡수하고 패퇴시키는 방식을 구사했는데, 이는 그 자체로 한국 자본주의 변천사의 축도라 할 만하다.

각 시기마다의 판매방식, 그리고 이윤창출 방식은 각 시기마다 들어섰던 그 구조물들의 외관만큼이나 차츰 현대화(도시화) 과정을 겪어나갔던 셈인데, 이 과정을 두고 보자면 이같은 공간의 도시화과정은 이미 그 자체로 자본주의의 자기재생산 메커니즘과 결부되어 있는 것이라고 파악할 수 있다. 사실 르페브르가 "자본주의 체제가 도시화를 통하여 그 체제를 유지하고 있다"라고 말한 것은 이 그레이스, 아니 현대 '터'라는 공간을 사적으로 개관해볼 때도 일정하게 들어맞는 말이다.

2. 그레이스, 그 새 공간

1) 그레이스 외부: 동선의 변화 – 소비의 심화

사실 신촌은 서울의 5대 부도심 중 그중 도심과의 거리가 가까웠던 관계로 미아리나 영등포 등지와는 달리 '그레이스'류의 거대 백화점이 필요없었던지도 모른다. 뿐만 아니라 그레이스가 들어서기 전만 하더라도 이 백화점 앞 보행로는 로터리에서 연대 쪽으로 뻗어있는 길과는 대조적으로 통행인들로 심하게 붐비지는 않았다. 그러나 홍익문고 앞이나 크리스탈(지금은 그랜드 마트 신촌점이다) 앞을 약속 장소로 정하던 많은 사람들은 휴식용 벤치가 건물의 일부로 축조되어 있고 장난감 꼬마병정이 들락날락하면서 그들의 약속시간을 일깨워 주는 그레이스라는 동화세계 아래서의 만남을 즐기기로 했는지 모른다. 그레이스 앞 보도─옛날(?)로 치자면 신촌문고 앞 보도─는 지난해 이맘때쯤의 한가함을 상기해 본다면 이제 인산인해를 이룬다고 해야 한다. 사람들이 자발적으로든 무엇인가에 의해서든 약속 장소를 이전해 왔듯이 이 '인산인해'는 이 일대를 지나다니는 사람들의 동선이 바뀐 탓이다. 동선은 그레이스가 지하철 2호선의 신촌역에 그 출입구를 갖다댐으로써, 또 동교동 쪽으로 채 100미터도 못 올라간 곳에 오래전부터 신호등이 가설된 건널목이 있음에도 불구하고 그레이스 바로 앞에 그와 똑같은 건널목을 신설함으로써 건너편의 인파를 이 백화점 앞으로 모셔온 데에서 그 진로 변경이 두드러진다. 이제 이 근처에서는 땅밑으로도 땅위로도 그레이스를 벗어나기란 극히 어렵다. 공간구성이 인간의 행동을 규제하는 메커니즘으로 나타났기 때문이다. 의도된 대로 길을 따라왔건 혹은 일상의 행인들이 '길'이 나있는 대로 다닌 것뿐이라고 생각하건, 그레이스로 인해 생겨났고 또 동시에 그레이스로 결집하게 만드는 동선의 변화는 무엇을 의미하는가? 발걸음이 대체로 대형 구매의 장인 그레이스나 그 근처에 자리해 있는 소비 선진 자본주의의 화신인 KFC(켄터키 후라이드 치킨) 같은 공간 근처에서 맴돈다는 사실로 미루어볼 때, 그 새로운 동선은 소비를 심화시키는 방향으로 구조화되어 있는 것이다.

2) 그레이스 내부: 실제 소비에서 일상의 재조직까지…
그레이스백화점은 "서울의 서북부 지역의 신유통문화 정착을 위해

세워졌고, 또 그동안 '근대적'인 쇼핑시설의 절대부족으로 불편을 겪었던 지역고객을 흡수하는 동시에…".(『한국금융신문』, 1993. 7. 19.) 잠깐 이 문구에서 멈추어 보자. 지역고객의 대종을 이루는 층은 대체로 가정주부이고, 또 그레이스와 같은 지역밀착형 백화점 내에서 이들 가정주부들이 가장 큰 고객인 매장은 슈퍼마켓과 식품매장이라 할 수 있다. 그레이스가 농·축·수산물의 산지직매입을 통해 다양하고 값싼 식품류를 갖추는 데 주력하는 것은 백화점의 근본 성격이 시내 중심가에 있는 롯데 등과는 달리 지역밀착형이기 때문이다. 그러나 박리의 이런 물품들은 백화점 측으로 보아서는 그리 매력있는 것일 수는 없다. 이런 식품류들이 갖가지의 연관구매를 유도하는 경우를 제외하고는 말이다. 길 건너에 '농협'이 있음에도 불구하고 이곳에 재래시장보다 싼값의 배추 등속을 사러왔다면 이 백화점에 들어서는 순간 온갖 의미에서 그 주부는 포로가 되는 셈이다. 걸어서 일층 출입구로 들어왔건 지하로 들어왔건, 에스컬레이터를 타고 오르내릴 때 혹은 엘리베이터를 기다릴 때 그들은 거의 언제나 모든 벽면을 활용한 내부광고지와 눈을 맞추게 된다.(물론 이것은 일간신문 사이에 끼어 아침저녁으로 인근 주민의 집에까지 배달되는 그 전단지이므로 이미 눈을 맞춘 적이 있을지도 모른다.) 이곳 지하 주차장의 비디오는 외국 유명 패션쇼 장면을 끊임없이 보여주는데, 엘리베이터를 기다리며 고혹적 모습의 모델들에 심취해 있다가 엘리베이터가 언제쯤 오려나 확인이라도 해볼라치면 그 굳게 닫힌 엘리베이터 문에도 예외없이 붙어있는 늘씬한 몸매의 모델과 눈이 마주친다. 방금 비디오에서 눈을 뗀 뒤라 그 모델은 그저 붙박이가 아니라 살아 움직인다. 강력하게 구매를 종용한다. "지금 무스탕, 토스카나를 장만해 두세요"라고 때때로 실속가구 제안전도 알리고 있다. 그것이 알리는 정보에 따라 가구를 판매하고 있는 7층에 올라가 보기도 한다. 갑자기 커버린 아이들 책상을 사줘야 하는데…다 낡아빠진 식탁도 올 봄엔 좀 바꿔야 할텐데와 같은 소기의 명분을 가지고 그레이스에서 기획상품으로 내놓은 가구로 우리 집 부엌이 동네 인근의 누구네 부엌과 동일한 모양새를 하게 되는 소이다. 그건 신촌 근방 동네의 각기 다른 재래식 시장에 다니던 동창생들이 장을 본다는 똑같은 명분으로 지하 슈퍼마켓에서 우연히 만나게 되는 이치와 조금도 다르지 않다. 하나의 거대 자본주의 공간이 또 다른 공간—시장이라든가 부엌과 같은 보다 작게 분할된 일상의 공간—을 지배하거나 직조하는 방식의 일단이 드러나는 지점이다.

아까 광고에서 보아두었던 무스탕이나 토스카나를 태나게 입어내기 위해서만은 아니더라도 생활근린시설로 지칭되는 문화센터의 차밍교실에까지 관심이 쏠린다. 배추를 사러온 이런 쇼핑마저도 이제는 일정 정도의 의상과 외모를 요구하기 때문이다. 투명한 전면 유리의 확 트인 커피전문점이 대유행인 것과 당당한 육체들의 전시가 맞물려 들어가는 것과 똑같은 이치로 이런 새로운 구매장에서의 쇼핑 자체가 점점 스스로를 진열하는 행위가 되어가고 있기 때문이다. 백화점 진열대에 스스로를 빛내며 서있는 자본의 상품들처럼.

또 그레이스라는 공간이 한 가족의 일상사를 어떻게 직조해 내는지도 한번 보자. 일요일 오후에 그레이스백화점, 특히 그 지하 1층의 슈퍼마켓에 내려가본 사람이라면 우선 그 수많은 인파에 혀를 내두를 것이다. 매장의 인파를 살펴보면 어린아이를 동반한 젊은 부부들이 눈에 가장 많이 띈다. 젊은 부부 사이에 성행하고 있는 주말 장보기가 한편으로 가족

나들이를 겸하고 있기 때문이다. 그런 장보기는 분명히 주부 혼자서 거의 매일 해야 하는 재래식 시장에서의 장보기와는 다르게 가족생활의 패턴 일부를 바꾸어 놓고 있다. 강남 지역의 이름난 아파트단지에서는 일반화된 가족생활의 패턴으로 이미 오래 전에 자리잡았을 터인데, 그레이스의 등장은 바야흐로 서울 서북부 지역 주민들에게도 이런 생활양식을 대단위로 유포시킨다. 대형슈퍼마켓에서의 그런 장보기는 일주일간 먹을 식료품 운반을 위한 자동차를 필수로 한다. 그런 용도로 쓰이는 개개인의 자동차가 매개가 되어 그레이스는 그야말로 신촌을 중심으로 한 서울의 서북부 지역 주민을 그 판매 대상으로 삼을 수 있게 되는 것이다. 글의 서두에서 밝힌 그레이스 영향력의 반경은 이런 자동차의 개입으로 가능해지는 부분이다.

위에서와 같은 서술은 공간이 인간 삶에 침투해 들어와 미세하게 작동하는 현상적 예를 들은 것에 불과하다. 그러나 그런 생활의 경험과 그로 인해 생겨난 의식은 그들을 새로운 형태의 주체로 만들어버린다. 이제까지 본 바와 같이 그런 주체는 대부분 자본주의 전체제에 순응하는 주체이다.

3) 외부와 내부의 변증: 공간모순 – 계급모순

"큰 손님은 다 거기루 갔지요" 하고 허두를 떼는 모래내 시장 생선 상인 아주머니의 말을 끌어오지 않더라도 그레이스가 들어서는 과정에서나 들어선 연후 주변의 상권은 분명히 재조직되고 있다는 것을 느낀다. 그레이스의 등장 이후 상품을 80% 이상이나 싸게 파는 이벤트 전문 백화점으로 전락해버린 크리스탈, 더욱 매기가 없어져버린 다주상가 등이 그 재구조화의 한 양태를 보여주는데, 이는 그레이스와의 대척지점에서 여지없이 무너진 경우이다. 여기에서 공간모순이 일어난다. 이 공간모순은 바야흐로 이 일대의 상권이 거대 독점자본에 의해 재편되면서 더욱 심화되었는데 그 심화는 또 동시에 계급모순을 야기한다. 또한 그 재편의 범위가 크리스탈이나 다주상가 정도를 포괄하는 너비가 아니라 우뚝 선 그레이스가 내려다보는 반경만큼이나 확대되어 있는 만큼 공간모순, 계급모순은 사실 이 일대 지역 모두에서 일어나고 있는 것이다. 군소 상점의 판매 부진과 그 상점의 패퇴가 끊임없이 이어지고 있다. 이 모순은 그레이스 외부에서만 일어나고 있는 것은 아니다. 지하철 2호선 통로와 연결된다는 점 때문에 그리고 기획된 젊은이들의 문화공간이라는 점 때문에 늘 붐비는 지하 2층 '영플라자'로 가보자. 이 지하공간 한쪽에 '미제물건' 점포가 쭉 늘어서 있는데 이 점포들은 영플라자와 전혀 어울리지 않는다는 점에서 오히려 눈에 띈다. 이 점포들은 대체로 그레이스가 들어서기 이전부터 이 그레이스 터에서 장사를 해오던 상인들에 의해 운영되는데, 쇼핑객으로 붐비는 전체 공간에서 유난히 매기가 없는 듯이 보인다. 이곳은 전자본주의나 초기자본주의 형태가 거대 독점자본에 밀리고 있는 형국을 함축적으로 상징하는 것 같으며 동시에 그 자체로써 내부 공간모순의 양태를 보여주기도 한다.

각 공간은 실제로 임의적으로 분포하는 것이 아니라 지배적 생산관계에 의해 빚어지는 사회계급 구조의 위계를 반영하면서 구조화된다. 그레이스의 안팎에서도 보았듯이 동시에 공간은 그러한 사회관계의 불평등을 재생산하고 심화시키는 장이다. 즉 자본주의(적) 공간은 늘 자본주의 생산관계를 재생산하는 쪽으로 조직화되며 재구성된다는 말이다. 그런데 이러한 착취와 지배는 단지 도시의 한 공간을 점유하는 것만으로도 충분히 가능하다. 특히 전혀 은폐되어 있지 않은 전형적 자본주의 공간인 '백화점'의 경우 그런 착취와 지배의 관계가 당당히 공인마저 받고 있는 공간인 것이다.

3. 글을 맺으며 – 공간/변혁

그레이스가 들어섬으로써 신촌은 명실공이 소비의 메카로 부상한 듯하다. 홍익문고 앞을 약속장소로 삼던 무리들이 그레이스백화점 정문 앞을 점거한다. 상대방을 만나기 위해 서성대다 한 권의 책이라도 들척이던 성향에서 이제는 거대 소비공간의 쇼윈도를 들여다보는 종족으로 변태되어 가고 있다. 이건 단순한 비유로 보이건대 앞으로의 신촌 모습의 축도를, 그 지역을 배회하는 종들의 모습을 예시하고 있는지도 모른다. 어떻게 바꾸어내야 하는가?

그레이스를 분석하는 이 글을 통해 우리는 생산관계의 재생산이 공간에 의해 형성되고 또 심화될 수 있음을 보았다. 따라서 공간을 누가 차지하는가가 중요한 문제로 떠오르게 된다. 91년 5월의 신촌로터리를 상기해보라. 그때 그 장은 분명 변혁의 장이었고 인간에게서 인간이 배제되지 않는 공동체의 장이었다. 그 장을 소비의 장으로 온전히 넘겨줄 것인가 말 것인가에 대한 결단은 분명 생산관계 재생산에 대한 숙고와 새로운 공간실천의 임무와 맞닿아 있다.

제 3 부

여성과
이데올로기
국가장치

8 광고/여성/주체

1. 광고에서 주체가 왜 문제되는가?

"주부는 역시 좋은 정보에 빨라야죠." 시린 치아를 위한 치약 광고 카피이다. 정보에 빠른 주부로 외양을 꾸민 탤런트 겸 MC인 오미희가 옆모습을 보이면서 화면에 등장한다. 연극이 시작될 때 비어 있는 무대에 주인공이 등장하듯 비중을 가지고 그 모습을 드러낸다. 이 등장 모습은 대개의 광고들이 자연스럽게 시작되는 데 반해 다소 경각을 일깨우는 장면으로 처리되어 있다. 따라서 독자(그 광고를 읽는다는 의미에서)들은 은연중에 긴장하게 된다. 여기서 나오게 될 말이 상당히 중요한 말이라는 것을 직감적으로 느끼기 때문이다. 그 주부는 소파 언저리에 살짝 걸터앉으며 입고 있는 흰 블라우스의 소매를 살짝 걷어붙인다. 그리고 그 흰 블라우스와 짝을 이루는 것처럼 보이는 치아를 드러내면서 "주부는 역시…"를 말한다.

간단한 이 광고 카피를 통해 몇 가지 이야기를 해보자. "주부는 역시 좋은 정보에 빨라야죠"라고 말했지만 주부가 '역시' 좋은 '정보'에 빨라야 할 필요는 없었다. 밥 짓고 빨래하고 아이들 돌보고 남편 뒷바라지 잘 하는 것을 천직으로 삼은 전통적인 주부상에 비쳐본다면 그렇다는 말이다. 그러나 시린 치아를 미리미리 예방해서 치과에 갈 필요도 없이 만드는 현명한 주부라면, 가족의 건강을 세심하고 광범위하게 돌보는 능력있는, 또 이러한 소양으로 하여 시대에 걸맞은 현대적인 주부라는 명칭이 어울릴 만한 주부라면 "역시 좋은 정보에 빨라야죠"다. 이제 이 말은 당연한 것처럼 들리기도 한다. 그러나 정말 그런가. 이 카피의 "역시"라는 표현은 주부라면 누구나 그리고 당연히 이런 정보에 빨라야 한다는 것을 강제한다. 물론 이 강제성은 아주 세밀하게 은폐되어 전혀 그렇게 보이지 않기 때문에 주부들은 이제는 좋은 정보에 정말 빨라야겠다고 스스로 자진해서 이런 생각을 가지게 된 것 같은 착각에 빠진다. "빨라야죠"의 종결 어미 "―야죠" 역시 마찬가지이다. 정보에 빨라야 한다는 것이 아주 당연하다는 듯이 결정짓는 이 어미는 실제로 그 의미를 자세히 뜯어보면 분명히 이런 정보에 빠르지 않은 주부를 무능력한 주부로 괜찮은 현모양처 집단에서 배제시켜 버리는 효과마저 발휘한다. 말하자면 이런 표현은 이 광고 카피가 설정한 세계 안에 예외 없이 모든 주부를 몰아넣는 효과를 가진다는 말이다. 그런 효과로 인해 이제는 주부라면 당연히 이렇게 좋은 정보에 빨라서 가족들의 건강을 구석구석까지 살펴야 하지 않을까라는 생각이 그 광고를 보고 듣는 사람들에게 아무런 장애 없이 받아들여진다. 이제 이 현대판 주부이데올로기가 유포되어 이런 생각을 당연시 여기는 사람들이 존재하게끔 된다. 말하자면 이런 이데올로기에 의해 이런 생각을 가진 여성주체가 생산되었다는 말이다.

알튀세르는 이것을 「이데올로기와 이데올로기 국가장치」에서 "이데올로기는 개인들을 주체로서 호명한다'라는 말로 명제화시켰다. 주체는 자신이 주체—즉 스스로 결정하고, 스스로 자유를 구가하는 주체—라고 믿는 존재이나, 기실 이와 같이 이데올로기가 작동되고 있는 과정 속에서 만들어지는 것일 뿐이다. 실제로 이데올로기를 허위의 개념으로, 근거 없는 의식의 의미로 해석한다는 것은 오류이다. 그것은 현실성을 지니며, 그러므로 "실재하는 가상"[1]이다. 그것이 가상이면서 실재할 수 있는 것은 그것에 의해 작동되는 주체를 만들어내기 때문이다. 그리고 그 주체는 동시에 그 이데올로기를 수행하는 수행적 주체가 된다.

이제 여기서 서두에서 던졌던 첫 번째 물음, "(광고에서) 주체가 왜 문제되는가?"로 다시 돌아가야겠다. 이데올로기에 의해 생산되고, 또 그것에 의해 작동되는 주체는 바로 지배구조의 재생산과 깊은 관련을 가진다. 왜냐하면 재생산은 반드시 그 일을 담당하는 주체의 형성을 필요로 하기 때문이다. 이제 다음의 말을 명제화해도 될 것 같다. '모순된 지배구조의 재생산은 이데올로기에 의해 생산된 주체에 의해 항상 지속적으로 일어난다.'

그런데 또 그 주체는 담론 과정을 통해 형성되는 것(사실 담론 과정은 의미생산 과정일 뿐만 아니라 주체형성 과정이기도 하다)이며, 앞에서

1_ 볼프강 프리츠 하우크, 「이데올로기 이론 개요」, 미술비평연구회 엮음, 『상품미학과 문화이론』, 눈빛, 1992, 164쪽.

예로 든 광고에서도 확실히 보았듯이 이데올로기에 의해 생산되고 있다. 따라서 미셸 페쇠((Michel Pêcheux)도 말한 바 있듯이 그 과정을 통해 주체를 형성하는 담론은 반드시 이데올로기적 성격을 띨 수밖에 없는 것이다. 담론이 이데올로기적 성격을 띤다는 것은 그것이 계급투쟁과 관련된 특정한 입장의 주체들을 생산한다[2]는 말이다. 치약 광고 카피를 다시 떠올려보자. "주부는 역시 좋은 정보에 빨라야죠." 앞서도 말했지만 이제는 당연한 것처럼 들리기도 하고, 우선 그 이야기를 들었을 때 그 주부가 흘리는 소위 이 '정보'가 모든 계급의, 계층의 사람들에게 다 개방되어 있는 듯하다. 정말 그런가. 여기서 말하는 '주부'는 말하자면 가족의 건강을 세심하게 돌보는 데 필요한 '정보'를 빨리 수집할 수 있을 만큼 우선 시간이 넉넉해야 한다. 그리고 그런 정보를 듣고 그 정보에 따라 움직일 만한 재화 역시 넉넉해야 한다. 이렇게 보면 그 정보는 시간이나 돈 또는 그밖에 자본주의에서 좋은 것이라 칭할 만한 여러 가지를 가진 사람에게만 '정보'이다. 이런 것을 두고 볼 때, 이 담론은 결국 생산계급의 입장을 배제한 우파의 담론이다. 우리가 느끼고 있지 못하는 사이에 이미 그 담론 안에서 일어났던 계급투쟁의 결과로 생산자의 입장은 전면 배제당하고 결국 어느 한 쪽의 입장만을 나타내는 것으로 귀결되었다. 자본주의 담론 중 특히 광고담론은 이처럼 계급사회의 생활과 경험을 무계급적인 것으로 꾸며냄으로써 실제로 현실에서 일어나고 있는 계급투쟁을 이미 끝난 것으로 치부하는 효과를 생산해낸다.

이제까지 이데올로기로부터 주체, 주체에서 재생산 문제로, 담론으로, 또 거기에서 계급투쟁까지의 긴 경로를 밟아왔다. 그럼에도 불구하고 첫

2_ 강내희, 「언어와 변혁」, 『문화/과학』 2호, 1992년 겨울, 33쪽.

번째 물음, 즉 "광고에서 주체가 왜 문제되는가?"에 대한 우리의 답변은 아직도 불충분하다. 주체 문제를 광고와 관련해서는 말하지 않았기 때문이다.

알튀세르는 자본주의 사회구성체의 생산관계들, 즉 피착취자의 착취자에 대한 그리고 착취자의 피착취자들에 대한 관계들이 대부분 재생산되는 것은, 바로 지배계급의 이데올로기의 집단적인 주입 속에 둘러싸인 몇몇 노하우들을 견습함으로써[3] 가능하다고 말했다. 광고를 현대사회의 이데올로기이며 상부구조라고 한 르페브르의 말을 인용하지 않더라도 그 몇몇 노하우들 중 광고를 포함시키는 것이 불가능하지는 않을 것이다. 이제 현대에 와 주요한 주체형성 기제가 된 광고는 그 중 가장 일상적으로, 그 중 장애없이 주체를 생산해내고 있다. 이제야 이 글에서 우리가 하고자 하는 작업을 분명히 밝힐 수 있겠다. 즉 지배의 관건을 이루고 있는 생산관계의 재생산이 언어를 통해 구체적으로 어떻게 관철되고 있는지 살펴보는 작업을 수행함으로써 동시에 주체 문제에 대해 탐구해 보려고 한다. 이 두 가지 목적을 동시에 충족시키는 작업은 주체가 일상적으로 장애 없이 형성되는 장소인 광고담론을 분석함으로써 가능할 것이다.

2. 주체생산

아주 상식적인 이야기라서 거론할 필요도 없긴 하지만, 광고 담론은 다른 어떤 담론과도 비교되지 않을 정도로 '직접' 자본의 무한증식에 관

3_ 루이 알튀세르, 「이데올로기와 이데올로기적 국가장치」, 『아미엥에서의 주장』, 김동수 옮김, 솔출판사, 1991, 101쪽.

련되므로 가장 자본주의적 담론이라고 할 수 있다. 그런 만큼 그 담론들이 생산해내는 주체 역시 이런 자본증식력을 발휘하도록 구조화되어 있어야만 한다. 이 말이 적용될 수 있는 범위는 광고를 통해 형성된 주체가 발휘하는 자본증식력에 국한되는 것만이 아니라, 오히려 광고에서 생산해내는 주체의 여러 유형들이 결국 어떤 메커니즘에 의해 생산되는가 하는 문제에까지 걸쳐져 있다. 이것은 곧 주체가 생산되는 방식에 관련되는 문제이다.

이미 작년, 재작년 이야기인데, 연극배우 윤석화가 감각적인 육성으로 커피광고 카피를 내보냈다. "여자와 커피는 부드러울수록 좋은 거 아니에요"라고 현대 무용의 전형적 복장으로 보이는 검은 타이즈와 역시 타이트하게 몸에 달라붙는 타이즈와 같은 질감의 동색 상의 차림으로, 마치 방금 가벼운 무용 동작을 끝낸 것 같은 부드러운 몸짓으로 "알고 보면 저도 부드러운 여자예요"를 덧붙인다. 독신으로 살아가는 (물론 이제는 아니다) 이 연극배우의 마지막 카피는 마치 구혼의 말처럼 들리기도 해서 그 광고를 보는 뭇 여성 내지는 그 여배우 또래의 기혼의 중년여성들에게 알지 못할 우월감 내지 안도감을 가져다주었다. 나는 부드럽기 때문에 여자답다든지, 독신 여성으로서 나름대로의 독자적 세계를 가졌던 것처럼 보였던 저 연극배우도 이제 와서 저런 소리를 하는 것 보니 "역시 여자란 부드러워야 해!" 하는 일종의 평소의 생각, 믿음이 다시 굳건하게 확인된 까닭이다. 이 이데올로기는 부드러운 여성주체, 순응하는 현모양처들을 안심시키면서 그네들이 이제까지 지켜왔던—여기에는 자주적으로 현모양처 입장을 고수한 경우도 있겠고 그 반대의 경우도 있을 수 있는데—현모양처 이데올로기에 대한 의

구심을 일시에 제거해 주면서 그것을 더욱 굳건하게 하여 서슴없이 그런 여성주체를 양산해내는 효과를 가진다. 이런 이데올로기를 통해 자기 스스로 나는 그런 존재지, 나는 원래 여자지, 나는 이러이러한 여자구나라고 생각하는 주체가 형성된다. 뿐만 아니라 평소에 자신이 가지고 있던 여자라는 존재에 대한 생각을 지원해주는 존재로서 주체가 형성된다.

이제 이 장에서 하고자 하는 이야기를 좀 더 심화시켜 보자. 그 이야기를 위해 불가불 윤석화 등장의 커피 광고를 또 다시 예로 들어야겠다. 위에서 예로 든 커피광고의 후속편으로 "여자는 늘 변화를 원하잖아요. 맥심 모카 골드 커피처럼…. 커피와 여자는 새로워질수록 끌리지 않아요"라는 카피가 나왔다. 이제 커피 광고는 '부드러운 여자'에만 머무는 것을 거부해야 함을 가르친다. 사람들이 매력적이라고 생각하는 여자는 과감하게 변화를 추구하는 혁신적인 여자이기 때문이다. 이건 물론 광고 카피가 지시하는 세계에서는 그렇다는 말이다. "여자는 늘 변화를 원하잖아요…"라고 말할 때, 이미 그 "여자는 늘 변화를 원하잖아요"는 기정사실인 것처럼 되어 있고, 그 광고를 보고 듣는 사람들에게 다시 한번 다짐을 받는 정도의 의미만을 가진다. 광고 카피가 이런 식으로 구조화되어 있어, 이제 새로운 여자일수록 끌리지 않아요라고 되묻는 광고카피 앞에서 그 의미를 거역하기란 참 어렵다. 이런 결과로 이제는 여성들 스스로가 사람들이 매력적이라고 생각하는 여자는 늘 변화를 추구해서 새로워진 여자라고 생각하게 되지 않을까. 그리고 그 생각은 늘 새로워져야지라는 각오도 갖게 해주리라. 이렇게 하여 광고 내에서나 하나의 카피로 통용되던 생각들이 광고 담론의 효과가 생산해낸 여성주체—이제 그런 생각들을 당연시 여기는—로 인해 광고 밖에서도 통용된다. 즉 광고담론의 효과로 (또 다른) 이데올로기가 가동되면서 새로운 주체가 생산되고 또 그 생산된 주체에 의해 그런 내용의 이데올로기가 유지된다는 말이다.

지난 번에 종용하던 현모양처 이데올로기와는 온전히 상반되는 이데올로기가 생겨난 셈인데, 이제 그것이 설득력을 가지고 그런 이데올로기를 가진 주체를 생산해낼 수 있었던 점에 대해 이야기를 해보자. 이건 대체로 주체의 강화력에 관한 이야기로 요약될 수 있겠는데, 일련의 이 커피 광고 모델로 나온 연극배우에 초점을 맞추어 보자. 독신 여성으로서 나름대로의 독자적 세계를 가진 것처럼 보였던 그 연극배우가 "알고 보면 저도 부드러운 여자예요"라고 반전을 시도하는 통에 많은 여성들이 자신들이 가지고 있던 이데올로기를 강화시켰다는 말은 이미 위에서 했다. 김혜자 같은 인물이 이런 발언을 했을 때의 효과를 상정해 본다면(아마 현모양처 이데올로기는 '식상한' 주제로 떠오를 것이다), 이런 인물 상정이 탁월하다는 것은 누구나 수긍할 바다. 그 연극배우의 기존의 이미지가 훌륭하게 기능을 발휘한 셈인데, 광고를 보는 사람에게는 그런 과정들이 언제나 은폐되면서 여기에서 가치로 부상한 것이 이데올로기로 자연화되고 있는 것이다.

이제 이렇게 형성된 주체는 새로운 내용의 이데올로기에 의해 지금까지와는 또 다른 주체를 만들어낸다. 윤석화는 다시 이야기한다. "저요? 제멋대로죠 뭐…떠나고 싶으면 떠나고 쉬고 싶으면 쉬지요…자유로운 거, 그게 바로 나예요." '세무와 화장품 광고'이다. 나의 존재는 '자유(로움)'와 동일한 정체성을 이루는데, 이 자유로운 여성이 추구하는 가치는 현모양처가 추구하는 가치와는 가장 극단에 서있는 듯하다. 현모양처 이데올로기를 거쳐, 변화를 추구하는 여성이 최고라는 가치를 경유해 이제는 일상의 모든 구속을 벗어난 자유로운 여성이 최상의 가치로 추구되고 있다. 바로 앞에서 새로운 내용의 이데올로기에 의해 또 다른 주체가 만들어진다고 했는데 이 광고에서는 그 주체형성 과정이 상당히 순조롭다고 느껴진다. 그것은 비록 다른 영역이기는 하지만 앞선 커피 광고의 담론들이 만들어놓은 이데올로기들이 이미 자연화되었기 때문이다. 물론 다른 광고에서 형성된 이미지도 넘나들면서 차용된 까닭이고, 그 여배우의 캐리어 동원이라든가 사생활—연극 공부를 위해 뉴욕으로 떠남 등등이 이 화장품 광고의 카피 내용과 일맥상통하여 상황을 탄탄히 받쳐준다는 점—등이 복합적으로 작용했다는 것도 덧붙여야겠다.

우리는 이제까지 간단한 세 편의 광고를 통해 주체가 어떻게 형성되는지, 보다 세밀히 이야기하자면 다양한 이데올로기가 다양한 형태의 주체를 생산해내는 것을 본 셈인데 다음에서는 동일한 주체 형태 내에서도 이데올로기가 작동되는 범주 내용에 따라 다양한 주체가 성립되고 있음을 보이겠다. "나는 왜 이 맛이 안나지—백설표 다시다"의 손숙이 그리워하는 "끼래주까?" 물어보는 '어무이', 그 어머니가 표상하는 그리움이라는 정서. "정보에 빠른" 주부로 표상되는 현대판 주부를 부추기는 주체형태가 있는가 하면 이렇게 정보 빠른 주부와는 반대의 극에 서있는 것 같은 전통적 어머니라는 가치가 생산해내는 주체도 공존한다. 윤석화가 등장하는 위의 광고들이 보여준 것처럼 동일해 보이는 주체의 변신—나는 오히려 이 경우 주체의 변신 대신 주체의 '번식'이라는 말을 쓰고 싶은데, 그것은 이데올로기가 만들어내는 주체 형성의 대단한 생산력 때문이다—만이 소비자본주의의 주체생산 방식은 아니다. '어머니'라는 한 주체 대상을 놓고도 동시에 여러 형태의 주체가 가능하기도 하다. 지금까지 언급한 것만으로도 광고에서는 다양한 주체들이 동원되고 생산되고 있음을 알겠다. 주체들의 이 다양성은 어떤 효과를 가질까? 중구난방 혹은 무질서? 아니면 상호대립—A형태의 주체와 B형태의 주체 간에 존재할 수 있는 대립—? 혹은 모든 주체들을 일정한 관계의 망 속에 집어넣는 메커니즘이 있을까?

그런데 이렇게 다양한 형태의 주체가 광고에서 생산된다 하더라도 그 형태가 지속되는 경우란 거의 없다. 사실 계급사회에서 관찰되는 이데올로기적 형식은 단지 일시적인 필요일 뿐이다.[4] 그 '필요'는 어떤 필요인가? 그 물음에 대한 답변은 동시에 이 글에서 던진 첫 번째 물음, 즉 광고에서 주체가 왜 문제되는가?에 대한 답변도 될 수 있다. 물론 앞에서 한 답변보다 더 직접적이고 단순한 답변이기는 하다. 이제까지 예로 든 일련의 광고에서 보듯 자본 측에서는 이런 식으로 자꾸 주체를 만들어내야만, 어떤 계기에 의해서든 다양한 주체를 만들어내야만 지속적으로 상품을 팔 수 있기 때문이다. 주체의 탄탄한 '번식'력만이 생산양식의 끊임없는 재생산을 보장해준다. 말하자면 자본은 그런 주체의 생산을 통해 그런 세계가 친근해 보이고 좋아 보이고 당연하게 여기도록 만들어 모순된 지배구조를 온존시킨다는 뜻이다.

3. '동일시' 주체

이국의 바닷가에서 보내오는 윤석화의 '세무와 화장품' 메시지에서

4_ 하우크, 앞의 글, 178쪽.

는 계절을 앞당겨 사는 자산 소유의 부르주아적 냄새가 묻어온다. 거기에서 추구하는 자유란 기껏해야 자기 감정의 충족에서 확인될 수 있는 적당한 정도의 것일 뿐, 체제의 근본적 변혁이 가져오리라고 보이는 '자유'와는 현격한 거리를 두고 있다. 영화배우 안성기가 아늑해 보이는 창가의 커튼을 젖히는 대단히 정서적 자세를 취하며 안정된 어조로 "나만의 시간을 향기로 채워주는 커피가 있다"라고 이야기할 때 역시 윤석화 등장의 화장품 광고에서처럼 부르주아적 주체가 자기정체성을 확립한 듯이 보인다. 이런 효과는 이 광고 모델들이 자본주의체제에 힘입어 쌓아놓은 캐리어나 그들의 유명세 덕분에 십분 더 잘 발휘되기도 하거니와 이런 효과를 이미 충분히 감안한 광고주로 대변되는 자본의 전략상의 성공이기도 하다. 실제로 윤석화가 자신의 육성으로 담아내는 광고 카피의 내용은 '다소' 반항적임에도 불구하고 모델 선택, 그 모델들의 어조, 태도 등 모든 것이 어우러진 상태에서는 자본주의에 순응하는 결과로 보여지고 있다. 이런 광고들이 보여주는 주체는 미셸 페쇠의 설명을 빌리자면 '동일시'(identification)[5]의 모습이다. 이런 광고의 효과로서 생산된 주체는 지배구조의 재생산을 항시적으로 보장하는 데 기여하는 주체이다.

우리는 서론에서 담론이 이데올로기적 성격을 가진다고 했는데, 여기에 덧붙여 이야기할 것은 뿐만 아니라 담론은 구성체의 성격을 가진다는 점이다.(담론이 구성체를 이룬다는 것은 그것이 일정한 체계에 따라

5_ 미셸 페쇠가 분류한 주체형태에 관해 좀 더 이론적으로 접근하려면 다음 책들과 글이 참고가 될 것이다. M. Pêcheux, *Language, Semantics, and Ideology* (New York: St. Martin's Press), 1982, pp. 155-170; 다이안 맥도넬, 『담론이란 무엇인가』, 임상훈 옮김, 한울, 1992; 강내희의 앞의 글, 11-46쪽.

의미를 생산하는 과정을 거친다는 말이다.)⁶⁾ 그리고 이 담론구성체를 지배하는 것은 부모나 신, 민족, 국가와 같이 절대적 권력을 가진 보편주체 또는 대주체이다. 이런 대주체를 자생적으로 그대로 반영하며, 자신이 속한 담론구성체 내에서 통용되는 의미를 자명한 것으로 받아들이는 주체의 입장이 바로 '동일시'이다. 현모양처 이데올로기나 가족이데올로기에 의해 생산되는 주체와 같은 것들을 이런 동일시 주체의 비근한 예로 들수 있다.

1) 동일시 주체 1: 체제와의 병렬

우선 동일시 주체의 전형부터 이야기해야겠다. "옷 잘 입는 남자가 큰 일을 한다." 최근에 나온 광고 카피 중 상당히 재미있게 들리는 것이다. 이 카피의 뜻을 쉽게 이해하기 위해 위의 강조 어구보다 작은 활자로 처리되고 있는 이 광고의 다른 카피 "신사가 되려면, 성공하려면, 꼭 보고 또 봐두어야 할…보스렌자만이…"를 예시해야겠다. 그리고 그 광고에는 '옷 잘 입는 것'이 무엇인지 알기 쉽게 여러 문구도 적혀있다. 가령 "바지를 잘 입는 법"에서부터 "수트와 셔츠, 타이를 조화시켜 연출하는 법", "결혼식, 파티에서의 옷차림" 그리고 "신사의 예절…"이라는 항목까지.(이상 "완성된 남자의 편안한 기품―보스렌자"의 광고 문안은 1993년 4월 16일자 『중앙일보』 참조) "현대의 뛰어난 남성은 까다롭다. 그는 어떤 과오도 용납하지 않으며 어떤 자질구레한 것도 무시하지 않는다. 그는 수동적으로 또는 자연의 은총에 의해서가 아니라 뛰어남의 행사를 통해「선택한다」. 중요한 것은 두각을 나타내는 것"⁷⁾이기 때문이다. 보드

6_ 강내희, 앞의 글, 33쪽.

리야르에게서 인용하고 있는 이 문구가 바로 "옷 잘 입는 남자가 큰 일을 한다"의 의미를 보다 잘 설명한다. '뛰어남의 행사'란 옷을 잘 입는다는 것일 테고, '두각을 나타낸다'란 말하자면 '큰 일'을 하는 것일 테니 말이다. '진정한, 혹은 '이상적인' 남성형의 이데올로기적 의미가 바로 이 광고 문구에 가로놓여 있다. 그러나 이 담론을 면밀히 뜯어보면 오히려 부르주아 계급을 지배하고 있는 대주체들이 보여주고 있는 남성 이데올로기가 발현되고 있음을 알 수 있다. 이제 개개의 '주체들'은 큰 일을 하기 위해서라도, 두각을 나타내기 위해서라도 옷을 잘 입어야 할 것이다. 급기야 이 담론은 그 이데올로기적 효과로 부르주아 질서에 자발적으로 스스로를 종속시키는 '주체들'을 생산하고 있다. 바로 이런 주체가 동일시 주체이다.

광고 담론은 가장 자본주의적 담론, 그러면서 그것을 고도로 은폐해야 한다는 점에서 이데올로기를 더욱 자연화시켜야 할 필요가 있는 담론이다. 따라서 그 어떤 담론에서보다 광고에서는 명제적 표현이 많이 나온다. 가령 "남자는 향기에 약해요", "남자는 분위기에 약하다구요", "가구는 여자예요", "주부는 역시 좋은 정보에 빨라야죠", "주부는 행복해요", "생활을 가꾸는 여자가 아름답다", "시간을 아끼는 여자가 아름답다", "주부는 가정의 연출자예요", "그녀는 프로다, 프로는 아름답다", "표현에 강한 여자가 아름답다" 등등. 이런 명제적 담론 형식이 구성하는 효과는 "시간은 금이다"," 백지장도 맞들면 낫다" 등속의 속담이나 격언들이 가진 것과 같은 일종의 자명성을 생산해내는 데 있다. 이런 점에서 사실 속담이나 격언과 같은 것은 현대 신화의 일종이며, 애매모호

7_ 장 보드리야르, 『소비의 사회』, 이상률 옮김, 문예출판사, 1991, 131쪽.

함과 여타의 가능성을 일소해버린 영역인 이데올로기와 비슷한 구석이 있다. '시간을 아끼는 여자'가 꼭 아름다울 까닭도 없는 것이고, '프로'가 아름다울 필연성이 있는 것도 아니다. 그러나 그 담론들이 이렇게 속담이나 격언식으로 명제화되었을 때 우리는 그것에 대해 별다른 의구심도 갖지 않는 것이 예사다. 그런 형식을 취함으로써 이데올로기와 같이 자연화되었기 때문이다.

그런데 위에서 예로 들었던 상당수의 광고 담론들을 가만히 들여다보면, 대체로 남성 이데올로기, 주부 이데올로기, 가족 이데올로기, 이 말이 가능할지 모르지만 '여성'—크게는 '젠더' '차별'적 이데올로기이지만—이데올로기를 각각 개별적으로 구현하고 있다는 것을 발견할 수 있다. 말하자면 각각의 광고마다 그 공략 대상을 세분화 혹은 전문화시켰다는 말이 되겠는데, 그거야 상품의 용도나 특성과 관련된 기능적 차원의 일이라서 언급할 필요가 없는 이야기로 보일 수도 있겠다. 그러나 이런 대상 세분화 경우, 광고는 통상 각자의 역할에 충실한 인간형을 그려내거나, 전통적 젠더 역할에 충실한 주체를 특징적으로 생산해내는 데 기여하게 될 것이다. 말하자면 각각의 젠더나 주체 위치에 동일시하는 주체를 만들어내는 데 상당히 기능적으로 작용하게 된다는 말이다. 주부, 그 주부와 짝을 이룰 법한 '옷 잘 입는 유능한 남성, 자기 일을 가진 캐리어 우먼인 미혼(혹은 기혼) 여성, 국제화 시대라는 캐치프레이즈에 걸맞게 유복한 모습으로 주로 외국인과 함께 등장하는 대학생군(이 대학생군에 대해서는 아래에서 좀 더 자세히 서술하겠다) 등등. 그런데 맑스도 이야기한 바 있지만, 인간의 본질이라는 것은 개인에게 선천적인 것이 아니고 오히려 그 실제에 있어서 무언가 외적인 역사적인 것, 즉 사회관계의 총체이다.8) 따라서 개인들이나 계급들이 지닌 생활의 필요라 할지라도, 인간의 역사는 언제나 사회의 역사로 이해되어야 한다. 그럼에도 불구하고 광고에서 각각의 직능에 강조점을 두고 기능이나 젠더 역할에 충실한 인간으로 표현하는 이유는 무엇일까. 사회의 생활 조건에 대한 공동체적─합의적 통제의 의미에서 인간의 자기사회화가 불가능한 개체적 주체로 만들어 버리려고 하기 때문이다. 그리고 그 대신 이데올로기로 하여금 인간들이 할 수 있는 사회화 역할을 위계 질서지운다. "이데올로기는 정신적인 것이 아니다. '사회관계의 총체'와 그러한 관계에 대한 통제에 개인들이 참여하는 방식을 변형시키는 것이며 특정하게 조직하는 형태로서, 아니면 적어도 개인들을 그러한 관계 속으로 통합하는 것으로 이해해야 한다."9) 이런 식으로 이데올로기에 의해서만 주체가 사회화 역할을 하게 만들고, 그리고 정작 그 메커니즘은 은폐하고 개인들을 개개의 주체로만 표현하는 광고는 그 이데올로기적 효과로 지배구조를 온존시키는 동일시 주체만을 생산해낸다.

이제까지 본 바로는 동일시 주체는 그 주체 개념이 이미 체제에 순응하는 것으로 이해된 까닭에, 기성세대를 그 공략 대상으로 삼은 광고에서만 나타나는 것처럼 보였다. 그럼 젊은이들을 주요 대상으로 하는 광고에서는 이런 동일화된 주체의 모습은 나타나지 않는가? "다만 바삭바삭 부서지는 이 느낌이 좋다!…" "신세대 감각파 롯데 크런키" 초콜릿 광고를 위해 무언가 충족되지 않은 표정으로, 그리고 도전적 어투로 이야기하는 주체는 분명히 이제까지 예로 들었던 광고에서 보여주던 동일

8_ *MEW* 3: 6. 여기서는 하우크의 앞의 글, 161쪽에서 재인용.
9_ 하우크, 앞의 글, 161쪽.

시 주체와는 그 외양부터가 구별된다. 그리고 젊은 세대, 즉 신세대를 대상으로 하는 광고 중 많은 것들이 혹은 신세대 광고만이 이런 불만족스러운 분위기를, 개성을 살린다. 그러나 그런 점을 감안하더라도 신세대 광고에서 나타나는 순응하는 주체, '좋은' 주체를 살펴볼 필요는 있다. 왜냐하면 그런 주체는 지나친 긍정성에 휩싸여 도무지 다른 것을 보지 못하도록 구조화된 주체의 모습이기 때문이다.

잘 다듬어진 잔디가 아주 넓은 규모로 잘 깔린 원경이 나타나며 멀리서 한 무리의 유복해 보이고 즐거워 보이는 사람들이 그 원경을 다소 점령한다. 카메라가 그 사람들과의 거리를 점점 좁히면서 누군가를 찾는다. 드디어 카메라의 초점이 <우리들의 천국>의 주인공 김찬우와 <사랑이 뭐길래>의 대발이 여동생 '성실이'(이 한 쌍은 <사랑이 뭐길래>가 만들어낸 20대 초반의 고객에게 호소력 있는 좋은 상품이다. '상품'이라는 표현이 너무 심하다면 상품 역할을 한다는 정도로 이해하면 되겠다)에게 맞추어진다. 그들은 구레나룻을 기른 우람한 체격의, 그리고 혈색 좋아 보이는 외국인들 틈새에서 도무지 격의없다. 짝을 지어 쇠공놀이를 즐긴다. 즐거운 놀이가 끝나고 식탁이 꾸며진다. 서양영화에서나 보일 법한 피크닉용 등바구니가 등장한다. 다시 카메라는 인물들에게서 다소 멀어져 원경을 잡으면서 야외의 화사한 식탁 위에 등바구니를 올려놓고 그 다음 동작으로 바구니 위의 하얀 헝겊 내프킨을 벗겨내는 성실이의 손과 미소를 놓치지 않는다. 의류 '메이폴'의 광고다. "아 누가 그랬던가 터널은 길고 어두울수록 좋다고"라는 카피를 화면 가득히 영화의 자막처럼 처리하고 끝내는 '에드윈' 광고의 주인공들, 「언더우드가 만나고 싶은 사람들」이라는 제하로 신문 하단을 가득 채웠던 "콜럼부스를 꿈꾸는 사람들'(실제로 전국 대학 요트대회에 출전한 대학생들), "음악을 사랑하는 사람들"(세브란스 오케스트라 정기연주회를 마친 연세대 의대생들)이 등장하는 광고들 역시 체제의 재생산에 기여하는 동일시 주체를 보여준다. 이 동일시된 '좋은 주체'는 완결된(여기서 '완결'이란 체제의 긍정 내지는 인정이라는 의미) 이야기 속에서 아무 문제도 발견할 수 없도록 구조화되어 있는 주체이다. 이처럼 신세대 광고에서도 예상보다는 많이 동일시 주체 형성의 여러 계기들이 자리잡고 있다.

2) 동일시 주체: 연대기적 일대기의 효과와 생애 팔아먹기

물론 이런 동일시 주체는 자본주의적 삶을 '제대로' 향유하는 주체인데, 이 경우 실제 삶도 광고의 공략 대상이 될 뿐 아니라 그 자체로서 상품이 되기도 한다. 가까운 예를 들자면, 최근에 이루어진 어느 남성 MC(임백천)와 여성 MC(김연주)의 결혼은 각종 매체의 연예란을 '특종으로' 채웠다는 점에서 결혼 그 자체로도 신속한 상품이 되었고 이미 그 부부가 결혼 전에 찍어두었던 혼수가구 광고("리바트는 신혼부부의 특종입니다"라는 카피와 함께)와 "저도 아기밀 플러스로 키울거예요"라는 카피로 울려퍼지던 그 여성 MC의 육아 다짐은 결혼과 출산, 육아, 그리고 앞으로 무엇이 될지 모르지만 그들 삶의 주요한 대목 대목이 상품으로 팔려나갈 가능성을 잠재하고 있다는 것을 보여주는 좋은 예이다. 이 이야기를 좀 더 심화시키기 위해 여기서 이 광고커플에 관해 좀 더 이야기를 하고 지나가자. 그 커플이 등장하는 광고는 우선 그들의 실제 삶과 광고에서 표현되는 삶이 서로 혼용되고 서로가 서로의 이야기를 받쳐주어야 할 필요 때문에 광고 연출의 세심함이 요구되는데, 그 부분이 '탁월'하다.

가령 광고에 쓰이는 소도구만 해도 그렇다. 여성 MC 혼자만 미래의 젊은 엄마로 등장하는 '아기밀 플러스' 광고는 육아 다짐을 하는 그녀가 팔을 올려놓은 탁자 위에 그 부부의 결혼사진을 장치해 두고 있다. 그 소도구는 자그마하고 많이 희미해 거의 시선을 끌지 않을 정도의 자연스러움을 가장하고 있는데, 실제로는 '특종'이라고 표현된 그 신혼부부의 결혼이 이 광고의 목표인 육아 이전에 행해진 실제의 사실임을 은밀하게 말해주는 '장치'이다. 그래서 이 소구는 그녀의 육아 다짐에서 허구를 배제하고 그것을 현실화시키고 있다. 젊은 엄마들은 그런 만큼 설득당하고 있을지 모른다. 요즈음의 혼수 품목에 필수적인 것이라는 세태를 반증하는 것인지 몰라도 VTR 광고에 갓 결혼한 것으로 분장한 초년 주부(그 특징적인 효시가 최진실이 아닌지 모르겠다), 혹은 웨딩드레스 차림의 신부, 젊은 신혼부부들이 모델로 등장하는 것은 정석이 된 듯하다. 이 신혼부부도 예외없이 VTR 광고에 등장하는데, 상품의 특성을 자세히 설명하는 문안을 사이에 두고 남편의 얼굴과 카피는 왼쪽에, 부인의 얼굴과 카피는 오른쪽에 배치되어 있다.(1993년 5월 20일자 『동아일보』 참조) 이들의 결혼이라는 실제의 삶을 광고를 보는 사람이 전제하고 있지 않으면, 혹은 이 사실을 모른다면 그 광고는 그리 매력적인 것이 못된다. 오른쪽에 배치된 부인의 안면 가까이에 올라와 있는 깍지 낀 손의 반지가 여기서는 앞서의 희미한 결혼사진과 같은 구실을 하는 장치이다. 그러나 이런 소도구들은 가상의 세계(광고의 세계)와 실제 세계 사이를 매개시키며 그 광고에 서사성을 더해주는 그야말로 '소도구'에 그친다면, 다음의 이야기는 보다 근본적인 문제와 결부된 사안이다. 혼수용품 광고, 아까 예로 들었던 VTR 광고 말고 가구 광고에 두 사람이 등장한 것은 상당히 시사적이다. 물론 <사랑이 뭐길래>의 '대발이'부부 최민수와 하희라가 가구 광고에 등장한 예가 있긴 하지만 이것은 드라마에서의 삶이 광고에 차용된 경우이고, 혼수용 가구는 물론 다 그런 것은 아니지만 주로 여자 쪽에서 마련한다는(이런 것을 장만할 수 있다는 것 자체가 물론 중산층 여성에 여전히 국한되는 이야기이지만), 그래서 주요 구매층이 여자라는 현실 때문에 광고의 등장인물도 주로 여성 한 사람으로 국한되었다. 그러나 가구 광고에서 이 커플의 등장은 요즈음 결혼 세대의 의식을 여실히 반영하는 일면이 있다. 이 두 사람의 출연은 그 자체로 이런 생활품목은 두 사람이 의논해서 장만해야 바람직하지 않은가라는 의견을 제시하는 셈인데, 광고는 젊은 세대 사이에서 이런 생활방식을 생산하는 효과로 상품판매를 촉진하게 되고, 지배구조는 덕분에 '생활 속의 합리성' 혹은 '생활 속의 민주성'이라는 표제를 하나 더 달고 더 잘 굴러갈 수 있게 되는 셈이다.

이와 비슷한 예로 <사랑이 뭐길래>의 하희라를 들 수 있다. 바로크 가구 광고 때는 드라마 속에서의 삶이 광고에 차용되었으나 원미경의 뒤를 이은 "참치 아줌마"(이것도 언젠가 동원 참치에서 사용했던 카피였다) 역힐이니 "비버서 빤 것 같죠?—비트"에서의 젊은 주부역은 스타의 실제 삶에서 기정사실화되어 곧 이루어질 결혼—대중들에게 알려진 스타의 삶에서 이런 식의 인간대사는 대단한 이슈감인데—이 전제되어 있는 광고이다. 광고 속에서 상품과 인간 삶이 혼융되어 있어 그 상품의 소비만이 스타들의 삶과 구매자 자신의 삶이 같아진다는 가상을 생산해내는 효과를 가진다. 이건 스타들의 이야기가 아니냐고 물을지도 모른다. 이런 스타들의 삶만이 상품으로 팔려나가는 것은 아니다. 황인용이 '보통 사람'

들과 늦은 밤시간대에 만나 이런 저런 '세상 사는 이야기'를 주고 받는 것이 TV를 통해 방영되는 것이나 <인간시대>가 장수 프로그램으로 인기를 끌고 있는 점도 이런 관점에서 이해해야 할 현상일지도 모른다. 구구콘 광고에서 "그래서 500원입니다"를 연출해 보이는 '연출된' 보통사람들(?) 역시 이런 시각으로 이해해야 할지 모른다.

이렇게 스타들의 실제 삶을 광고에서의 삶과 혼용시키거나, 보통사람들의 '연출된' 삶을 차용하는 광고가 만들어내는 주체란 이미 그 광고나 텔레비전에서 연출해내는 유사의 모사의 삶에 동일시되려고 하는 주체이므로 동일시 주체라고 말할 수 있다. 그런데 그때 그 광고에 나타나는 스타들의 삶이나 보통사람의 '연출된' 삶에는 이미 그 자체로도 지배양식에 온전히 동일시된 주체가 상정되어 있는 까닭에, 특히 이런 광고가 생산해내는 동일시 주체는 이중의 단계를 거쳐 생산되는 것이라고 할 수 있다. 그러므로 이런 과정을 거쳐 생산된 '동일시' 주체는 모순된 지배구조를 더욱 탄탄하게 재생산하는 주체일 수밖에 없다.

4. '반동일시' 주체

"취미, 모터사이클. 좋아하는 가수, 조지 마이클. 여자? 여자는 아직 모른다. 내가 좋아하는 것은 롯데 크런키 초콜릿. 바삭바삭 부서지는 이 느낌이 좋다!…" "신세대 감각과 롯데 크런키."

이마에 내려뜨린 앞머리, 도전적인 어조, 땀에 젖은 얼굴 등. 이런 것들이 어우러져 전체적인 표정은 불만족스러워 보이고 세상에 중요한 건 없다는 듯한 태도가 표출된다. 동일시 주체가 보여주던 자기순응적인 모습이나 조화된 모습과는 달리 무언가 어긋나 있다. '반동일시'(counter-identification) 주체는 동일시된 '좋은' 주체와는 달리 일종의 거리두기를 행하고 있으며 불만족스러워하는 표정, 시큰둥한 태도로 인해 적어도 동일시 주체와는 달리 지배주체에 대해 저항하는 듯이 보인다. 자본주의 상품 광고에서 이런 반동일시 주체의 모습은 거의 유일하게 신세대 광고에서만 나타난다. 따라서 반동일시 주체에 대한 이 부분의 서술은 대체로 신세대 광고가 그 중심을 이룰 수밖에 없겠다.

반동일시 주체는 자신을 둘러싸고 있는 체제나 지배방식 등에 반동일시함으로 언뜻 보아 변혁을 수행하고 있는 것처럼 보이기도 한다. 그러나 학교교육에서의 말썽꾸러기들처럼 이런 주체는 체제 변혁에 실질적인 아무 영향도 미치지 못한다.[10] 반동일시 주체 역시 동일시 주체와 마찬가지로 그리고 그것과 대칭을 이루며 모순된 지배구조를 지속 내지 온존시킨다. 더욱이 그런 주체는 자본주의 상품광고에서는 주체의 분열을 가속화하여 비역사성에 매몰된다. 이런 주체를 재현하는 광고는 실질적인 파급력을 가지고 현실에서도 그런 주체를 생산해내는 데 기여한다.

1) 반동일시 주체 1: 차별성이 가져온 전일성

'롯데 크런키' 광고와 같이 특히 '신세대'를 겨냥한 광고들은 외양적으로 반동일화된 주체를 보여준다. 따라서 반동일화 주체의 전형은 신세

10_ 이런 반동일시 주체가 어떻게 스스로를 재생산하여 기존의 생산양식에 변혁을 가져오지 못하고 그것을 지속시키는가에 대해서는 다음의 책을 보면 생생하게 확인할 수 있다. 폴 윌리스, 『교육현장과 계급재생산—노동자자녀들이 노동자가 되기까지』, 민맥, 1989(『학교와 계급재생산—반학교문화, 일상, 저항』, 김영훈, 김찬호 옮김, 이매진, 2004).

대 광고에서 쉽게 찾을 수 있다. 반복해서 예로 들었지만 다시 한번 '크런키' 광고를 들여다보자.

"취미, 모터사이클. 좋아하는 가수, 조지 마이클. 여자? 여자는 아직 모른다. 내가 좋아하는 것은 롯데 크런키 초콜릿. 바삭바삭 부서지는 이 느낌이 좋다!…" "신세대 감각파 롯데 크런키." 스테레오를 타고 나오는 고전음악처럼 울려 퍼지는 이 음성은 요즈음 한창 주가를 높이고 있는 가수 이덕진의 것이다. 땀에 젖은 듯한 머리칼이 이마에 늘어진 다소 거친 옆모습으로 초콜릿을 베어 문다. 다른 설명이 더 필요하지 않을지도 모른다. 신선하다.

다른 설명이 더 필요하지 않을지도 모른다고 했다. 다른 건 다 모르고 다만 바삭바삭 부서지는 이 느낌이 좋다는 그런 경우에는 그렇다는 말이다. 이 짧은 광고 카피 하나에 '신세대 광고'의 거의 모든 것이 함축되어 있다. 고품질의 오디오 혹은 모터 사이클류를 포함하는 최신형의 자동차로 축약되는 고가의 첨단기기들, 최신의 음악, 그 음악이 상정하는 스타, 모른다고는 했지만 여자, 감각 추구, 거기에 덧붙여 소비의 대상인 상품까지. 이런 것과 더불어 등장인물의 불만족스러워하는 표정은 앞서의 동일시 주체의 모습과는 판이하다. 기존의 모든 것에 반항하는 듯한 자세를 취하고 있다. 이것이 신세대의 자기표현방식의 대종이며, 이런 경로를 통해 '반동일시'(counter-identification)된 주체의 외관이 갖추어진다. '서태지와 아이들'의 특이한 패션이나 현진영의 복장, 그들의 춤과 같은 것들도 동일시된 주체의 모범생 같은 복장, 약간의 자유를 구가한다는 의미에서 '캐주얼' 복장을 걸친 김찬우나 홍학표의 화사함과는 현격한 거리를 두고 있다는 점에서 역시 반동일화된 주체의 외양이라고 할 수 있다.

동일시 주체가 상당히 체제동화되어 (집단적인) 정체성을 보이고 있다면 반동일시 주체는 그와 상반되게 학교에서의 반항아나 문제아처럼 개별적인 개체로 부각되고 또 상당히 쉽게 눈에 띈다. 따라서 그런 주체를 만들어내기 위해 광고에서는 상당히 '차별성'을 강조하는 방식을 취하게 된다. 실제로 의류와 같이 인간의 외피를 둘러싸는 물품들은 광고시 자기대로의, 혹은 자기에게만 고유하다고 내세우는 개성, 즉 다른 것과의 차별성을 생명처럼 내세우는 것이 정석인데, 가장 식별하기 쉬운 형태의 반동일화 주체를 보여주는 신세대 광고 같은 경우, 이런 외피를 감싸는 의류는 물론이고 어떤 종목이든지를 막론하고 심지어 음료수 광고에서조차 개성추구를 그 광고의 수용주체, 나아가 소비주체에게 환기시키는 것을 일차적 목표로 삼고 있는 듯하다. 즉 신세대를 겨냥하는 광고들의 대부분은 차별성을 최고의 비중으로 환기시키는 데 주력한다는 말이다. 이 말의 내연적 의미를 따지고 들자면 이 상품을 쓰게 되면 이러이러한 개성을 지닌 인간(분명히 매력적으로 보일만한) 혹은 차별성을 지닌 인간이 될 수 있음을 주지시키는 것이다. 광고는 이리하여 '개성추구'의 효과로서 광고가 구현하는 개성을 지닌 인간상을 양산하게 된다. 마치 가격표를 그대로 붙인 서태지식 의상을 걸친 청소년들이 도처에서 눈에 띄거나 거의 전국적으로 그네들이 즐겨 쓰던 스타일의 모자를 가뿐히 머리에 얹은 사람들이 줄줄이 양산되는 것처럼 말이다.

그렇다면 차별성을 제일 목표로 삼던 낱낱의 개체들이 이제는 '서태지 식' 의상이나 모자의 모방으로 그 어떤 차이도 찾아볼 수 없는 집단이 되었다면 그 현상은 어떻게 설명해야 하나? 물론 집단적으로는 사회적 차별화를 획득했다고도 할 수 있지만 그것으로는 불완전한 설명이다. 또 그런 현상을 개성과 모방의 이중성이 빚어낸 것이라고 한다면 단순한 설명이 될 것이다. "'개성화하는' 차이는 이제 개인들을 서로 대립시키는 것이 아니라 어느 무한한 척도 위에서 서열화되며 또 **모델들** 속으로 수렴한다. 차이는 이 모델들에 입각해서 교묘하게 생산되고 재생산되는 것이다. 그러므로 자기를 타자와 구별하는 것은 바로 어느 한 모델과 일체가 되는 것, 어느 한 추상적 모델 및 어느 한 양식의 결합 형태에 근거해서 자기를 특징짓는 것이며, 따라서 바로 그러한 방법으로 실제적인 모든 차이와 특이성을 **포기하는** 것이다… 이것이야말로 차이화의 기적이며 비극이다. 따라서 소비과정 전체는 인위적으로 그 수가 감소된 모델의 생산에 의해 지배된다. 차이생산의 독점적 집중이 일어나는 것이다."[11] 특히 차별성을 강조하는 효과로 광고는 반동일시 주체를 생산하게 되는데, 실제로 생산된 그 반동일시 주체에서는 오히려 차별성이 사라지게 되는 역전이 일어난다. 따라서 우리는 '차별성'에 의한 지배[12]가 이제는 가능하다고도 이야기할 수 있다. 또 이런 과정을 거쳐 생산되는 반동일시 주체는 자본주의 하의 차별전략이 거기에 개입되는 만큼 생산양식의 재생산을 위해 기여할 수밖에 없는 주체이다.

2) 반동일시 주체 2: 분열된 주체

우울한 붉은 갈색의 톤이 TV 화면 전체를 뒤덮고 석양의 척박한 토양 위를 가로지르는 군상이 있다. 길고 험난한 자동차 경주의 모습이 보

11_ 장 보드리야르, 앞의 책, 117-118쪽.
12_ 같은 책, 119쪽.

인다. 화면은 속도감은커녕 다소 지친 듯한 카레이서들을 비쳐준다. 긴 머리를 날리며 검은 선글라스를 쓴 여성에게서 카메라가 잠시 멈춘다. 휘트니의 <보디 가드>를 배경음악으로 깔고 "나는 나—더 톰보이"라는 독백이 흐른다. 그 독백의 음성에 짙은 개성의 내역이 깔려 있는 것은 차치하고라도 의류 광고 속의 "나는 나"라는 어구의 단호함은 그 자체로도 '나의 개성은 나의 생명'이라는 유추를 완벽하게 도출해내게끔 한다. 개성추구의 어조가 윤석화에서보다 더욱 단호해졌고, 모델을 받쳐주고 있는 배경들은 보다 모호해졌다. 그런 배경이 다소 비현실적인 감을 준다. 뿐만 아니라 실제로 "나는 나"라고 독백하나 그 군상 중에서 그 '나가 누군지도 불분명하게 느껴진다. 아이러니컬하게도 개성주장의 톤은 강해졌는데도 그것이 '누구'의 것인지 불명확해졌다는 말이다. 포스트모더니즘에서 말하는 소위 '주체의 해체'가 일어나고 있는 것 같다. 신세대를 겨냥한 광고에서 출연 인물들이 집단적으로 등장하고 있는 현상은 그 광고를 향유하는 신세대 집단에게 특정한 생활양식을 향유하게끔 하는 사회적 차별화를 조장하기 위해서도 그렇지만, 또한 주체의 해체 내지는 분열을 반증하는 것이라고도 볼 수 있다. 왜냐하면 이럴 경우 한 개인은 각양각색의 모색을 한 집단으로 표상되어 그 개인의 정체성은 그 각양각색의 모색만큼이나 분산되어 보이기 때문이다.

　작년 여름이라고 기억되는데 어느 화장품 광고에서 2명의 여성 모델을 기용해, 빠른 속도의 숏트 촬영으로 두 사람을 번갈아가며 보여준 적이 있었다. 원래 여성용 화장품 광고에 나오는 인물은 다른 어떤 사람과도 비교의 대상이 되면 안 되므로—왜냐하면 그 자체로 최상의 미모를 구가해야 하므로—한 인물만을 집중적으로, 그것도 그 광고 모델의 안면만을 다소 긴 시간 동안 가까이서 클로즈업시키는 것이 통례라 광고에 등장하는 인물이 두 사람이라는 것을 알아차린 것은 그 광고를 여러 차례 유심히 보고 난 연후였다. 이런 광고들은 복수의 자아를 취하는 효과로 자아분열의 징후를 생산해낸다. 말하자면 분열된 주체의 형태로 주체를 생산해내는 것이다. 이런 주체도 분명히 자아정체성을 잃고 있으므로 반동일시 주체의 한 모습이라고 할 수 있다.

이처럼 주체가 분열될 때 자아는 비역사성에 매몰된다. 과거도 미래도 중요하지 않고 다만 현재, 극단적으로는 '여기, 지금 이 순간'(ici, maintenant)만이 중요해진다. 그저 "바삭바삭한 부서지는 이 느낌이 좋다", 통상의 '느낌'도 아니고 저 느낌도 아닌 바로 '이' 느낌이 구체화시키는 것은 현재성일 뿐이다. 역사가 소멸되는 순간이다. 남는 것은 무엇인가. 지금 내가 느끼는 바로 이 느낌, 이 '감각'. 그래서 이제 이 광고 카피 뒤에 따라붙는 말은 "신세대 감각파…"인 것이다. 신세대를 감각파로 간단히 치환시켜 버리는 수많은 문구들의 소이가 여기서 밝혀진다. 그러나 "표현하지 않는 감각은 감각이 아니야—미스 미스터"를 말하는 광고모델은 크지만 묘한 곡선으로 화장된 눈으로 우리를 부추긴다. 감각, 감각!!을 살리라고…. 이제 남은 것은 감각이고 그것을 살리는 것만이 자기 자신을 확인하고 인식하는 단 하나의 방법이라고 가르친다. 그것이 주체 인식의 유일한 방법이고, 이렇게 하여 형성된 주체가 어떤 식으로 인간 삶에 개입해 들어갈 것인가는 거의 선명하게 보이는 일이다.

그러나 그런 것보다 더욱 중요한 이야기는 이런 '분열된 주체' 형태는 자본주의, 특히 소비자본주의에서 필요로 하는 이상적인 주체라는 점이다. 왜냐하면 그런 주체는 자기가 원하는 것이 이것이라고 생각하는 순간 곧 그것이 아니라고 느끼고 또 다른 것으로 관심을 옮겨가는, 즉 모든 욕망을 다 섭렵하면서 동시에 일체의 욕망에 만족하지 못하는 존재이기 때문이다. 이런 주체가 바로 자본주의가 필요로 하는 존재임을 더 이상 부언할 필요는 없다.

3) 반동일시 주체 3: 즉물적 효과로서의 주체

이제까지 말한 것처럼 '반동일시' 주체 역시 '동일시' 주체와 마찬가지로 모순된 지배구조를 재생산하는 데 기여하는데, 이 점은 특히 반동일시 주체를 주로 재현하고 생산해내는 신세대 광고에서 설정하는 인간관계를 살펴보면 더욱 확실히 설명되는 측면이 있다. 신세대 광고에서의 인간관계라면 주로 남녀간의 애정관계이다. 이것은 그 자체로 나쁘다, 좋다 할 필요도 없는 현상적 사실일 뿐이다. 사실, 젊은이를 상대로 하는 이야기에서 '사랑'이라는 주제는 빠질 수 없는 '꺼리'이고 광고에서도 그것은 그 자체로 좋은 상품이다.

동일시 주체를 이야기할 때 언급했던 메이폴 광고나 에드윈 광고에서 보이는 사랑이야기는 고전적인 서사에서 그것을 취급하는 방식에 그 맥이 닿아 있다. 사랑은 뭐 그것 자체로 아람답거나 혹은 '에드윈 기차여행'이라는 제목이 붙어 있는 광고("아 누가 그랬던가…터널은 길고 어두울수록 좋다고")에서처럼 다소의 장애는 있으나 곧 극복되는 것으로 묘사된다. 이 경우 사람들은 손을 내밀고 잡아주고 눈길을 부딪친다. 촬영장비를 둘러메고 철새도래지를 찾는 젊은이들이 손을 잡고 웅덩이를 건네주며 서로 눈을 마주치며 정을 더해가는 이야기를 담은 앞에서 언급했던 '메이폴 광고'의 전편이 그 좋은 예이다. "스무살 생일에는 장미꽃 스무 송이와 향수를 받아야 한다나요…남자는 향기에 약해요"로 시작하는 '롯데 후리센스껌' 광고는 바로 이 문안이 보여주듯 젠더 역할의 정석적 분할이나 남성이 여성을 바라보는 시선의 각도, 구애의 전형성 등의 요소로 하여 고전적 로맨스의 전형을 보여준다. 이런 서사 틀거리를 그대로 유지할 때 이미 앞에서도 언급한 바 있지만 인간관계는 상호교류적이다. 가정생활의 화기애애함을 주로 강조하는 가정용품 광고나 구입층은 주부이나 소비층은 어린이로 구성되는 식품 광고, 또 육아용품 광고 등도 젊은이 상대의 광고가 차용하는 서사적 틀거리를 사용하는 것은 아니라 하더라도 이같은 교류, 교감을 원칙으로 하고 있다.

그러나 물론 전체가 다 그렇다는 것은 아니나 신세대 광고에서 다루어지는 인간관계는 '단절'을 원칙으로 하고 있는 듯이 보인다. 그리고 이런 단절은 다른 연령층을 대상으로 하는 광고에서는 찾아볼 수 없다는 점에서 신세대 광고에만 특이한 것이다. 이미 여러 해 전에 나온 광고이기는 하지만 이미연이 출연했던 '롯데 가나 초콜랏' 광고를 우선 떠올릴 필요가 있다. 이미연이 누군가의 품 안에서 얼굴을 비비기도 하고 졸리운 고양이 같이 눈을 게슴츠레 뜨기도 하고 행복하게 웃기도 한다. 바바리를 입은 것만이 확실하게 카메라에 잡혀진 상대는 이 여성보다 신장이 커서 얼굴을 전혀 볼 수 없다. 물론 광고를 보는 우리로서는 상대의 표정도 전혀 살필 수 없다. 두 사람의 신장 차이도 있겠지만 그것보다는 카메라가 이미연의 얼굴과 그 얼굴이 부벼대는 상대방의 가슴께만을 클로즈업시키고 있기 때문이다. 이럴 경우 두 사람이 취하는 자세는 보통 서로의 몸에 팔을 건 자세가 돼야 하는데, 불확실한 기억이기는 하지만 그 누구도 팔을 상대의 몸에 두르고 있지 않았던 것 같다. 포옹의 자세인 듯하나 실제로 그 어떤 신체적, 정서적 교감도 오가고 있지 않다. 화면상에 상대방을 등장시키는 이런 광고는 상대방이 상정되기는 하였으되 실제로는 부재하는 가운데 진행되는 대부분의 여성의류 광고(꼼빠니아, 조이너스 등)가 보여주는 단절보다 오히려 그 단절 정도가 더 심하다고 보여진다. 그러나 그 배제는 광고 모델의 외양, 미모를 부각시켜야 한다는 여성의류 광고상의 전략이기는 하지만.

이런 단절이나 부재를 거쳐 요즈음에 나온 신세대 광고에서 소위 '사랑'의 테마를 가진 것들이 그 안에서 어떤 인간관계를 상정하는지를 분석하는 것만으로도 그런 관계 설정이 가지는 사회적 효과를 상정해 볼 수 있다.

자, 분석해 보자. 뉴욕의 어느 거리인 듯 보인다. 등장인물의 저쪽 머리 위로 보이는 표지판의 알파벳이 그런 서양의 거리임을 암시하고 있다. 거리를 지나가는 한 여성이 누군가가 길에 버려놓고 간 깡통을 슬라이딩시켜 가두의 휴지통에 솜씨좋게 골인시킨다. 길가 한 모퉁이에 적절한 정도의 자유로운 포즈로 앉아 있던 남자가 그 광경을 우연히 보고 웃는다. 신발 선전인 '영에이지 심플리트' 광고이다. 주제인 것처럼 보이는 사랑은 단지 에피소드로 처리되고 우연히 바라보게 된 광경으로 표현된다. 이런 경우 두 사람의 관계는 애초에 불분명한 것이고 서로가 서로에게 개입되어 있지 않다. 이 광고를 전편으로 하는 후속 광고에서 이런 단절은 진일보된 느낌마저 있다. 아무도 없는 지하철 한 칸에서 깡통을 솜씨 있게 차넣던 예의 그 여자가 장난스러운 표정으로 주위에 아무도 없는지를 둘러본 다음 길게 내려와 있는 손잡이를 잡고 매달리기를 한다. 이 광경을 훔쳐보게 된 남자(이 경우에도 전편과 인물 설정이 똑같다)가 씩 웃는다. 그 남자와 눈을 마주치지는 않았지만 누군가가 자기를 훔쳐본다는 것을 직감한 여자가 얼른 눈을 내리깔고 좌석에 처음 앉아있던 자세로 돌아간다. 사람과의 관계는 우연히 훔쳐본 광경으로 처리되고 거기에는 아무런 인과성도 자리잡지 못하고 있다. 포스트모던 시기에 포스트모던한 방식으로, 그러니까 우연성이 그리고 사건의 우발성이 빚어내는 관계 설정으로 보인다.

이제까지 본 바처럼 이런 인간관계를 상정하는 광고들은 그 '단절'의 효과로 반동일시 주체를 생산한다. 그리고 이렇게 인간 사이의 관계가 그 우발성이 기본 맥락이 될 때 각 인물이 처해 있는 다른 상황에의 이해 결여는 필연적으로 보인다. 따라서 계급과 계급 사이에 서로 변환이 일어나는 것이 아니고, 자본가는 자본가로 남고 노동자는 계속 노동자로 남는, 즉 생산관계의 지속적인 재생산만이 있게 되는 것이다.

광고가 현상을 반영하는 측면이 있는 것은 사실이나, 위에서와 같은 정서가 광고 소비층에 맞지 않는다면 광고가 그런 정서를 유포할 까닭이 없다. 따라서 그런 정서에 의해 만들어진 주체들이 이제는 활약하여 그런 정서, 그런 이데올로기의 유포를 가속화시키기도 한다. 사실 광고는 현상의 반영이라기보다는 이제는 오히려 그것 자체가 생산력을 가지는 것으로 보인다.[13] 말하자면 이데올로기도 상부구조도 현대사회에서는 광고에 의해 다소는 생산되고 있다는 말이다.

13_ 광고가 생산력을 가진다는 것을 자세히 이해하기 위해서는, 졸고 「광고언어와 자본주의」, 『문화/과학』 2호, 1992년 겨울, 138-155쪽을 참조할 것. 이 글은 이 책에도 함께 실려있다.

5. 글을 맺으며

우리는 이 글을 "광고에서 주체가 왜 문제되는가"라는 질문으로 시작하였다. 그리고 광고에서의 주체형태 구성은 언제나 동일시 방식이 아니면 그와 상반되는 반동일시의 방식으로만 일어남을 보았다. 우리는 담론과정을 통해 주체형태가 동일시의 방식으로 구성되면 그것을 '동일시 주체'라고 하였고, 반동일시 방식으로 주체형태가 구성될 때는 '반동일시 주체'라고 이름 붙였다. 이 두 방식은 그리고 이 방식들에 의해 구성된 두 주체형태는 완전히 판이해 보였지만 그것들 둘다 모순된 지배구조를 재생산한다는 점에서는 완전히 동일하였다. 그렇다면 우리는 이제 다음과 같은 마지막 질문을 던져야 한다. 지배구조의 재생산 국면을 변혁시키기 위해서는 "주체형태 구성이 어떤 방식으로 일어나야 하는가?" 여기서 우리는 페쇠가 말하는 '역동일시'(disidentification)[14] 개념에 주목해야 한다. 그것은 한 단계의 주체 형태가 다른 단계의 주체형태로 전환되는 방안을 강구하는, 즉 주체가 생산되는 방식을 변혁시키려는 전략이기 때문이다.

그러니 광고라는 자본주의 이데올로기 장치가 그 자체로 이런 역동일시 개념에 입각한 주체를 만들어낼 리는 물론 없다. 단지 광고를 독해하는 수용자만이, 즉 우리만이 역동일시 개념에 입각한 비판적 독해를 할 수 있을 것이다. 광고 비판의 성격을 띤 이 글 역시 이런 전략 개념을 염두에 두고 쓴 글이다. 반동일시와 같은 경우 앞서 본 바와 같이 언뜻 보아 체제에 반항하고 있는 듯하지만 결국 지배구조를 온존시키는 효과

14_ Pêcheux, op. cit., pp. 157-166 참조.

를 가진다. 그것은 싸움의 지반을 다른 곳에 둔 까닭이다. 그러나 역동일시는 그것의 지반을 변혁시키고자 하는 장에 두고 그것에 개입해 들어가는 방식을 취한다. 실제로 무수한 광고를 보고 들으면서 그것을 모두 옳지 않은 것, 석연찮은 것으로만 치부하여 영원히 텔레비전을 꺼버린다거나 귀를 막아버릴 수는 없다. 광고의 주체생산력이 만만치 않다는 것을 알고, 매혹이나 가상의 언술로 그 '지배'의 의도를 착색한 광고담론을 역동일시 개념으로 읽어내야 한다. 그것이 바로 거대한 지배담론의 틈새에 개입해 들어가는 것이기 때문이다.

9 텔레비전과 여성
—여성주체 형성을 위한 미디어

우리는 과거에는 이미지 '앞'에 있었지만, 지금은 영상 '속'에 있다.
—레지스 드브레

1. 1996년 드라마 <애인>—현실을 구성한 드라마

벌써 13년 전인 1996년 그 한 해를 풍미했던 드라마 <애인>[1]의 주인공 유동근은 그 후 몇 해 동안 여전히 텔레비전에서 '그때 그' 이미지를 팔고 있었다. 장미꽃 한 묶음을 들고 예의 <애인>에서의 '그다운' 표정—사랑으로 한껏 설레는 표정—으로 자기 집 초인종 앞에 서있는 남성복 광고에서, 아내와 땀 흘리며 가사노동을 적극적으로 반분하는 마닥재 광고에서, 그런가 하면 나는 또 도처에서 그의 상대역 황신혜의 현현을 보았다. 막내가 초등학교에 입학한 해였던 1997년 3월 초만 해도 그랬다. 신학년 초 최초의 학부모회의에서 '황신혜 귀걸이'를 한 한 학부형

1_ 이 글의 이 서두 부분은 1997년에 작성한 것이다. 드라마 <애인> 이야기가 화두로 나오게 된 것도 그 이유에서이다. 이 책을 위해 새로 이 글을 전면 보강, 수정하였는데, 글을 쓰던 당시 촉발되었던 문제의식은 그대로이다.

을 만났는데, 서로 자기소개를 하기도 전에 이미 나는 그 장신구로 그 학부모를 적당히 규정했던 것 같다. 이 말은 내가 그녀를 부정적 혹은 긍정적으로 바라봤다든가 하는 평가 차원에서의 이야기가 아니라, 텔레비전 드라마가 가지는 현실생산력에 놀랐다는 말이다. 그 학부형의 귀에서 달랑거리던 액세서리 귀걸이로 말할 것 같으면—지금이야 방송국마다 개설되어 있는 드라마 홈페이지에 들어가 보면 의당 매회 출연자들이 입고 나온 의상, 액세서리, 가구 등등이 어디 제품이라는 '친절한 설명을 따로 묶어놓는 장소라는 의미의 싸이트가 대체로 마련되어 있고, 어떤 시청자가 "저기 14회 때 이러저런 장면에서 여주인공이 들었던 핸드백 어디 제품인가요?"라고 물을라치면 정말 친절하게도 눈썰미 있는 여타의 다른 시청자들이 기다렸다는 듯 즉시 답을 달아주는 경우는 비일비재하지만—영화나 드라마 속의 등장인물들이 사용한 것이 계기가 되어 소비를 촉진시킨 상품, 즉 '타이-업스'(Tie-Ups)의 일종인데, 이것의 효과로 길을 나서면 도처에 그 귀걸이를 한 사람들이 오고가는 그 현실생산력이 놀라웠다는 말이다. 남자 주인공 유동근의 푸른빛 와이셔츠도, 또한 '황신혜 머리판'도 모두 그런 효과를 발휘했다. 그들이 비밀 데이트를 하면서 앉았던 벤치 역시 젊은 주부들 사이에서는 어느 곳에 소재한다라는 류의 이야기들이 파다하게 퍼져 있었다.

그런데 이 드라마의 더 큰 생산력은 젊은 기혼녀들이 '유동근처럼' 부드러운 남편을 소망하게 되고, 또 이들은 '황신혜처럼' 기혼임에도 여전히 미혼 시절만큼이나 젊고, 예쁘고, 그리하여 또 다른 사랑의 기회가 더 용이하게 올 수 있음을 확신하며, 또 그들 각자를 그 순간이 도래하기를 무척이나 갈망하게 만듦으로써 더욱 큰 힘을 얻게 되는 것이다. 현실생산력이 이 정도 되고 보니 텔레비전, 텔레비전 드라마에 대해 이야기하지 않을 수는 없지 않은가?

2. 살아가는 형태 속에서 저항하기

현실 또한 사고를 향해 분투해야 한다.
—칼 맑스

우선 13년 전 드라마 <애인>을 통해, 사람들이 살아가는 형태, 그리고 그 안에서 저항하는 방식에 대해 이야기해 보자. 요약하면 이 이야기는 가족 구성의 새로운 형태에 대한 이야기가 될 것이다.

개인과 개인이 만나 집단을 이루는 최소 단위를 통상 가족으로 본다면, 가족을 이야기함으로써 우리는 개인과 전체를 최소한으로 이야기하는 것이기도 할 것이다. <애인>이라는 드라마에서 황신혜와 유동근 각자는 해결되지 않은 문제를 안은 채—적어도 내게는 그렇게 보였는데—결혼생활을 안존하게 유지시키는 것이 자기들의 본분인 양 각자의 가정으로 돌아갔는데, 그것을 나는 이렇게 보고자 한다. 우리 사회에는 개인의 문제라고 늘 치부되는 그들의 문제를 풀 수 있도록 해주는 아무런 사회적 자산이 없다. 따라서 각 개인들은 자신들이 가진 심정적 문제, 경제적 문제, 또 대외적 문제(그래서 결코 개인적 문제가 아닌) 모두를 자기 혼자서 '모조리', '온전히' 감당해야 한다. 그렇게 때문에, 극 중에서 황신혜와 유동근이 각자의 가정으로 돌아가는 것은 어쩌면 당연해 보인다. 가장 사회적 자산이 없다는 점은 결혼적령기에 접어든 사람들에게는 일률적으로 결혼이 강요되고 있다는 것에서 드러난다. 사람이 살아가는 형태로 치면이야, 결혼이 그 하나인 것처럼 이혼도 독신도 공동체 등등도 그 중의 하나일 것이다. 이 형태의 다양성, 그리고 그 형태 내에서의 구성의 다양성 등은 우리에게 삶의 질곡을 헤쳐나갈 여러 대안들을 제시해준다. 그러나 기본적으로 삶의 형태에 대한 아무런 사회적 자산이 없는 사회에서는 극중 황신혜나 유동근처럼 우리 모두로서는 돌아갈 곳이 이성애 구성적 가정밖에는 없는데, 그렇기 때문에 가정 자체도 지켜야 할 성곽처럼 폐쇄적이 되기만 하는 것이다. 가정의 구성원들이 자신의 가정을 성곽처럼 고수하기 때문에 타인에 대한 배려나 윤리가 비집고 들어올 틈이 없다. 그리고 가정이 반윤리적이라고 비난받아야 한다면 바로 이 점에서이다.

이외에도 극중의 황신혜와 유동근이 기존의 결혼생활을 지속시킬 수밖에 없는 것은 사회보장제도와 같은 사회적 자산이 없음에서도 기인한다. 극중 황신혜의 예를 들어 설명해보자. 우선, 극의 흐름으로 보아 그 딸아이는 거의 엄마가 양육하게 될 확률이 높다.(<애인>의 첫 회는 너무나 바쁜 남편의 부재를 선명하게 보여주는 황신혜 모녀의 '롯데월드' 나들이로 시작된다. 그리고 거기서 우연히 유동근을 만나면서 이야기가 시작된다.) 직장을 가진, 그리고 이혼으로 주위에 아무도 없다고 가정되는 여성에게 아이의 양육은 가장 큰 문제 중의 하나가 될 것이다. 직장을 그만두고 아이를 돌본다고 가정해도 그 개인이 부담하는 양육비, 교육비 등이 너무 과다해서 생활에 위협을 줄 것이고, 직장을 계속 다니면서 아이를 키우거나 혹은 양육의 책임을 져줄 기관을 찾는 것도 이 사회에서는 결코 쉽지 않다. 국가가 책임져야 할 이런 사회보장이 전무한 사회에서 각 개인은 모든 문제를 혼자서 떠맡아야 한다. 그럼 상대역 유동근의 경우는 어떨까, 자연스레 가부장적 이데올로기에 젖어 살아온 이 땅의 남성 대다수가 그렇듯이, 어느 날 갑자기 이혼했을 때 그는 과연 가사노동을 힘겨워하지 않고 자기의 일상생활을 제대로 영위해 나갈 수 있기나 한 걸까?

사실은 이런저런 이유들로 사람들은 가정으로 돌아갈 수밖에 없다. (물론 가정이 숭고하고 소중해서인 경우도 있다.) 그저 그런 문제들이 개인의 문제일 뿐이라고 치부되거나, 그것이 이미 사회구조적으로 개인의 문제인 것으로 치밀하게 구조화되는 사회에서, 우리는 기존의 삶의 형태를 도저히 지속시킬 수 없는 시점에 다다라서도 다른 형태의 삶을 자주적으로 선택할 수 없는 것이다. 결혼의 형태를 취한 사람들은 그 속에서 가정 밖의 다른 사람들에 대해 끊임없이 배려해야 한다. 그것이 자기가 살아가는 형태 속에서 저항하는 것이기 때문이다. 또 이혼할 수밖에 없는 사람은 그 형태를 취함으로써, 자기 삶 속에서 저항을 실현해야 한다. 생활 형태에 대한 저항은 개인의 삶을 위해 우리 사회가 감당해 주어야 할 몫에 대해 숙고해 보는 계기가 될 것이고, 그리고 그런 숙고는 다시 사회에 요구하고 저항할 수 있는 힘의 원동력으로 축적될 것이다.

3. 2009년 드라마 <찬란한 유산>, <내조의 여왕>

—신화의 작용, 계급의 고착

존 피스크는 텔레비전을 '음유시인'에 빗대어 정의한다.[2] 12세기 초

2_ 존 피스크·존 하트리, 『TV 읽기』, 이익성·이은호 옮김, 현대미학사, 1994, '6장 음

남부 프랑스에서부터 생겨나 나중에 유럽 전역으로 퍼진 '투르바투르'라 불리던 이 기사 시인들은 봉건제후의 궁정을 찾아다니며 스스로 지은 시를 낭송했다. 그들은 당대의 최고 관심거리를 자신의 시에 투영시켰는데, 이리하여 음유시인인 중재자는 자기 문화의 중심에 서게 되었다. 피스크가 현대의 텔레비전을 중세의 투르바투르에 등치시키는 것은 텔레비전 역시 현재 문화의 중심에 있기 때문이다.

그런데 문화의 중심에 있다는 것을 좀 더 정확히 설명하자면 텔레비전 구조는 '텍스트'나 커뮤니케이터의 내적 요구에 의해 짜여 있지 않고 그 메시지가 목적하고 있는 문화의 필요에 의해 짜여진다는 점을 지시한다는 것이다. "텔레비전은 현대 사회에서 가장 중심적인 제도이다."(95) 물론 컴퓨터의 전면적 보급과 인터넷을 통한 많은 정보 교류들은 텔레비전의 그전까지의 지위에 영향을 미친 것은 사실이다. 그래도 텔레비전은 문화를 조성해내고 유포하고 수용하게끔 하는 문화 생산, 유통, 소비의 전과정에 관여하는 물적 실체 혹은 유물론적 기제라는 점에서 중심적 제도인 것이다. 피스크는 이 말을 조금 다르게 다음과 같이 설명한다.

이렇게 텔레비전이 중심적인 제도가 된 이유는 독점적 상업이나 정부 통제의 결과일 뿐만 아니라, 텔레비전 메시지가 항상 참조하는 공통된 중심에 대해 그 문화가 느끼는 필요에 대한 반응이기도 하다.(95)

그런데 이 중심성은 텔레비전이 우리의 고도로 파편화된 사회의 '모든'

유시인으로서의 텔레비전 참조. 이하 이 책에서의 인용 내지는 참조는 본문에 그 쪽수를 표시한다.

구성원에게 말을 건넨다는 사실로 인해 정합성을 갖게 된다.(95) 기실 텔레비전은 문자가 아닌 말로 소통되는 그 특성 때문에 전혀 추상적이지 않아서 많은 사람들에게 쉽게 다가가는 측면이 있다. 그리고 음유시인으로 역할하는 텔레비전은 음유시인과 마찬가지로 보통 능동적이고 역동적이다. 텔레비전의 이런 특성들은 커뮤니케이션의 대상인 시청자와 그것이 지시하는 현실을 자신의 중심부로 끌어들이는 역할을 한다. 음유시인인 중재자는 계속해서 자기 메시지의 주제를 초점 가운데로 집취한다. 그리고 또 음유시인의 기능은 적절하게도 바르트적 의미의 신화와 긴밀한 관계를 맺는다. 텔레비전의 구조는 앞서도 말했듯이 텔레비전에서 말하려는 메시지가 목적하고 있는 문화의 필요에 의해 짜여지는데, 이 때 구조뿐 아니라 그 구조의 효과로 그 문화의 이데올로기들이 유포되며 텔레비전 시청자들이 이를 자연화하는 것, 즉 신화화시키는 것에 대해서도 동시에 언급해야 한다. 신화는 우리가 신화군(mythologies)이라고 부른 연쇄 속으로 선택되고 결합된다. 신화군(群)은 명시적 내용과 반대되는 잠재적 차원에서, 그리고 외연과 반대되는 내포의 차원에서 작용하기 때문에 성공적인 의사소통을 원하는 시청자가 그 의미를 의식적으로 이해할 필요는 없다.(96)

또 텔레비전이 수행하는 기능을 피스크는 아래와 같이 요약한다.

1. 현실의 본질에 대해 정립된 문화적 합의의 주요 경계선을 분명히 하는 것.
2. 지위를 향상시키는 메시지를 그 메시지에 깔린 이데올로기를 승인하는 것으로 변경시킴에 의해 문화의 구성원 개인을 그 문화의 지배적인 가치체계에 포함시키는 것.

3. 외부세계에서 그 문화를 대표하는 개인의 행위를 널리 알리고, 설명하고, 해석하고 옹호하는 것. 이런 개인의 어떤 단순한 기벽을 사회중심부로 끌어오기 위해 개인성의 신화를 사용한다.

4. 이데올로기와 신화를 확실하게 강화함으로써 그 문화가 그 세계에 실제적으로 적절함을 보증하는 것.

5. 반대로 외부세계의 변화된 조건이나 새로운 이데올로기적 경향에 재적응할 것을 요구하는 문화 내부의 압력에서 비롯되었을 문화의 그 자체에 대한 실제로 부적절함을 드러내는 것.

6. 시청자들에게 그들의 개인으로서의 지위와 정체성이 문화 전반에 의해 보증된다는 것을 납득시키는 것.

7. 위에서 언급한 방법으로 문화적인 일체감—안정과 참여—을 전달하는 것.(97)

텔레비전이라는 음유시인적 중재자는 이런저런 이유로 주변적인 집단들에서 통용되는 이데올로기, 신념, 사고 습관, 그리고 상황 정의를 제한적으로 혹은 과도하게 중재된 형태로 참조함으로써 그 문화 안에서 절충된 중심적인 관심사를 보여주고자 한다. 그리고 텔레비전은 지배적인 계급의 이데올로기를 유포하고 재연하는 지배적인 메시지들에 반응한다.(97-98)

그런데 텔레비전이 지배적 계급의 이데올로기를 유포하는 양식은 그리 단선적이지는 않다. 우리의 흥미를 유발시키는 지점이 바로 여기인데, 예컨대 시위 현장, 특정하게 노동자들의 임금투쟁 현장에 간다고 쳐보자. 이때 초점이 되는 계급 문제는 명약관화하게 드러난다. 그러나 이때 계급의 문제는 기실 경제적인 측면만을 드러낸 것이다. 그런데 가령 텔레비전 드라마와 같은 데에서는 계급 문제는 어떻게 드러나는가? 화면에 비친 계급 문제는 생활양식을 통해 드러난다. 텔레비전을 보는 우리는 곧 상징적, 문화적 구별을 통해 계급 문제를 인식하게 되는데, 이때 또 고려해야 할 점은 그 매체가 가지는 이중의 표현 양태, 즉 스타일이다. 왜냐하면 "텔레비전의 명시적 내용은 이러한 상징적 구분에 의존하는 한편 구별을 흐리게 하기도"(116) 하는 스타일의 형식으로써 표현되기 때문이다. 텔레비전에서 우리가 만일 부자들의 삶을 계속 지켜볼 '인내심'이 아직도 남아있다면 그건 순전히 상징적 구별을 흐리게 만들어버리는 텔레비전의 스타일상의 능력 때문일 것이다. 실제로 "다양한 생활양식들은 그것이 다른 계층이 아닌 어떤 특정한 계층에서 파생되었다는 명백한 표시와 더불어 나타난다."(116) 그럼에도 불구하고 대다수의 광범위한 시청자는 여전히 그 자신은 어떠한 계급이지만 계급의식이 결여된 맑스가 말한 바에 따르면 즉자적 계급군이다. 대중매체는 그 내용의 대부분이 우리 대다수가 속해있는 계급, 즉 즉자적 종속계급의 경험으로부터 나오고 또한 그 계급의 성원들을 지향하고 있다는 의미에서 역설적으로 무계급적(117)이다.

텔레비전으로 대표되는 이런 대중매체가 역설적으로 무계급적이라고 증언하는 피스크가 오히려 설명하고자 하는 바는 무엇이었을까? 대중매체는 우리들은 대체로 의식하지 못하지만 무계급성을 적극적으로 표방하는데, 이는 상당히 의도적인 것으로 보인다.

예를 들어 설명해 보자. 이제 텔레비전 드라마에서조차 명시하듯 계급간 이동에는 강고한 장벽이 있어 보인다. 이미 산업화가 일어난 이후

몇 십년간 오랫동안 횡행하던 시골 출신의 고학생이 부잣집 딸과 결혼으로 맺어지는 드라마류가 물론 등장하지 않는 것은 아니나 그런 종류의 것들이 이제 드라마의 정석이 아닌 것은 만일 계급 상승이 현실에서는 일어날 수 없는 신화라는 세태를 반영한다는 의미로 본다면 그것은 일종의 계급 상승 신화의 종결이다. 그런가 하면 계급 상승의 함의를 품은 드라마가 부재한다는 것을 지배이데올로기의 관철이 현실에서 계속 이루어진다는 조짐 내지 징조로 본다면 이는 신화의 부단한 지속일 수 있다. 계급간 이동이 불가능함을 이데올로기로 자연화함은 지배층의 전략이다.

최근 종영한 <찬란한 유산>이라는 드라마를 보자. "외로워도 슬퍼도 나는 안 울어 참고 참고 또 참지 울긴 왜 울어…내 이름은 내 이름은 내 이름은 캔디♬…." 20대 초반의 젊은 여성 주인공은 이 드라마에서 고통과 슬픔과 온갖 모함을 이겨내고 끝에 가서는 돈도 사랑도 거머쥐는 2009년판 한국 캔디로 분하고 있다. 우리는 <캔디>라는 만화에서 이미 그 서사 틀의 작동을 보았던 연유로 하여 그녀의 성취를 당연히 예측하고 있었다. 그녀가 현재 보잘 것 없는 처지에 놓여있다 하여도 그녀가 결국은 테리우스를 차지하는 캔디가 될 것이므로 시청자 그 누구도 그 결말을 의심하는 법이 없었던 셈이다. 2009년 현재 가장 그 극을 보여준 '막장드라마에 반하는 '착한 드라마'라는 별칭은 사실 누구나가 결말을 예측할 수 있다는 점, 즉 정서적 안정감을 도모한 측면에서 기인한 바도 분명 있으리라. 그런데 20대 남녀를 두고 벌어지는 이 로망은 특히 위에서 말한 텔레비전의 신화화 기능 중 "2. 지위를 향상시키는 메시지를 그 메시지에 깔린 이데올로기를 승인하는 것으로 변경시킴에 의해 문화의 구성원 개인을 그 문화의 지배적인 가치체계에 포함시키는 것."과 "4. 이데올로기와 신화를 확실하게 강화함으로써 그 문화가 그 세계에 실제적으로 적절함을 보증하는 것."이라는 항목과 부합하는 요소들을 드라마 내용과 구성에 포함하고 있다.

캔디 고은성과 자폐 장애아이나 음악에 천부적 재능을 지닌 서번트 증후군인 그녀의 남동생 은우 남매, 그들에게 붙은 '요리'와 '피아노'라는 기호는 현재는 캔디 일군이어도, 그녀의 과거가 그랬듯 부르주아라는 계급의 재진입에 큰 무리는 없을 것임을 보여주는 약호다. 반면 어떤가? 주인공 은성의 '무혈연' 자매로 나오는 승미라는 등장인물을 보자. 가진 것이 없어서 학창시절에는 학업에, 사회인이 되어서는 직장일에 충실하지만 그녀에게는 약속도, 계급상승도 이루어지지 않는다. 악행을 저지른 엄마 때문에 그닥 큰 희망이 없는 조용한 시골생활을 하게 되는 것이 이 드라마의 결말이다. 거의 시청률 50%에 육박하면서 종결된 이 드라마에서 결국 계급간 이동은 종국에는 이루어지지 않는다. 텔레비전 드라마는 사회를 재현한다. 그런 의미에서 계급간 이동이 결코 불가능한 현실을 최근 드라마 중 가장 잘 보여준 셈이다. 그러나 이 드라마를 시청한 시청자의 대부분이 이 드라마에서 계급간 이동이 이루어졌다고 느꼈다면 이 드라마는 지배이데올로기의 관철을 훌륭히 해낸 셈이 되는 것이다. 우리가 만일 계급간 이동의 불가능성, 계급 고착을 '자연스러움'으로 가장한 신화로 바라본다면 이제 신화는 신화로 영원히 작동할 수 있는 여건을 갖춘 셈이다. 전세계 1% 미만 부자가 전세계 부의 3분의 1을 차지하고 있는 것으로 조사됐다. 신자유주의적 자본축적 체제는 이 부의 편중을 더욱 심화시킬 것으로 예상되어 이제 계급간 이동은 일어날 수 없는 것이 현실이 되었다.

그렇다면 이제 지배이데올로기로서 계급 장벽의 강고함을 자연화할 필요가 필연적으로 생겨난다. 2009년의 한국 드라마는 이를 또 어떻게 그리고 있는 것일까?

　　프레드릭 제임슨에 의하면 텔레비전은 사회 현실과 우리가 일상적인 사회 현실에서 경험하는 스테레오타입들을 원료로 취하여 작업하지 않을 수 없기 때문에, 사회 현실에서 계급적 인물에게 일어나는 변화가 있다면 이 변화가 감지되어야 하는 매체이다.[3]

　　2009년 한국사회에서 그 변화를 약간의 코믹 요소를 가미해 선명하게 보여준 드라마가 출현했는데, 그 코믹 요소는 계급간 분리에서 생겨나는 격차를 완충시키는 역할을 다소간 한다고 보인다. 그러나 이 격차가 당연한 것으로 자연화되는 시점에 이르는 때가 온다면 이런 수사나 제스처조차 불필요한 것이 될 것이다. <내조의 여왕>에 나온 일군의 주부 집단은 제임슨이 말한 그 변화를 수행하고 있는데, 앞에서도 말했지만 사회 현실에서 계급적 인물에게 일어나는 변화가 있다면 이 변화가 감지되어야 하는 매체로 간주되는 텔레비전의 경우, 이 변화를 드라마로 극화하여 전달할 때 가장 자연스러워 보인다. 이 드라마의 주축 등장인물군인 주부들의 각 계급은 통상 남편의 지위와 계급 정도에 정확하게 연동되어 나타나는데, 그 역시 재벌의 딸인 젊은 사장 '태봉'의 부인만이 비교적 예외이다. 그녀는 이 드라마에서 유일하게 이혼을 감행하는 부인이기도 하다.

　　우선 이 드라마에서 계급을 확정짓는 형태는 거주지 분리로 나타난

3_ 프레드릭 제임슨, 「현대 대중 문화에서의 계급과 알레고리」, 『보이는 것의 날인』, 남인영 옮김, 도서출판 한나래, 2004(1판 2쇄), 84쪽.

다. 최상급의 주상복합 아파트에 사장부터 하급간부까지 모여 사는데, 비정규직 인턴사원 부인인 주인공 '천지애'는 낡아빠진 자동차로 이곳에 수시로 드나든다. 처음에는 남편의 취직을, 그 이후에는 정규직으로의 전환을 위해. 이곳에 드나드는 걸로 봐서 그녀는 물론 이곳의 입주민이 아니다. 그녀는 70년대 동네 풍경을 아직도 다소 간직하고 있는 일반 주택지의 낡은 연립주택 주민이다. 장소성을 궁극적으로 나타내는 또 다른 설치물은 천지애가 사는 옛동네에 소재한 작은 슈퍼 앞 평상이다. 이 설치물은 대기업 직원의 부인들이 몸매를 다듬어주는 운동을 끝낸 뒤 삼삼오오 모여 수다를 떠는 그녀들 주거지인 주상복합의 피트니스센터 휴게실과 같은 용도로 쓰인다. 용도는 같지만 평상과 피트니스센터의 휴게실이라는 장소성이 지시하는 계급성은 더욱 간극이 벌어진 상태이다.

이 드라마에서 남편의 취직과 정규직 전환을 위해 고군분투—사실이 말도 그녀의 노력에 비하면 심히 미약하지만—하는 주인공 주부 천지애는 그러나 2006년 드라마 <두 번째 프로포즈>에 나오는 주부 미영(오연수 분)과는 달리 이혼을 하지도, 능력 있고 집안 좋은, 즉 다른 계급의 연하 청년과 맺어지지도 않을 뿐더러 오히려 자기에게 관심을 보이는 재벌가 자제인 '태봉' 사장의 연정마저 물리친다. 그녀가 받아들이는 것은 온전히 그녀를 둘러싸고 그녀를 한정 짓고 있는 구태의연한 양식들이다. 그녀는 과도한 신분 상승도, 몫이 큰 부도 바라는 것 같지 않다. 오직자기에게 알맞다고 하는 정도를 성취하는 선에서 그러나 대단한 노력을 하여 그것을 얻으려 하고 있다는 점에서 이전의 드라마들과는 사뭇 다르다. 그 노력의 양상을 보면, 대기업에 입사하려는 대학생들의 스펙 쌓기의 그것과 흡사하다. 남편 회사의 출시 전 식품으로 임의적 시식회 개최, 또한 최상의 한우 재료를 얻기 위한 우목장에서의 인간관계 쌓기라는 고전적 분투 등 그 이전에 다른 드라마들에서는 보여주지 않았던 양상의 주부 헌신과 고군분투를 보여주고 있다. 드라마 연출자는 이를 다음과 같이 요약한다. "경제위기라는 한국의 현실적 상황을 부부애로 극복해야 한다는 보편적인 결론으로 완성됐다."4)

주상복합에 사는 대기업 직원들의 생활양식은 화려하고 지배적이어서 시청자인 우리들 자신의 생활양식과 환유적 관계를 갖는다. 화려한 바로크풍의 혹은 젠 스타일의 미니멀한 세련된 주상복합 아파트 내부의 장식들, 남편의 직급과 연동된 각각의 부인들의 의상 스타일, 이제는 부의 상징이 된 다이어트된 몸매 등등. 우리는 이러한 생활양식을 평가하는 문화를 공유하고 심지어 이러한 연속극이 찬양하는 속성과 대상을 소유할 수도 있다. 드라마를 통해 우리는 이렇게 부유한 환경 속으로 이끌려 들어가게 되고, 우리가 전혀 다른 계급이라고 해서, 즉 물질적으로 궁핍하다고 해서 여기에서 제외되지는 않는다.(118) 단지 시청하는 것만으로도, 텔레비전은 사람들이 자신의 집단보다 지위가 높은 집단의 중재된 견해(텔레비전에서 볼 수 있는)를 흉내낼 만한 모델로 사용하는 것을 의미하는 '예측적 사회화'의 기능을 수행한다. 이 주장은 사람들은 그들이 속하고자 열망하는 신분집단에 진입하고 또 적응하기 위하여 그 집단에 특징적인 언어, 행동, 습관을 배울 수 있다는 것이다. 부르주아화라는 주제의 한 변형으로 생각될 수 있다.(116)

기실 실질적인 자본주의의 힘은 몇 개의 중요한 에피소드에서 보이

4_ '내조의 여왕' PD, "'내조−' 해외 인기 비결은 김남주 덕", <노컷뉴스>, 2009/09/11.

기는 하지만 그 실체가 거의 드러나지 않는다. 오히려 명확히 드러나는 것은 그 드라마에 출연한 출연자들이 누리는 경제적 섭취가 온전한 화폐의 취득이라는 점에서 극단적으로 자본주의적이며 직접적이다. 그리고 그들이 CF에서 권장한 상품들이 최종적으로 우리들에 의해 구매되어 소비될 때 그 드라마들의 임무는 온전히 완수된 것이다. 우리의 시청 행위가 소비로 완결되는 바로 그 '자본'의 지점에서.

다음의 기사들을 보라.

'단박에 10억!'

배우 한효주가 'CF 여왕'으로 등극했다.

한효주는 현재 시청률 40%에 육박하는 SBS 주말 특별기획 <찬란한 유산>(극본 소현경 연출 진혁)에 출연하며 연달아 광고 계약을 체결해 대박 행운을 이어가고 있다. 이번 드라마의 인기에 힘입어 화장품, 제과, 여성의류, 생활용품 등 10여 개에 달하는 광고 계약을 체결했다. 액수만 따진다면 최소한 10억원을 넘어설 것으로 관측된다.

<인터넷한국일보>, 2009/07/01

'내조의 여왕' 김남주, CF로 두자릿수 매출액 기록

…김남주는 올봄 MBC 드라마 '내조의 여왕'의 인기에 힘입어 'CF 여왕'의 명성을 다시 얻었다. 현재 출연 중인 CF만 해도 음료, 카드, 정유사 등 5개에 이른다. 1년 전속을 기준으로 CF 1편당 출연료를 5~6억원대로 추정했을 때, 혼자서 두자릿수의 매출액을 기록한 셈이다.

<스포츠 서울 닷 컴>, 2009/08/19

'내조의 여왕 CF의 여왕.'

연기자 김남주가 MBC 미니시리즈 '내조의 여왕'에서 능청스러운 아줌마 역할 이후 대표적인 주부 모델로 CF시장을 휩쓸고 있다.

김남주는 8년 만에 브라운관으로 복귀해 '내조의 여왕'으로 큰 성공을 거뒀다. 종영된 이후에도 그 인기의 여파로 화장품, 통신, 주유소, 카드 등 각종 생활관련 CF를 꿰차며 그 후폭풍을 즐겁게 느끼고 있다.

김남주는 최근 액체 세제 퍼실 파워젤의 모델로 CF 촬영을 마쳤다. 김남주가 모델이 된 퍼실 파워젤은 1907년 이후 100년이 넘는 기간 동안 독일 시장점유율 1위를 지켜온 독일계 생활용품 전문회사.

헨켈홈케어코리아 관계자는 "김남주씨는 기존의 세련된 이미지를 벗고 '내조의 여왕'에서 딱 부러지는 내조와 엉뚱함으로 대한민국 아줌마의 이미지를 잘 구현해냈다. 그런 이미지가 본사 제품과 딱 맞아 모델로 체결했다"고 밝혔다.

<스포츠월드>, enter@sportsworldi.com, 2009/10/05

그런데 우리가 특히 경계해야 하는 신화의 다른 특징은 그것의 역동성이다. 신화는 계속해서 변화하고 스스로 최신화한다. 텔레비전 드라마는 이러한 과정 속에서 중요한 역할을 수행한다. 드라마들은 계속해서 실재에 대비하여 신화를 실험함으로써 신화의 설명력을 감소시키고(49) 그리하여 그것을 자연화시키는 역할을 하게 된다.

13년 전의 드라마 <애인>과 2009년의 드라마들 사이의 간극은 너무 커 보인다. 이 간극을 좌우한 것이 시간의 흐름만이 아니라는 것은 모두들 잘 알 것이다. 드라마 <애인>은 국민소득 1만불 시대로 들어선 1995년 다음해인 1996년에 제작, 방영되었다. '장밋빛 세계화'의 기치를 올리며 시작된 김영삼 정권이 OECD 가입과 외국자본 자유화 조치라는 축배를 들었던 바로 그 해이다. 그러나 그 자본자유화 조치는 바로 한 해 뒤인 97년 말 IMF사태라는 외환위기를 몰고 왔다. 그때 태국, 인도네시아, 한국 등 '아시아의 호랑이들은 단단히 길이' 들여져야 했다.5) 말하자면 그 당시의 아시아의 위기는 아시아 국가 경제에 신자유주의를 강제 적용시키려던 자본축적 전략이 야기시킨 것이었다. 아시아를 단단히 혼낸 이후 자본의 극단적 자유를 자본축적 원리로 삼던 신자유주의는 전지구적으로 이제 당연하게도 더욱 기승을 부리게 된다. 그러나 그로부터 10여 년 후인 2008년 가을, 세계경제는 사상최대의 위기, 즉 자본주의 존립의 위기에까지 다다랐다. 자본주의 헤게모니국가 미국의 서브프라임모기지 사태로부터 시작되어 금세기 최대의 금융위기가 닥쳐왔고, 그 당연한 결과로 세계경제는 파탄났다. 이제 신자유주의는 경제위기를 야기한 근본원인으로 지목되어 지탄받고 있으며, 미국 및 케인스주의 전통이 강한 유럽에서는 신자유주의에 대한 신조를 버리는 추세이다.6) 그러나 부의 편중이 심화되고 있는 한국에서는 그에 역행하는 정책이 펼쳐지고 있다. 부자 감세 정책으로 종부세를 폐지하고, 투자환경을 조성한다는 명목 아래 기업, 금융권에 대한 규제를 완화하는 신자유주의 정책 일변도로 나아가고 있는 것이다. 빈부격차는 전례없이 벌어져 있고, 이제 남은 것은 이 상황을 받아들이도록 만드는 것뿐이다. <내조의 여왕> 천지애가 '턱

5_ PICIS 엮음, 『IMF의 아시아 호랑이 길들이기』, 문화과학사, 1998.
6_ 강내희, 『신자유주의 시대 한국문화와 코뮌주의—문화사회론적 접근』, 문화과학사, 2008, 서문 참조

없는 신분상승을 바라지 않아야 하는 이유도 여기 있다. 그녀는 외부적으로는 재벌 사장 '태봉'을 심정적인 차원에서 물리쳐야 하고, 내부적으로는 소시민으로서의 소임을 다하기 위해 주부 고군분투기를 써내려가야 한다. 오직 노력하는 자만이 승리할 것이라는 모토를 몸소 실천하면서. 그건 <찬란한 유산>의 캔디 '고은성'에게도 마찬가지다. 그녀들은 몸이 부서져라고 일한다. 그렇더라도 원래 부르주아였던 그녀가 다시 기업의 경영자가 되는 것은 당연한 그녀의 몫이라는 암시를 궁극적으로는 현실화하면서. 이 드라마들은 '사회적 통합의 가짜 느낌'뿐만 아니라 가족 내부에서의 문제와 쉬운 해결을 묘사함으로써 현상을 지지하는 경향이 있다.[7]

표면적으로는 그닥 묶어서 이야기할 만하지도 않은 <애인>과 <내조의 여왕>, <찬란한 유산>을 살펴보았다. OECD 가입과 외국자본 자유화 조치라는 축배를 들었던 바로 그 해, 1996년에 방영된 <애인>이 애정이라는 내밀한 인간관계의 형상도를 설명해내려 했다면, 세계경제 위기가 급박하게 진전된 올 2009년에 방영된 드라마들과 <애인> 사이에는 재차 말하듯 크나큰 간극이 존재한다. 이렇게 형상의 내용이 변화해 왔다면, 그건 무얼 의미하는 걸까? 지금 현재 2009년 한국사회에서 극심하게 진행 중이며 또 점차 증폭하고 있는 계급 이동 불가능성의 재현 혹은 신화화는 이 시대의 사회적 요구인 것만큼은 틀림없다.

프레드릭 제임슨은 이러한 기본적인 요구를 맑스보다는 프로이트로부터 빌려온 용어를 써서 '형상성'(figurability)의 요구라고 부른다.[8] 우선

7_ 레슬리 스티브스 · 마릴린 크래프튼 스미스, 「TV와 계급과 성」, 원용진 · 한은경 · 강준만 엮음, 『대중 매체와 페미니즘』, 한나래, 1993, 293쪽.
8_ 프레드릭 제임슨, 『보이는 것의 날인』, 83쪽.

사람들이 계급을 의식하기 위해서는 그 계급들을 이미 어느 정도 그러한 것으로 느낄 수 있어야 한다는 요구가 필요할 것이다. 그리고 형상성을 위해서는 사회 현실과 일상생활이 그 배후의 계급 구조를 감지할 수 있는 형태로 재현될 수 있는 만큼 발전하는 것이 필요하다9)고 제임슨은 설명한다. 그런데 계급의식과 형상성의 관계는 추상적인 지식보다 좀더 기초적인 것을 요구하며 경제학의 추상적인 확실성과 맑스주의류의 사회과학보다 더욱 직감적이고 실존적인 체험 양식을 함축한다. 제임슨은 진정한 계급의식이 가능하기 위해서는 생생하고 경험적인 방식으로 일상생활을 감지할 수 있는 매체를 통해 추상적인 계급 진실의 의미를 파악하기 시작해야 한다고 주장하는데, 이렇게 본다면 텔레비전은 이 기능을 가장 잘 수행할 수 있는 매체가 될 것이다. 그리고 계급 구조가 재현 가능하게 되고 있다는 말은 우리가 단순한 추상적인 이해를 넘어서 개인적인 판타지와 집단적인 이야기하기, 서사적 형상성의 전적인 영역으로 진입했다는 것을 의미한다. 이것은 문화의 영역이다. 더 이상 추상적인 사회학의 영역이 아니다. 형상적—즉, 가장 먼저 가시적이고 우리의 상상에 접근할 수 있는 것—으로 되기 위해서는 계급들이 어떤 의미에서는 그 자체로 등장인물이 될 수 있어야 한다.10)

4. 다중적 여성주체성의 생산—정서와 느낌의 결합

프랑스의 매체학자 레지스 드브레(Régis Debray)는 1992년 저작 『이

9_ 같은 책, 같은 쪽.
10_ 같은 책, 83-84쪽.

미지의 삶과 죽음』에서 텔레비전의 확산이 가져온 '시선 혹은 말의 전문성의 자격박탈'에 대해 지적한다.11) 그는 순간 그 자체이기도 한 '보이는 것'은 더 이상 특별한 재능이나 훈련을 요구하는 것이 아니라서 전문성의 유무와는 상관없는 부분이 되기도 한다고 본다.

그런가 하면 텔레비전의 이미지는 집중성에 대한 요구와는 거리가 멀다. 뉴스에서 쇼로, 쇼에서 광고로, 광고에서 드라마로, 드라마에서 다시 광고로 끊임없이 이행하고 있는 것이 텔레비전의 영상이다. 시간적인 연속에서 보여주는 텔레비전의 이러한 계열적 성격은 또한 하나의 화면 안에서도 그대로 나타난다. 뉴스 프로를 구성하는 화면은 앵커맨, 그리고 그 뒤에 배치되는 영상, 앵커 옆에서 열리는 또 다른 프레임 등이 매순간 변화하면서 등가적으로 배치되어 있다. 이같은 전형적인 계열적 배치가 텔레비전 영상의 특징이다. 이러한 영상과 마주하는 주체 역시 유사한 성격을 특징으로 가진다. 텔레비전적 주체성은 영화 관객의 '집중성'과는 전혀 다르다.12)

이러한 장치에 의해 구성된 주체는 주의력 집중으로 형성되지 않으며 그 주체는 오히려 스스로를 확정하지 못한다. 그 주체는 주위의 모든 곳을 배회하면서 현상의 표피에 머물러, 자신의 주위에 있는 객체에 대해 그렇듯이 스스로에 대해서도 지나쳐 버린다.13)

11_ 레지스 드브레, 『이미지의 삶과 죽음』, 정진국 옮김, 시각과 언어, 1994, 326쪽.
12_ 박성수, 『디지털 영화의 미학』, 문화과학사, 2005(개정증보판), 83쪽.
13_ Karl Sierek, *Aus der Bildhaft—Filmanalyse als Kinoästhetik* (Sonderzahl, 1993), p. 74; 여기서는 박성수, 『디지털 영화의 미학』, 83쪽에서 재인용.

'시선 혹은 말의 전문성의 자격박탈'이라는 요소와 영화 관객이 지닌 '집중성'을 지니지 않은 텔레비전적 주체성은 상당히 상호부조적이다. 바로 위에서도 언급한 바 있지만 계열적 성격의 텔레비전 영상은 집중성을 요구하지 않는다. 영화 장치와 비교해 본다면 텔레비전의 가장 큰 특징은 그것이 동산, 즉 움직일 수 있는 물건이며 우리의 일상적인 생활공간 안에 자리잡고 있다는 점이다. 따라서 영화에서와는 달리 사회적 주체로서의 인간과 시청자 주체로서의 인간 사이의 분리라는 것은 전혀 일어나지 않는다. 일상적 거주공간 안에서 우리는 그 장치의 주변을 배회할 수도 있고, 그 장치를 이동시킬 수도 있다. 그러나 텔레비전과는 달리 영화적 장치의 경우 관객은 그 장치에 위계적으로 편입된다. 즉 관객의 주체성은 장치 내부에 놓여짐으로써 구성되기 시작하는 것이다. 그러나 텔레비전의 경우에 관객 또는 시청자는 그 장치 외부에 있고 장치가 관객을 감싸는 것이 아니라, 관객이 장치의 주위에서 돌아다닌다. 영화가 관객에게 고정된 자리를 부여함으로써 일종의 고정된 시점을 규정하는 데 반하여, 텔레비전은 시청자에게 하나의 시점이 아닌 여러 개의 시점을 부여한다. 영화 안에서 주체는 잠재적으로 홀로 있는 사람으로서 자신의 주위에서 스스로 움직이고 있는 모든 것을 보고 있다. 반면에 텔레비전 주체는 텔레비전 곁에서 복수로 존재한다.[14] 이렇게 본다면 여성드라마의 주시청군인 가정 내의 주부집단, 그녀들이야말로 원근법적인 중심적 주체가 아니라 다중심적 복수 주체라고 볼 수 있다.

  텔레비전, 혹은 텔레비전 드라마의 주시청층인 가정 내의 주부집단

14_ Ibid., p. 80; 박성수, 앞의 책, 84쪽.

은 대체로 집중할 수 없는 환경 속에 놓여 있다. 아이에게 젖을 물리면서, 혹은 분유를 흔들어 타면서도 텔레비전 화면을 흘깃 보기도 하고, 텔레비전을 시청하면서도 빨래를 개켜야 하는 주체이다.(사실 이렇게 형상화된 주부의 모습이 드라마 속에 존재하기는 비일비재하다.) 찌개가 끓는 소리에 귀를 기울이면서도 일일연속극의 추이에 집중해야 한다. 육아와 가사노동을 훌쩍 떠나서 영화관의 관객이 되기란 좀체 어려운 상황에 놓여 있다. 분산되고 집중할 수 없는 환경은 그녀들의 다차원적 주체 성격의 대부분을 구성하는 요소이며, 절대적으로 지배적이다. 그녀들은 자신들만의 정서로 텔레비전을 시청하며, 이 때 또 자기들의 정서와 맞는 드라마를 보면서 자기들만의 정서를 생산해낸다. "정서는 행위(act) 또는 움직임이다. 정서 중 상당수는 공개적이어서 얼굴 표정, 목소리 등에 드러나는 정서를 다른 사람이 볼 수 있다."[15] 사회적 주체로서의 인간과 텔레비전 시청자 주체로서의 인간 사이의 분리라는 것이 전혀 일어나지 않는 가운데 생겨난 이 정서는 가족, 사회 등과 상응한다. 이 상응의 기본 토대는 다중심적 주체가 가질 수 있는 다양한 의사소통인 것으로 보인다.

텔레비전 시청자와는 달리 영화관이라는 공간에 들어선 사람은 자신의 몸을 부재하게끔 하는 장치 안으로 들어섬으로써 사회적 소통의 연관에서 전적으로 벗어나게 된다. 장치는 사회적 주체로서의 우리의 저항능력을 약화시키고 보다 가변적인 주체로 만든다. …그런데 장치 안으로 편입된 주체에서 변화가 일어난다. 자신의 몸을 부분적으로 의식하는 구

15_ 안토니오 다마지오, 『스피노자의 뇌: 기쁨, 슬픔, 느낌의 뇌과학』, 임지원 옮김, 사이언스북스, 2007, 38쪽. 이하 이 책에서의 인용 내지는 참조는 본문에 그 쪽수를 표시한다.

경하는 주체에서 일어나던 '장치 쪽으로의 소멸'은 주체가 장치와 동일화되는 과정을 통해서 탈육체화된 새로운 주체로 구성되게 되는 것이다. 이제 자극을 수용하던 구경하는 주체는 장치와의 동일화를 통해서 장치의 힘을 자신의 것으로 수용하고 관객적 주체로 탈바꿈하는 것이다. 이 관객적 주체는 앞서의 자극들을 이제 기호로 전환시킬 수 있게 된다. 관객 주체는 영화의 이미지를 의미작용으로 이해하게 된다. 그렇게 해서 스크린 공간이 현전하게 된다.[16]

그런데 이 관객 주체, 즉 구경하는 주체는 결코 의사소통의 상황에 놓여져 있지 않다. 색채의 차이, 빛의 대조, 광채의 힘, 소리의 강도, 악기의 날카로운 음색, 쉰 목소리의 현전 등은 결코 기호들이 아니다. 구경하는 주체로서…우리가 느끼는 것은 의미작용이 아니다.[17] 의미작용이 아니라면 무엇일까? 암전된 극장의 한복판에서 느끼는 것은 날카로운 감각, 즉 느낌이 아닐까? 가끔 영화처럼 찍은 드라마의 영상미에 대해 운운하는 소리를 들어본 적이 있을 것이다. 이제 우리는 드라마를 시청한 연후 생겨난 정서에 감각을, 최고 상태로 고양된 느낌을 포개보고자 한다. 우리의 여성주체가 정서에만 매몰되지 않고 전일적(holistic) 주체 형태가 되려면 그녀들은 자신의 몸에 감각, 그러니까 느낌의 전류를 흘려보내야 할 것이다.

"인지과학자 다마지오는 감정(affectus)을 정서(emotion)와 느낌(feeling)으로 구별한다. 그에 의하면 정서는 신체적으로 촉발되는 생물학적 현상이기에 '정서의 생물학'을 규명하는 것이 가능하지만 느낌은 생물학적으

16_ André Gardies, L'espace au Cinéma (Méridiens Klincksieck, 1993), p. 22.; 여기서는 박성수, 앞의 책, 82쪽에서 재인용.
17_ Ibid., p. 21; 박성수, 앞의 책, 81쪽 재인용.

로 설명될 수 없는 마음의 운동과 연관된다. 정서가 먼저 태어나고 느낌은 그 뒤를 따라 그림자처럼 정서의 뒤를 쫓는다는 것이다."[18] 정서는 행위 또는 움직임으로, 마지막으로는 과학적 탐지 수단으로 포착할 수 있다. 그러나 "특정 방식으로 작용하는 신체의 일부 또는 신체 전체의 표상(지각, 관념, 사고)인 동시에 사고의 특정 방식, 그리고 특정 주제를 가진 생각에 대한 지각"(105)으로 정의되는 느낌은 모든 심상이 그렇듯이 언제나 안에 숨어 있어 그 소유자를 제외한 누구도 볼 수 없다.(38) 우리는 느낌을 통해서 몸의 상태에 대한 지각(몸의 이미지)과 더불어 우리 자신의 마음의 상태에 대한 지각(사고 양식에 대한 이미지)을 가질 수 있다.[19]

정서와 느낌은 연속적인 절차 속에서 서로 너무나 밀접하게 관련되어 있어 통상 우리는 그 둘을 하나로 생각하는 경향이 있다. 그러나 감각은 몸의 반응이라고도 할 수 있다. 몸의 반응이 마음에 부분적으로 포개넣어지는 과정은 공개적으로 드러나는 '정서'에서 시작되어 사적으로 남아 있는 '느낌'에서 끝나는 복잡한 사슬의 형태이다. 정서는 얼굴 표정, 목소리, 특정 행동에서 드러나는 것이고, 느낌은 모든 심상이 그렇듯 언제나 안에 숨어 있어서 그 소유자를 제외한 어떤 사람도 볼 수가 없다. 이런 점에서 정서는 몸이라는 무대 위에서 연기하지만 느낌의 무대는 마음이다.(38-39) 다마지오는 마음이 존재하는 이유는 그 내용을 채울 몸

18_ 안토니오 다마지오, 앞의 책, 10쪽; 여기서는 심광현, 「감정의 정치학: '자기-통치적' 주체의 창조를 위한 새로운 문화정치적 프레임」, 『문화/과학』 59호, 2009년 가을, 20-21쪽에서 재인용.
19_ 안토니오 다마지오, 앞의 책, 105-110쪽; 심광현, 『유비쿼터스 시대의 지식생산과 문화정치』, 문화과학사, 2009, 188쪽에서 재인용.

이 존재하기 때문이라고 본다. 몸에 자리잡고 있고 몸을 중심으로 사고하는 우리의 마음은 몸 전체의 하인이라는 것이다.(238-239)

"주체화 과정은 지적, 감성적, 윤리적, 신체적 발달 과정에서 생물학적 요인과 경제적, 정치적, 사회문화적 요인들이 중층결정되는 복합적 과정이다."[20] 따라서 우리 여성주체를 온전하게 구성해내는 일은 정서와 감각을 동시에 배태하는 것이다. 텔레비전을 시청하면서도 느낌을, 감각을 최대한으로 고양하자. 그것은 텔레비전 시청을 예술 행위로 만드는 일이다. 그저 '보이는 것'을 '본다'는 행위에서 그치면 앞서도 보았듯이 그것은 구매 다음에 오는 소비 행위에 불과한 것이 되기 때문이다. 소비자본주의에 매몰되지 않고 우리는 정서와 감각, 즉 느낌을 통해서 이러저러한 우리 몸의 이미지뿐만 아니라 동시에 우리 자신의 사고양식에 대한 이미지를 갖게 되는[21] 예술 행위로 우리의 시청 행위를 가져가야 한다.

기실 예술적 기념비는 일어났던 무언가를 함께 기억하고 기념하는 것이 아니라 사건, 늘 새로워지기만 하는 인간들의 고통, 재창조되는 그들의 항거, 줄기차게 다시 시도되는 그들의 투쟁을 구현하는 확고부동한 감각들을 미래의 청자에게 위탁하는 것이다. 감각적 생성은 무언가 혹은 누군가가 해바라기이건, 에이합이건, 끊임없이 다른 무엇으로 생성되어가는 행위이다.[22] 이제 우리 여성들은 텔레비전 시청이라는 행위를 통해 끊임없이 새로운 생성적 주체로 화(化)해가자. 자본에 복속되지 않으며, 그리고도 정서와 느낌을 엮어.

20_ 심광현, 「감정의 정치학: '자기-통치적' 주체의 창조를 위한 새로운 문화정치적 프레임」, 15쪽.
21_ 같은 글, 20-21쪽.
22_ 질 들뢰즈 『철학이란 무엇인가』, 이정임 · 윤정임 옮김, 현대미학사, 1995, 254-255쪽.

그리고 덧붙이자면,

매개한다는 의미에서의 미디어들은 단지 삶의 재현을 위한 도구가 결코 아니다. 질베르 시몽동이 "전(前)개체적인 것"이라고 불렀던, 살아 있다는 것 자체와 엄격하게 동시적이면서 미래에 계속 생존할 수 있는 가능성의 조건을 구성하는, "살아지지 않은 것"(nonlived)의 영역과 삶 사이의 근본적인 상관관계를 드러내는 메커니즘이 바로 미디어들이다.23)

그 미디어 중 우리 여성들에게 가장 친숙하며 또 우리 일상의 주위를 맴도는 것이 텔레비전, 그것임을 다시 한번 상기하기로 하자.

23_ Mark B. N. Hansen, *New Philosophy for New Media* (Cambridge, Mass.: MIT Press, 2006), p. 264; 여기서는 심광현, 『유비쿼터스 시대의 지식생산과 문화정치』, 180쪽 재인용.

10 광고언어와 자본주의

1. 시작하는 글

'광고'와 '자본주의', 그 둘을 피상적으로만 떠올린다 해도 그 둘 사이에 형성된 관계랄까, 혹은 접점 같은 것을 꽤 여럿 떠올릴 수 있다. 물론 크게 잡자면 중국에는 생산양식의 재생산에 관련되는 다양한 층위의 문제이지만, 매스미디어를 통한 지배이데올로기 유포 문제, 이런 것을 포괄하는 이데올로기 국가장치를 통한 지배의 재생산 문제 등등. 또 현단계 자본주의와 맞물린 상대적 잉여가치 창출문제에 관련되어 있는 상품화 문제에 대한 것들을 떠올릴 수 있다. 그렇다면 광고와 자본주의에서 이런 접점들이 형성되어 가시화되는 지점은 어디일까? 우리는 그 지점 중 가장 중요한 지점을 일단 '언어'로 보고 이 글을 시작한다. 지배의 재생산과 변혁이 가시적으로는 언어를 중심으로 일어나고 있다고 보고 있고, 최근의 이론정세에서 담론을 보는 입장, 관점이 중요한 쟁점으로 부각되고 있다는 것 자체가 이런 사실을 뒷받침하는 것이라고 판단하기 때문이다. 이 판단은 상당히 자의적일지 모른다. 그러나 여기서 우리 판단의 자의성에 대해 왈가왈부하는 것은 실상 유익한 일이 못 되는 것 같고 더불어 그것은 이 글이 전개됨에 따라 밝혀질 문제이므로 일단 유보해두자. 그리고 대체로 다음과 같이 요약할 수 있는 테리 이글턴의 문제의식을 함께 공유하는 것으로부터 시작해보자.

> 금세기 들어 굵직굵직하게 사상적 조류를 이루어 왔던 탈구조주의, 정신분석학, 해체주의, 심지어 탈맑스주의의 사회이론 모두 언어가 그 문제점과 신비, 함축된 의미들을 지닌 채 20세기의 지적 삶에 범형인 동시에 강박관념이 되었다는 사실의 증후라고 볼 수 있다. 왜냐하면 이것들은 프레드릭 제임슨이 말했듯이 구조주의처럼 '모든 것을 언어학의 용어로 다시 한번 생각하려는' 시도였기 때문이다.[1]

이제까지 위에서 말한 언어는 일반적 의미의 언어이다. 범위를 한정시켜 우선 '광고언어'의 특징을 생각해보자. 광고언어는 다른 언어들과는 달리 언어 자체—여기서는 광고 카피 한 자 한 자라는 표현이 더 적절하지만— 에 자본이 투여되어 있다. 실제로 언어 자체에 자본이 투여된 언어란

1_ 테리 이글턴, 『문학이론입문』, 김명환 외 옮김, 창작과비평사, 1986, 123-124쪽을 참조할 것. 이글턴은 이 말을 구조주의에 국한시켜 하고 있으나, 그가 탈구조주의와 정신분석학 서술에서도 언어에 관한 이런 문제의식을 일관되게 견지하고 있으므로 여기에서 이렇게 정리한 것이다.

광고언어뿐이지 않을까 하는데 이런 점에서 그것은 가장 자본주의적 언어라고 할 수 있다. 자본투여뿐 아니라 그 언어는 환산할 수 없는 자본증식을 가져온다는 점에서 더더욱 자본주의적이라 할 수 있다. 가령 교사가 교실 안에서 행하는 강의란 것도 자본으로 환산될 수 있다는 점에서 다소는 자본주의적 언어라 할 수도 있겠지만, 일반 대중매체를 통한 광고언어의 자본생산력에 비한다면 그것은 단순산술적 수치만을 가진다.

광고카피에 투입되는 상당한 정도의 자본은 물론 궁극적으로는 자본의 무한증식력에 관련되는 것이지만 그 이전과정으로서 언어에 기억력과 파급효과를 고려한 보급용 장치를 부착하기 위한 것이다. 이런 장치를 통해, 가령 "남편 사랑은요, 가끔 확인해봐야 돼요"라는 최진실의 그 성가높은(적어도 이 카피가 불러일으켰던 삼성VTR의 그 무지무지했던 자본증식력에 있어서는) 충고나 "나 이뻐요"라고 느닷없이 물어오는 김완선의 다소 모자라는 듯한 질문들은 보고 듣는 사람들에게 각인이 된다. 광고는 또 카피가 신통치 않으면 하다못해 볼륨이라도 높여서 주의를 집중시키는데, 텔레비전이나 라디오에서 상품선전이 시작되면 음량조절도 하지 않았는데 갑자기 소리가 커진다든가 톤이 한 옥타브 정도 올라버리는 것이 예사인 것은 그런 이유에서이다. 즉 "나 이뻐요"나 "남편 사랑은요…"와 같은 담론은 그런 담론이 상품과 마찬가지로 유통될 수 있도록 담론조건들을 갖추고 있어야 한다는 말이다. 이런 조건이 갖추어졌을 때 광고를 접하는 사람들은 거기에 몰두하게 된다. 다시 말하자면 광고언어는 여느 다른 언어와는 달리 언제나 돋보여야 하는 나름대로의 자신의 세계가 구축되어야 한다는 것이다.

이런 특징들이야 생산자본의 이윤획득의 일면이나 상품판매와 관련되는 것이어서 일반적 의미의 언어를 다소 특정화시킨 부분인데, 사실 자본가들의 명백한 의도에 의해 이런 식으로 특정화된 부분만을 들여다보아서는 광고언어가 종국적으로 관철시키고 있는 지배의 재생산의 핵심 부분을 밝혀낼 수 없다. 왜냐하면 언어는 특정화되었다기보다는 언제나, 어디서나(일상적) 모든 사회적 계급들이 동일하게 사용한다(일반적)는 점에서 일상적이고 보편적이므로 언어를 통한 지배의 관철 역시 일상적으로, 일반적으로 이루어지고 있기 때문이다. 따라서 광고언어에서 보다 중요한 것은 언어의 일반적 특징이 전제되어 있는 부분이다. 이제 다시 언어 일반으로 돌아가 보자.

언어는 그 언어, 즉 그 한 단어가 '한 사물을 일컫'거나 '한 의미를 갖는다고 여겨졌다. 그리고 그것은 언제나 명백한 사실로 받아들여졌다. 언어 자체가 의미를 갖고 있다는 자명성을 통하여 언어는 한 사회의 지배이념을 자연적이고 보편적인 것, 즉 자명한 것으로 만든다. 그러나 의미라는 것은 원래부터 언어에 있는 자연적인 것이 아니라 어떤 공유된 의미작용의 산물이다. 다시 말하면 의미는 언어에 원래부터 주어진 것이 아니라 담론과정을 통해 형성되는 것이다. 예를 들어보자. 아주 흔히 쓰이는 예인데, 가령 '민주주의'라는 단어를 대학생들의 가두시위와 대학 앞 인근상인의 불평이나 호소와 짝지어 보도하면서 "일부 과격한 사람들 때문에 무고한 사람들이 이렇게 피해를 보니 이 땅에 진정한 '민주주의'가 언제 오겠느냐…" 운운하는 상투적 언론보도에서 쓸 때 그 의미와, '민중·민주주의적' 투쟁에 대하여 말할 때 그것이 전달하는 의미는 결코 동일하지 않다. 이처럼 하나의 단어(혹은 하나의 개념)는 총체적으로 고정되고 완결된 하나의 의미를 갖는 것이 아니라 그 단어를 누가 사용하는가, 어떤 맥락에서 그 단어가 쓰이는가 등에 따라, 즉 담론과정의 상이함에 따라 전혀 다른 의미를 갖는다. 따라서 한 단어를 두고도 그것을 자기 영역으로 집어넣기 위한 담론투쟁이 전개되기도 한다. 볼로쉬노프는 그것을 다음과 같이 설명한다.

> 여러 상이한 계급들은 하나이자 같은 언어를 사용한다. 그 결과 모든 이데올로기 기호에서 상이한 방향을 지향하는 강조점들이 교차한다. 그래서 기호는 계급투쟁의 무대가 된다.[2]

언어가 계급투쟁의 무대가 될 때, 광고언어가 서있는 자리는 어디인가? 물음에 대한 답변은 자명하되 그 답변에까지 이르는 경로는 생각보다는 녹녹치 않다. 왜냐하면 거기까지 이르는 경로는 고도로 전략화되어 있고 때로는 은폐되어 있는 지배의 재생산 구조 일부를 밝히는 것과 관련되어 있는 문제이기 때문이다.

2. 언어의 자기변신 책략

소설과 같은 서사물들이 활자매체 중심의 19세기식 서술방식을 따른 것이라면 텔레비전과 같은 영상매체는 20세기식 서술방식이라고 할 수 있다. 또 각각의 서술방식에 걸맞은 19세기식 의사소통 방식이라든지, 20

2_ M. 바흐찐.V. N. 볼로쉬노프, 『마르크스주의와 언어철학』, 한겨레, 1988, 35쪽.

세기식 의사소통 방식이 있을 것이다. 현재에는 물론 영상매체를 통한 영상소비가 주를 이루고 있고 이에 따라 자연히 시각이미지가 득세하고 있다. 광고언어에 관한 우리의 논의를 계속 전개시키려면 언어는 청각적인데—물론 의사소통체계 전반이라는 포괄적 범위를 생각지 않고 비교적 제한된 범주로 보자면이라는 단서를 달아야 하겠지만—요즈음 같이 시각이미지가 번성하는 가운데 어떻게 해서 살아남을 수 있는가라는 문제에 우선 대답해야 할 필요를 느낀다.

1) 서사성의 강조

언어들이 지난 시대 서술방식을 사용해 오히려 서사성을 강조함으로써 자기변신을 꾀하고 있다. 요즈음에 와서 신문광고 등을 보면 서사성을 두드러지게 나타낸 광고들이 광고로서의 효력을 발휘하고 있다는 느낌이 든다. 아래에서 실제 광고분석에 쓰일 대우 국민차 '티코'의 경우는 말할 것도 없고, 가장 진부해질 소지가 있는 서적광고 문안에서도 이야기성은 강해지고 있다. 무더운 여름 동안 대도시와 시골에 떨어져 살고 있는 부녀지간에 주고받는 편지 내용이 광고 카피의 전문을 이루고 있는 『임꺽정』 광고, 주로 돌출광고를 이용하여 우화형식의 이야기를 던져주는 정신세계사의 서적 광고들이 그 예이다. 이 서사성의 강조는 심지어 시각이미지가 압도적인 텔레비전 광고에서도 많이 읽어낼 수 있다. 외국유학을 마치고 돌아온 젊은 청년이 집안의 반대를 무릅쓰고 자기가 좋아하는 한 평범한 아가씨와 결혼에 골인하게 되는 과정까지를 6개의 연속물 형식으로 보여주었던 '신대우가족' 광고(대우 가전제품)는 그 압권이다. 광고에서의 서사성은 서사문학의 그것이 그러하듯 '그럴듯함'의 효과를 구축하기 위한 것이다. 다음에 예로 드는 광고들 역시 모두 서사성으로써 '그럴듯함'의 효과를 양산한다.

서사성의 강조는 대체로 30초 이내라는 짧은 광고 시간에 현재, 과거, 혹은 미래라는 시간대를 적절히 구사해 많은 이야기를 담아내려는 광고극 경향으로 이어진다. 이삿짐을 부리는 남편을 감회어린 시선으로 바라보면서 집장만을 위해 시장에서 한 푼이라도 더 깍으려고 콩나물 장수와 아웅다웅하던 자신의 모습, 아침 출근길 지하철에서 시달리던 남편의 모습을 잠깐 보여주고(회상) 다시 이삿짐을 부리는 남편을 바라보며 "이제 내 남편은 내가 더 사랑해야지!"라는 다짐으로 끝나는 '우루사' 광고, 젊은 남편이 사무실에서 옆자리 동료에게 자기가 입고 있는 와이셔츠 때깔을 자랑하는 장면, 회사 복도의 커피자판기 앞에서 여성 동료들에게 빨래까지 해주는 남편을 자랑하는 신혼의 아내 모습, 다시 빨랫감과 이 광고의 표적인 중성세제가 얹혀있는 세탁기 앞에서 누가 오늘의 빨래를 할 것인가를 가위바위보로 결정하는(현재) 이 맞벌이 신혼부부의 모습을 빠른 속도로 마치 크로키하듯 보여주는 어떤 세탁세제 선전 역시 그 안에 신혼의 만만찮은 즐거움, 가사분담이라는 요즈음 젊은 부부의 생활풍속도 등 여기서 다 설명할 수 없는 미묘하고 자잘한 많은 이야기를 함축하기 위해 서사문학에서나 쓰일 법한 시간의 이용을 적절히 구사한다. 가위바위보에서 이긴 귀여운 아내가 "잘 빨려요"하며 예의 그 세탁용 세제를 남편 앞에 턱 내밀 때 우리 모두 그녀의 남편이라도 된 듯 급기야 빨래할 태세가 되어 일시에 그것이라면 '잘 빨릴 것'임을 확신한다. 광고언어의 서사성이 내는 효과이다.

다음에 말하는 연속성 역시 서사성과 관련되는데 앞에서 언급했던 '신대우가족' 광고가 그 대표적인 예가 될 수 있겠고, 또 "내 남편은 내가 더 사랑해야지"의 우루사 광고 역시 지난 가을부터는 앞서 이야기했던 이사 장면의 몇년 후(?), 부장으로 승진한 남편이 부하직원들을 이끌고 아파트—전에 방영된 광고에서 힘겹게 마련해 이사했던 그 아파트—로 왁자지껄 들이닥치는 장면을 보여주고 있다. 이런 종류의 연속성이 있는가 하면, 똑같은 커피를 자판기 앞에서 뽑아먹느라 우연히 마주친 두 남녀가 눈길을 주고받는 장면을 비오는 아침 출근길, 눈오는 어느 겨울날, 여름 어느 피서지를 배경으로 하여 세 편의 광고로 내보냈던 "뛰면서 마시는 한잔의 커피의 맛"의 네스 카페 캔커피 광고 경우처럼 등장인물이 바뀌지는 않아도 매 회마다 다소 이야기가 달라지는 시리즈 형식의 연속광고도 있다. 이 다양한 종류의 연속물과 같은 성격은 광고언어에 서사성을 물론 더해주고 있다.

또 요즈음 텔레비전에서 인기리에 방영되었던 드라마의 등장인물들을 그대로 광고에 등장시키는 '경계없애기'라는 소위 포스트모더니즘 기법을 차용한 광고가 부쩍 늘었는데, 이런 광고들은 이미 드라마에서 일어났던 이야기들을 전제하고 있다는 점에서 더욱 풍부한 서사성을 띠고 있다. 물론 이런 판단은 포스트모더니즘 기법들은 서사성(의미구조)을 해체하기만 하는 것이라는 최근에 정석화되어 가고 있는 통상적인 이해와는 다르다. '경계없애기' 기법을 차용한 많은 광고들이 실제로 보여주듯 포스트모더니즘 기법이 늘 서사구조나 의미구조를 해체하는 것만은 아니다. 서사성 해체가 가시적으로 드러나는 경우도 물론 있겠지만 광고라는 것 자체가 이미 기존세계의 온전한 긍정을 토대로 하여 그 체제의 재생산에 기여하고 있다는 점을 떠올리면, 광고에서 쓰이는 포스트모더니즘 기법들을 현상적으로만 판단할 일은 아니다. 광고에서 쓰이는 포스트모더니즘 기법은 서사성을 해체한다라는 판단은 다소 수정될 필요가 있다. 긴 예를 들지 않더라도 <사랑이 뭐길래>라는 인기 텔레비전 드라마가 방영되고 나서, 혹은 방영 중간에 신혼부부를 겨냥한 가구 선전을 필두로 그 드라마의 주요 등장인물들을 등장시켜 소위 '경계없애기' 기법에 의해 서사성을 강조한 광고가 우후죽순처럼 쏟아져 나왔던 것을 떠올리면 쉽게 수긍할 것이다.

청각적 언어가 시각이미지의 시대에 살아남기 위해서는 이제까지 서술한 것과 같은 서사성(이 때 이 서사성은 꼭 광고언어와만 관련을 가지는 것이 아니라 광고의 형식과도 관련되는 것이지만, 서사성 표출의 극형식은 필연적으로 광고언어에도 이야기성을 부여하게 되어있다)을 자기변신의 책략으로 받아들이는데 서사성이 이 시대에도 살아남을 수 있는 것은 아무리 정보전달의 중심이 바뀐다 해도 글쓰기 방식이 완전히 폐기될 수는 없기 때문일 것이다. 그러나 광고언어들이 왜 서사성을 자기변신의 책략으로 받아들이는가의 문제는 이렇게 간단히 대답할 수만 있는 문제가 아니다. 서두에서도 그리고 바로 앞에서도 이야기했듯이 시각이미지가 득세하는 가운데 살아남기 위해서인가? 여기에는 우선 정정해야 할 문제가 있다. 광고언어들은 서사성을 책략으로 선택할 수 없다. 그것들은 자율적 의지를 가진 '주체'가 아니다. 단지 서사성을 받아들이도록 조건지어졌을 뿐이다. 현단계 자본주의 상품시장에는 하루에도 셀 수 없을 만큼 많은 종류의 상품이 쏟아져 나온다. 뿐만 아니라, 같은 종류 내에서도 나름의 변별적 특징이 있다고 내세우는 상품이 허다하다. 가령 세탁기 하나만 하더라도 그 기능에는 별 차이도 없는데, 광고에서는 '공기방울 세탁기'니 '삶아 빠는 세탁기'니 하며 차별성을 강조하려 든다. 별것 아닌 차이를 가지고 상품구매에까지 이르게 하려면 광고언어는 사람들의 감정을 고도로 자극시켜야 하는데, 바로 이 지점에서 서사성이 유효하게 기능하는 것이다. 가장 감성적이고 감각적으로 사람들의 감정을 뒤흔드는 방법으로 사랑, 우정, 고향, 추억 등등이 다루어지고, 다른 것과 구별되고 오랫동안 기억되어야 한다는 자본주의 하의 차별화 전략에 따라 그것들은 이야기로 구성되는 것이다.

그런데 이 서사성은 앞서도 말했지만 '그럴듯함'의 효과를 구축한다. 광고언어에서의 이 그럴듯함은 대체로 역사적인 것을 자연적인 것처럼 느끼게 하는 자명성을 생산해내는 데 기여한다. 자명성은 '그럴듯함'에 의해 각색된 것이므로 그것을 판별해내기는 무척 어렵다. 이제 우리는 광고언어는 자명성을 생산해내도록 조건지어졌다라고 말할수 있다. 그런데 광고언어가 구체적으로 무엇(들)을 자명한 것으로 만드는가는 실제 광고분석과 더불어 좀 더 자세히 서술할 필요가 있다. 이에 대한 설명은 광고언어의 생산력 부분에서 좀 더 이야기해 보고자 한다.

2) 언어의 물신화

언어의 물신화는 광고언어가 자기변신의 책략으로 받아들이는 최근의 특징일 뿐 아니라 현대 언어 전반에 관련되는 현상이기도 하다.

개그맨의 언어나 광고 카피에서 보듯 언어가 무한 반복되면서 그 언어 자체가 물신화됨으로써 시각적 이미지가 득세하는 가운데 청각적 언어로 살아남고 있다. 이것은 탈구조주의자들이 말하듯이 기표와 기의 사이에 이제까지와는 다른 관계가 생기면서, 즉 말의 의미가 소실되고 의미가 불안정해지면서 기표가 득세하게 되는 요즈음의 실제 언어현상들과 맞물려 있다고 볼 수 있다. 기표의 무한반복은 언어 자체를 상품화시켜 그 언어를 상품처럼 자본주의 시장에서 유통시킨다. 따라서 기표의 무한반복은 자본증식과 관련된다. 현란한 춤동작이 갑자기 멎고 느닷없이 "나 이뻐요"라고 물어보는 말은 이제 그 의미와는 상관없이 무한증폭되면서 마시면 날씬해지는 그 섬유음료를 대체한다. 기호가 실제의 상품과 상관없이, 즉 그 기의와는 별도로 제시 표상, 말하자면 기표의 한 대상이 되고 있다.

탈구조주의는 언어체계를 차이의 체계로 규정짓고 있다. 하나의 기의가 하나의 기표와 일 대 일 대응관계를 이루는 것이 아니라, 기의는 기표의 무한한 활동의 파생물이다. 그리하여 기호는 기표가 아닌 궁극적인 기의에 결코 도달할 수 없다. 기의에 결코 도달할 수 없다는 것, 즉 언어—상징적 기호—가 의미를 가질 수 없다는 것은 그 기호가 상징하는 실재대상의 세계를 상정하지 않는다는 말이다. 구조주의나 탈구조주의가 언어의 관계를 차이의 관계로 보듯 사회의 관계 역시 차이의 관계로 파악한다는 의미에서 언어와 사회의 근본적 상동성을 전제하고, 또 이런 언어이론을 사회분석의 방법론으로 삼는 탈맑스주의 역시 대상세계를 배제한다.

차이, 관계 등으로 규정되는 언어체계 또는 더 확대하여 담화체계는 실정성으로 주어지는 대상을 인정하지 않으며 따라서 존재하지 않는 대상으로 여긴다.[3]

대상을 인정하지 않는 것은 그런 체계 속에서는 언어 자체가 물신화되어 있다고 보고, 또 따라서 언어체계 자체가 생산성을 가진다고 보기 때문이다. 이런 논리를 따라 들어가다 보면 이제 기의가 궁극적으로 구축하고 있는 바깥세상, 즉 인간 노동에 의한 물질세계는 없는 것이고 기표만이 있는 세계, 즉 말로 이루어진 세계만이 있을 뿐이다. 대상세계의 물질성이 언어의 물신성에 장악되었다고 보는 것의 효과이다. 이렇게 물질세계를 은폐하는 것은 종국적으로는 계급투쟁을 무화시키려는 의도와 관련되어 있을 뿐 아니라 인간 역사에 대한 분명한 억압이다. 이 발언이 적실성을 가질 수 있는 것은 우리가 이것의 실례를 이미 탈구조주의 언어이론이나 탈맑스주의 사회이론에서 보아온 터이기 때문이다.

앞의 서술에서도 다소는 내비쳐졌지만, 그들에게 있어서 증발된 실제의 물질세계는 기호 자체의 생산력 소유와 언어의 물신화 효과로 생겨난 언어의 '현실생산성'이 대체해주고 있다. 이제 "커피와 여자는 부드러워야 하잖아요"라고 말하는 육성처럼 들리는 윤석화의 감각적 음성은 여자를 부드러운 동물로 만들어버리고(물론 그 이전에 '이 커피를 마셔라, 그건 여자처럼 부드러우니까…'라는 권유를 은폐하고 있지만), "아내는 여자보다 아름답다"(동서프리마)고 조용히 되뇌이는 듯한 안성기의 음성

3_ 한국 철학사상 연구회, 『현대사회와 마르크스주의 철학』, 동녘, 1992, 314쪽.

은 여자는 남자에게 헌신할 때만이 아름다운 존재가 되는 것이라고 우리를 세뇌시킨다. 바로 지금 여자배우의 커피광고에 나오는 여성은 그 여배우와 같이 현대적 감각에다 커피처럼 부드럽고 향취있는 여성을 수도 없이 복제하고, 남자배우의 목소리로 묻어나오는 여성은 전통적 감각에 걸맞은 여성상을 강요한다. 광고의 카피가 여성을 그런 존재로 생산해내는 것이다.

앞서 말한 서사성이 의미망을 구축하는 것이라면 언어의 물신화는 그것의 극단에 서있다. 의미가 사라지고 아무 맥락 없는 말들이 수없이 복제되어 자본주의 상품처럼 유통된다. 현대의 광고언어에는 이 두 극, 서사성과 물신화, 의미와 탈의미가 공존하는데, 의미는 '재미'의 망으로 의식의 범주를 장악하고, 탈의미는 그저 떠다니는 기표더미가 무의식의 수많은 그물망 어디 한군데에 걸리기만 하면 된다. 의미는 의식의 영역을, 탈의미는 무의식의 영역을 장악하는 전면전의 형태로 광고언어는 우리를 공략한다. 사실 현단계 후기자본주의 광고는 상대적 잉여가치 창출을 위해 가능한 모든 방법을 동원한다. 따라서 의미든 탈의미든 그것에게는 상관이 없는 셈이다. 그러나 그 의미나 탈의미라는 것도 그저 단일한 층위만을 가진 것이 아니다. '의미' 내부에도 앞서 언급했던 서사성만이 아니라 서정성이 있을 수도 있고, 그외에 희극성이나 드물게는 비극성(외국의 사례이긴 하지만, 최근 AIDS 환자의 실제 임종 장면 사진을 광고에 사용한 베네통 의류 광고는 비극성을 넘어 잔인하기까지 하지만)도 있을 수 있다. 뿐만 아니라, '탈의미' 내부에도 서사성과 대립되는 의미로서의 비서사성, 비서정성, 그리고 결국 비서사성의 범주에 들겠지만 색채, 음향 등등이 중층적으로 놓여있다. 그런데 실제 광고에서 의미 내부의 이런 중층성과 탈의미 내부의 중층성들은 매우 기능적으로 중층결정되어 있다. 실제로 이 둘은 같이 맞물려 있지 않으면 아무 소용이 없다. 만일 의미만 있고 탈의미는 없다면 의미로서의 효과는 전혀 상상할 수 없는 것이고, 그 반대의 경우도 마찬가지일 것이다. 의미는 탈의미가 있음으로써, 탈의미는 의미가 있음으로써 기능하는 것이다.

3. 광고언어의 생산력

이 글에서 특별히 분석대상이 된 광고는 대우국민차 '티코' 광고이다. 사실 요즈음 나오는 어떤 광고를 분석대상으로 삼는다 해도 그것이 보여주는 결과는 대차없을 것이나 현재로서는 자본주의적 삶을 가장 잘 표출시켜줄 수 있는 상품이 자동차임이 분명한 것 같아서이고 또 티코 앞에 따라붙는 '국민차'라는 명칭이 보여주듯 전계급, 전연령층(실제로 아래의 12개의 티코담론을 보면 26세의 영농후계자에서 시작하여 73세의 할아버지까지 다양한 연령층의 사람들이 이 자동차의 소유주이다)을 겨냥한 상품임을 내세우고 있기 때문에 분석 대상으로 삼아보았다. 그러나 필요한 경우 다른 광고도 인용해 사용했다. 여기에 인용한 '티코'가 내놓은 연작형식의 12개의 짧은 광고는 신문 1면 상단에 포진한 돌출광고란을 이용했는데 이 란의 이용 자체가 티코라는 에너지 절약형 자동차 이미지와 부합된다. 우선 그 12개의 짧은 광고 이전에 '티코'라는 자동차가 궁극적으로 무엇을 가장 강점의 판매전략으로 내세우고 있는지를 보여주는 광고 카피 전문을 인용해 보겠다.

추기경님 이야기

회사원 조순호 씨는 어느날 명동성당에서
아내와 함께 미사를 드리고 나오다가
놀라운 광경을 목격했습니다.
추기경님께서 수녀님과 함께 티코를 타고
나오시는 것이었습니다.

'와, 추기경님께서도 티코를 타시는구나!'

놀란 표정으로 서 있는 조순호 씨에게
추기경님께서는 빙그레 미소를 지으셨습니다.

'멋지다! 티코 타는 추기경님!
우리 모두가 저 분의 본을 받는다면…'

조순호 씨는 우리사회의 희망을 보는 것 같았습니다.

소형자동차들이 통상적으로 내거는 강점은 자사제품이 가격이 상당히 저렴하고 에너지 절약형이라 연료비도 많이 안 든다는 것인데, 이 티코의 경우도 예외는 아니다. 이 강점이 종내 관철하고자 하는 것은 그래서 전계층의 사람들, 즉 국민 모두가 가질 수 있는 제품이라는 것이다.

그런데 이제 광고의 이런 구호라는 것들도 늘 지배이데올로기를 교묘히 반영하는 형태를 띠고 있다는 점이 문제이다. 과소비의 주체가 마치 일반대중인 양 밀어붙이는 이면에는 경제파탄의 책임전가가 숨어있는데, 티코 타는 추기경에게서 우리 사회의 희망을 보는 평범한 샐러리맨의 시선에서도 그것이 묻어난다. 역으로 말하면 이 광고 문안은 우리에게 그것이 그리는, 해석하는 세계가 사실이라고 강요하는 셈이다. 또한 티코를 탄다는 공통점 하나만으로도 마치 모든 사람에게 똑같은 기회나 소득, 부 등이 주어지고 있다고끔 착각하게 만든다. 바로 이 지점에서 계급 사이의 갈등은 해소되는 것 같고 아니 오히려 계급 자체가 존재하지 않는 것처럼 보인다. 즉 광고담론의 효과로 실제와는 정반대로 계급투쟁의 존재가 사라진 것처럼 보이게 만든다. 아래의 광고담론 속에서 그것이 구체적으로 어떻게 드러나는지 보자.

티코를 타는 우리 이웃들

1) 티코선생님 김00씨

   * 김00씨는 서울 신사동에서 교편을 잡고 있다.

   자신의 티코로 몸이 불편한 제자를 집까지 바래다주곤 한다.

2) 티코 영농 후계자 양00씨

   * 양00씨는 26세로, 충남 논산에서 특용작물 재배를 하고 있다.

   읍내나 도시에 나갈 때마다 티코로 동네 어른들을 모신다고 한다.

3) 티코 카메라 맨 김00씨

   * 대전에서 '두레영상'이라는 비디오샵을 운영한다.

   티코에 신랑·신부를 태우고 촬영을 나갈 때가 제일 신난다고 한다.

4) 티코 주부 서00씨

　*얼마전 시장에서 만난 노부부의 삶에 큰 감명을 받았다고 한다.

　손수 가꾼 야채를 티코에 싣고 와 팔며, 여유있게 노후를 보내는 그

　모습에…

5) 티코 대학생 허0씨

　*27세로 영남대학교 사범대학에 다니고 있다.

　집에서 학교까지(칠곡군↔경산시) 티코로 통학하면서 우연히 만난 후

　배와 지금은 다정한 연인 사이가 되었다고 한다.

6) 티코 과장님 이00씨

　*전남 여천군 농촌지도소에서 근무하고 있다.

　매일같이 티코로 관내 논·밭길을 누비며 농민들에게 과학적인 영농

　기술을 보급하는 데 힘쓰고 있다.

7) 티코 아빠 최00씨

　*티코에 사탕 한 통을 늘 준비해 둔다고 한다.

　네 살박이 예쁜 딸이 '춘님, 차비 주체요' 하고 조를 때마다 사탕을 하

　나씩 주는 맛이 그렇게 달콤할 수가 없다고 한다.

8) 티코 새댁 전00씨

　*대전에 사랑의 보금자리를 마련한 신혼주부이다.

　지난해 가을, 결혼 날짜에 맞춰 구입한 티코를 타고 다녀온 경주 신혼

　여행의 낭만을 지금도 잊을 수가 없다고 한다.

9) 티코 엄마 최00씨

　*얼마전 티코 오토매틱을 구입한 34세의 주부로서 서울 노원구 하계동

　에 살고 있다. 리틀엔젤스 단원인 딸을 티코로 매일 무용연습실까지

바래다주는 일이 마냥 즐겁다고 한다.

10) 티코 과장님 유00씨

*서울 강남구 대치동에 있는 세무사 사무실에서 근무하고 있다. 처음 티코를 사기로 마음먹었을 때 무언의 반대를 하던 아내가 지금은 오히려 열렬한 티코팬이 되었다고 한다.

11) 티코 회장님 최00씨

*55세로 충북 옥천지역내 티코 타는 사람들의 모임인 「옥티」의 회장을 맡고 있다. 티코가 인연이 된 만큼 앞으로 지역내 교통정리 등의 사회봉사활동을 펼칠 계획이라고 한다.

12) 티코 할아버지 김00씨

*73세로 강원도 태백산 기슭에서 살면서 그 지역 노인들의 모임인 '상동노인회' 회장직을 맡고 있다. 자식들이 사준 티코에 '효심이'란 이름까지 붙여 애지중지 아끼면서 탄다고 한다.

12개의 광고 문안을 지리하지 않게 읽어 내렸다면 그것들이 가진 이야기성 때문일 것이다. 그런데 이 이야기들 속에는 몇 가지 주목해서 볼 만한 것들이 있다.

1) 광고언어가 생산해내는 자명성

첫째, 계급의 분할과 종속이 자연화되어 있다. 말하자면 이 언어현실 속에는 생산자가 배제되어 있다. 이 소형의 자동차를 타는 사람들은 지금까지 자동차를 소유한 사람들에게 붙어있던 부르주아적 표식에서 상당히 벗어나있는 것처럼 보인다. 지극히 평범한 한 사람의 선생님, 촉망받는 영농 후계자, 크지 않은 비디오 가게 경영자 등 어느 누구 하나 조출하지 않은 사람이 없다. 그러나 생산계급으로서의 노동자의 모습은 전혀 찾아볼 수 없다. 두 번째 카피에 등장하는 26세의 영농 후계자에게서도 생산계급으로서의 모습은 배제한 채 효라는 덕목을 내세워 자본주의체제 내 인간으로 흡수시키고 있고, 네 번째 카피에서 주부의 눈에 비쳐져 간접적으로 등장하는 노부부 역시 생산계급을 대표하여 선택된 것 같은데도 불구하고 오히려 우리의 생산계급 전체가 이렇게 유복한 수준에 다다른 것처럼 유포시키는 매개가 되고 있다. 이 두 경우를 통하여 보건대, 이런 광고에서 더욱 문제가 되는 것은 진정한 의미의 생산계급이 등장하지 않는다는 현상적 사실보다는 계급 간에 일어나고 있는 실제의 착취관계를 효라든가 부지런함, 혹은 노후의 안락함 등의 덕목으로써 은폐하고 있음으로써 더욱 근본적으로 계급분할을 이데올로기화하고 있다는 점이다. 국민차라는 명칭이 말해주듯 소형의 자동차여서 누구라도 소유할 수 있다는, 혹은 실제 광고에서 말해주듯 아주 평범한 사람들이 소유하고 있는 현상적 사실만으로 전 계급에 부의 균등이 이루어지고 있는 듯한 평등의 자본주의 행복신화를 유포하지만, 실제로는 진정한 노동계급도 계급관계도 전혀 고려하지 않고 있다. 따라서 이 광고담론에서는 철저한 계급분할 내지는 배제가 이루어지고 있다고 말할 수 있다. 우리네 사람 살아가는 이야기들처럼 두런거리고 속절없이 재미있기까지 한 이 평범한 담론이 격렬한 계급투쟁을 거쳐 이미 우익의 담론으로 징수된 것이라고 말할 수 있는 것은 이 담론이 진즉에 생산계급을 배제시킴으로써, 계급의 분할종속을 자명화하는 부르주아 이데올로기를 관철시켰기 때문이다.

실제로 대중매체를 통해 쏟아지는 광고들—상당히 자연스러워 보여 어떤 계급적 입장도 관철시키고 있을 것 같지 않은—이 거의 예외없이 계급의 분할과 종속을 자연화하고 있어 굳이 특정하게 그 어떤 것을 예로 들 필요도 없을 정도이다. 그래서 여기서는 오히려 생산계층을 전면에 드러낸(이것은 단지 모델로 등장한다는 의미다) 광고의 사정을 알아보자. 가끔 자신이 일하는 현장을 배경으로 하여 환하게 웃고 있는 노동자의 모습이나 실제로 일터에서 노동하고 있는 노동자의 모습을 담은 일간지의 전면광고를 본 기억들이 대부분 있을 것이다. 이런 광고는 대부분 현대나 삼성과 같은 거대 독점자본의 기업광고임도 기억할 것이다. 광고에 얼굴을 훤히 드러낸 노동자의 신상명세서가 통상 따라붙어 있는데, 나이 등 자질구레한 인적사항을 말해주고 있거나 상당히 자상한 어투로 그가 하고 있는 일의 내용을 밝혀주고 있다. 그리고 덧붙여 격려조의 어투로 그가 하고 있는 일의 어려움이나 산업전사로서의 그의 역할이 얼마나 중요한 것인지를 새삼 강조해 말하지 않는 광고 카피는 없다. 여기서 노동자의 인적사항을 말해주고 그 노동자의 어깨라도 툭툭 치는 듯한 자세로 그의 어려움이나 중요성을 힘주어 말하는 이는 누구인가? 노동계급이 희귀하게 광고에 등장했더라도 광고의 주체나 중심은 여전히 부르주아 계급에 국한된다. 다른 계급이 표면적으로만 등장할 뿐 그 계급은 역시 부르주아 계급에게 철저히 종속되어 있고, 우리는 이같은 광고에서 계급의 분할을 오히려 더 확실히 본다. 원래 부르주아란 타자의 존재를 아예 없는 것으로 부정하거나 혹은 무시하거나, 때로는 자신과 같은 존재로 만들어버리는 존재인데, 광고언어는 부르주아의 이런 속성을 은폐의 형태이기는 하지만 그대로 반영하여 그들의 이데올로기를 자연화시킨다.

이 12개의 광고는 평범한 소시민의 삶을 그대로 묘사하고 있는 것처럼 보인다. 모든 것을 있는 그대로 보여줄 수 있다고 표방하는 소위 언어의 이같은 '가치중립성'은 계급의 분할을 자연화, 즉 이데올로기화하는 데 기여한다. 이 말을 다른 방향에서 잡아들어가 하게 된다면 다음과 같이 바꾸어볼 수도 있을 것이다. 언어는 이러한 이데올로기들의 특수한 도구라는 측면에서 오히려 계급적 성격이 드러나지 않는다. 바로 각각의 계급에 대해 전체적 무차별을 나타내는 도구라는 이 점을 이용하여 언어는 계급분할을 효과적으로 자연화시킨다.

둘째, 이 광고담론은 계급분할을 더욱 심화시키는 성분할을 강요한다. 12개의 카피 속에는 세 사람의 여성이 등장하는데 4번째의 주부, 8번째의 새댁, 9번째의 엄마 등이 그들이다. 주부, 새댁, 엄마라는 역할 설정은 이미 여성 고유의 역할을 강요하는 사회구조의 반영으로 보이는데, 이런 역할에 따른 이행이란 대체로 부르주아 현모양처론에서 크게 벗어나지 않는다. 자기 소유의 자동차에 손수 가꾼 야채를 싣고와 파는 노부부의 삶, 보다 정확히 말하자면 그 여유있는 삶에 감명을 받은 여성은 가정생활의 안락을 위해 남편에게 헌신적일 것이고 아이들을 잘 키워낼 것이라는 것을 전제하고 있다.(실제로 아홉 번째 티코 엄마의 경우 그것을 모범적으로 보여준다.) 이 묘사들이 내포하고 있는 그런 전제들은 부르주아 계급으로 보면 소위 그네들의 문화가 된다. 그런데 이것이 노동자계급에 다다르면 이데올로기가 되어 계급분할을 더욱 심화시키는 성분할로 작용하게 된다. 노동자계급의 경우 남성노동자라 하더라도 자기 재생산할 정도의 임금만을 받게 되므로 여성도 일을 나가야 할 형

편이 되는데, 이 경우 여성노동자에게는 남성노동자 임금의 절반 정도
만이 주어진다. (그것이 통용될 수 있는 근거가 바로 원래 여자는 집에
서 가정을 안락하게 꾸미고 자녀교육에 전념해야 한다는 부르주아 현
모양처론4)이다.) 따라서 이런 성분할은 자본주의 모순을 더욱 심화시킨
다고 말할 수 있다.

　여성용품 광고에서 보여주는 여성다움이나 남성용품 광고에서 보여
주는 남성다움을 강조하는 광고들 역시 젠더분할을 조장한다는 것을 아
는 것은 상식에 속하는 일인데, 전자는 피지배여성 이데올로기를, 후자는
남성지배적 이데올로기를 함축하고 있다는 점에서 그렇다. 남성용품 광
고에는 우리가 평범하게 떠올릴 수 있는 신사복이나 남성용 속옷, 스포
츠용품 이외에 소위 '강장제' 광고도 다수 포함된다. 바로 이런 약제(?) 광
고들이 남성을 여성을 지배하는 강한 존재로 귀결시키는 형태를 가장 잘
보여주어 남성지배적 이데올로기를 보다 적극적으로 자연화시킨 경우다.
그럼 여성용품 광고담론은 어떤 식으로 성차별을 부추기는가. 우선 여성
용품 광고에 나오는 여성들은 거의가 예외없이 빼어난 미인들이라는 점
을 지적해야겠다. 그 점은 이미 시각적으로 바라보도록 구조화되어 있다
는 것을 의미한다. 그래서인지 몰라도 그 미인들은 언제나 자신을 바라
보는 시선을 의식하는 형태나 포즈로 카메라의 초점에 맞춰지는데, 이
때 타인의 시선이란 바라보는 존재를 상정했을 때 가능한 것이다. 여성
은 다른 존재—이때의 다른 존재란 꼭 남성만을 상정하는 것은 아니나
여성용품의 실제 광고에서는 남성을 의미하는 경우가 대부분이다—가
바라봐야만 존재하거나 현현할 수 있는 존재라는 이데올로기를 광고가

4_ 이것에 관해서는 홉스의 『자본론시대』를 참조할 것.

보여주는 시각이미지 자체가, 혹은 카메라의 각도가 이미 담고 있는 것이다. 이런 광고에 쓰이는 담론 역시 시각적 이미지에 상응할 수밖에 없는데, 간단한 예를 몇 개 들어보자. 상당히 고가인데 구매결정권은 주로 주부—여기에는 결혼을 앞둔 결혼적령기 여성도 포함된다—에게 있는 가전제품이나 가구 광고 역시 이같은 성차별을 자명화하는 담론구조를 가진다는 점에서 여기에서 더불어 이야기할 만하다. "가구는 여자다", "(결혼할 때 장만해야 하는 가구…이런 것이 완비된 결혼생활의 행복,) 여자의 꿈 아니겠어요?", "제 고향이요? 으흥 남편이죠", "커피와 여자는 새로와질수록 끌리지 않아요?", "예뻐졌다고 신랑이 싱글벙글하겠네"…등등. 이런 담론들 역시 티코담론처럼 부르주아 현모양처론이나 숙녀론을 적용시켜 설명할 수 있다. 따라서 이런 젠더분할을 자연화하는 언어현실은 분명히 자본주의체제의 재생산에 기여하는 이데올로기로 작용하고 있다고 말할 수 있는 것이다.

셋째, 이 담론들은 일상생활만을 전면에 부각시킴으로써 전체적 실천의 중요성을 기각한다. 이 12개의 광고 문안은 티코 이미지와 걸맞다는 전제 아래 평범한 일상인의 삶을 자연스러운 감성광고 양식으로 직조해 보여주는데 이 대수롭지 않아 보이고 자연스러워 보이는 일상성에 주목해야 하는 이유는 바로 그 안에서 거대한 자본주의적 생산양식이 확장되고 재생산되고 있기 때문이다. 르페브르가 일상성을 비판이론의 관심으로 끌어들인 것도 이런 맥락에서이다. 사실 먹고, 입고, 타는 것 모두 일상생활과 관계되지 않는 것이 없다는 점에서, 또 대부분의 광고가 이런 품목과 관련되어 있다는 점에서 광고담론이 일상을 자명화시키는 것은 거의 전면적이라 할 수 있다.

일상성과 관련해 광고담론에서 중요하게 지적할 것이 또 하나 있는
데 그것은 '근린성'을 강조한 담론의 증폭이다. "pc는 내친구", "처음 만
난 순간 마음에 꼭 찍어둔 친구"(아동복 꼬모디따), "친구처럼 편안한
옷", "남편 사랑은요, 가끔 확인해봐야 돼요", "이제 내 남편은 내가 더
사랑해야지", "함께 있기에 늘 소중함을 잊고 사는 사람… 아내", "아내
사랑 알고보면 참 쉬워요", "티코를 타는 우리 이웃들" 등등. 가족이나
친구, 이웃을 강조하는 이런 유형의 담론은 개인을 사생활 혹은 일상생
활이라고 하는 울타리 속에 가두어 세계와 역사의 이쪽으로 퇴행시킨
다.5) 이 지점에서 변혁에의 의지가 무화되고 전체적 실천이 분열된다. 따
라서 우리는 이미 자본주의에 의해 문자 그대로 식민화되어 있는 '일상
의 삶'을 바꾸지 않으면 안된다.6) 이런 의미에서 일상의 삶을 자연화하는
언어를 뒤집어 읽어내야 할 필요가 있는 것이다. 게다가 이 글의 서론에
서도 언급했듯이 언어는 이미 그 자체로도 일상적으로 쓰이는 보편성의
언어라는 점에서 합리화와 자율화의 이데올로기적 과정이 전제되어 있기
때문에 일상의 삶을 자연화하기에 적격의 조건을 가진다는 점을 명심해
야 한다.

언어가 생산해내는 자명성에 진작에 주목한 사람은 바르트인데, 그
는 이 자명성을 '신화'라는 용어로 대치한다.

---

5) 장 보드리야르, 『소비의 사회』, 이상률 옮김, 문예출판사, 1991, 18쪽. 이 『소비의 사회』
(*La société de consommation*)는 1970년에 나온 책인데, 내용에 있어 그때까지만 해도 맑스주의
자였던 보드리야르의 좌파적 입장이 비교적 관철되고 있는 편이다.
6_ Henri Lefebvre, "Toward a Leftist Cultural Politics: Remarks Occasioned by the
Centenary of Marx's death," in Cary Nelson and Lawrence Grossberg, eds., *Marxism and the
Interpretation of Culture* (Lomdon: Macmillan, 1988), p. 80.

자신을 자연적이라고 내세우는 기호들, 즉 자신이 세계를 조망하는 유일한 방법이라고 제시하는 기호들은 바로 그들의 권위주의적이고 이데올로기적인 속성을 드러내는 증거가 된다. 사회현실을 '자연화'하는 것, 즉 그것을 자연 그 자체처럼 순수하고 불변의 것으로 보이게 하려는 것은 이데올로기가 가진 기능 중의 하나다. 이데올로기는 문화를 자연으로 변화시키려 하고 '자연적' 기호는 그 무기의 하나이다. 깃발에 경례하는 것, 또는 서구민주주의가 '자유'의 참된 의미를 대표한다는 데 동감하는 것이 가장 명백하고 자연발생적인 반응이 되는 것이다. 이런 의미에서 이데올로기는 현대신화의 일종이며, 애매모호함과 여타의 가능성을 일소해버린 영역인 것이다.[7]

이제까지 본 바와 같이 광고언어가 생산해내는 자명성은 대체로 자본주의 생산양식에 맞물려 있는 부르주아 이데올로기 문제로 집약할 수 있다.

2) 광고언어와 현실생산성

광고언어는 자명성만을 생산하는 것이 아니라 현실에 어느 정도 영향력을 미치는 것도 사실이다. 자연이 아닌 것을 자연으로 생산해내는, 즉 개념상으로 보면 무인 자명성만이 아니라 실제의 현실을 광고언어가 다소는 생산해낸다는 말이다. 그러나 그 현실은 자본주의적 삶의 양식이 지배하는 현실일 뿐이다. 이 글의 모두에서 예로 들었던 "남편사랑은요, 가끔 확인해봐야 돼요"의 삼성VTR 광고 경우, 그 광고가 묘

7_ 테리 이글턴, 앞의 책, 167쪽.

사하는 삶 속에서 삼성VTR은 꼭 필요한 대상으로 설정되어 있다. 그런데 그런 광고를 보고 있노라면 광고세계에서 만들어내는 것이 현실세계에서도 그대로 되는 것인 양, 그 VTR이 현실세계에서도 꼭 필요한 대상이라는 느낌을 갖기 시작하게 된다. 가상의 세계가 현실을 생산해내는 효과이다.

좀 더 세밀히 이야기해보자. 아내가 없는 부엌에서 아내 대신 앞치마를 두른 남편—이 때 카메라는 앞치마에 달린 레이스나 꽃모양의 자수를 대단히 정감있게 훑어내리는데, 생활이란 이 너울거리는 레이스나 화사한 꽃자수 같은 것이라는 태도의 표출이다—이 대단히 만족스러운 표정으로 육개장을 끓여 맛본다. "오늘은 우리끼리 짜파게티 먹는 날"을 외치며 떼지어 모인 아이들이 부엌에서 긴 식탁을 점거하고 부산하게 짜장면을 끓여 와자지껄 먹는다. 인스턴트 식품 광고 두 개를 간단하게 스케치해 본 것이다. 광고에서 인스턴트 식품은 남편을 그리고 아이들을 부엌으로 끌어들인다. 실제에서도 그렇다. 아이들은 엄마가 없는 부엌에서 해방감마저 느낀다. 해방감을 느끼기는 아내나 엄마들도 마찬가지다. 가세해 수많은 가전제품 광고에서 가사노동 시간을 줄여주겠다고 약속한다. "시간을 아끼는 여자가 아름답다"(최신 기능을 완비한 어느 전기밥솥 광고 카피)고 생각하도록 한다. 광고에서 보아두었던 백화점으로 쇼핑을 나가거나 취미생활을 하기도 하고 더러는 에어로빅 같은 운동을 즐기기도 한다. 이제 주부로 분한 광고 속의 여배우가 백화점 문을 나서며 "주부는 행복해요"(진로유통)라고 외친다. 에어로빅을 힘차게 하던 두 중년여인이 갑자기 동작을 멈추고 젊음에 관한 혹은 늙음에 관한 긴밀한 대화를 나눈 뒤 "오스칼 드세요"를 혹은 "건강하게 사세요”를 합창한다. 인스턴트 식품으로부터 칼슘영양제에까지 이르는 메커니즘에 의한 자본주의적 삶을 사는 한 '인간은 행복하다.' 이런 경로를 따라오다 보면, 다소 과장이지만 일상의 삶은 광고에 의해 새롭게 직조되는 것 같다. 마치 광고가 현실을 만들어내는 것 같고, 마찬가지 이야기가 되겠지만 현실이 광고를, 즉 '가상의 세계'를 모방하고 있는 것 같다. 그러나 실제로는 상품을 통해 자본주의가 인간의 삶을 조직적으로 관리하는 것이다.

이제 광고담론 자체는 광고가 보여주는 '가상의 세계'를 바로 현실로 인식하도록(정확히 말하면 혼동하도록) 만드는 장치 중 하나이다. 우선 이 글에서 특별히 분석대상으로 삼은 티코담론 중심으로 살펴보자. 광고가 보여주는 이미지나 기호를 서사성의 담론으로 재구성한 것 자체가 장치인데 이것은 광고형식과도 관련되는 문제이다. 꼭 그런 것은 아니지만 통상적으로 상품과 구매(가능)자 사이에 광고가 위치하는데 티코의 경우는 여기에 한 단계를 더 첨가하여 상품→광고(→구매자)→구매가능자라는 광고형식, 즉 광고 속에서 실제로 그 상품을 사용해본 경험이 있는 소비자의 입을 통해 품질을 입증시키는 일종의 증언식 광고형식을 취하고 있다. 물론 실제로 상품을 사용해본 경험이 있는 소비자가 상품선전에 나오는 것은 다반사이다. 그러나 그들은 가령 “울트라 스파크를 쓰니까 그렇게 개운할 수가 없어요”라고 경험적 사실을 이야기할 뿐 향후의 소비자들이 접하게 될 가상세계를 물질화하려 들지는 않는다. 티코담론에서는 상품을 구입하면 소유하게 될 가상의 세계를 마치 지금 현재 손에 잡히는 현실세계인 양 전도시키는데, 실제의 구매자가 주인공이 되어 꾸며내는 담론의 서사성이 그 가상을 사실로 받아들이도록 만드는 데 일조한다. 광고 내부에서는 서사성으로 가상의 세계를 그럴듯하게 만들어내고, 그 가상의 세계가 그려내는 모양대로 현실세계가 구성된다고 본다. 따라서 광고언어의 서사성은 자명성만 아니라 부분적으로는 현실생산성도 가지고 있다고 말할 수 있다. 서사성/자명성, 물신성/현실생산성의 쌍이 광고언어에서 언제나 짝지은 그대로가 아니라 때로는 짝을 바꾸어, 때로는 이 모든 쌍이 한꺼번에 나타날 수도 있다. 사실 티코담론에서 특기할 만한 것은 그것이 현실의 재현만도 상상만도 아니라는 점이다. 실제 구매자의 이야기를 재현함과 동시에 그 재현의 세계를 차후의 소비자에게 가상의 공간으로 던져주는데, 그 때 실제의 재현이라는 서사기능을 사용해 더욱 실감나게 던져줌으로써, 자본주의 언어는 판매경쟁의 압력 속에서 신속한 적응을 요구하는 가장 탄탄한 상상의 피드백[8]을 재현이자 동시에 상상으로 작동시키는 것이 된다.

11번째 '티코 회장님' 담론의 경우 실제로 읽는 재미를 못 느끼겠는데 그 문안에서 대체로 사람들이 티코에 대한 구매욕을 느끼지 못한다면 그것은 그 카피의 서사성 결여 때문일 것이고, 이 서사성의 결여로 인해 결국은 가상의 세계 설정에 실패했기 때문일 것이다. 티코 아빠의 경우는 이와 반대로 우발적이고 단편적인 행복이나 꿈과 같은 내면적 영화[9]—실제로 "손님, 차비주세요"라는 카피가 불러일으키는 이 소형차 티코의 텔레비전 광고 장면, 더 자세히 묘사하자면 젊고 아름다운 신혼부부의 아침 출근길, 차비 대신 던져주는 남편의 짧고 감미로운 키스, 행복한 둘의 웃음소리가 범벅이 된 그런 영화…. 그 광고 주인공의

8_ 볼프강 프리츠 하우크, 「이데올로기적 가치와 상품미학」, 미술비평연구회 엮음, 『상품미학과 문화이론』, 눈빛, 1992, 61쪽.
9_ 같은 글, 60쪽.

전 이야기라고 보이는 텔레비전 드라마 <한 지붕 세 가족>에서의 탁탁 튀기는 듯한 팽팽한 볼륨감을 가진 이들 부부의 삶의 방식, 이들 부부가 쓰는 방의 '원 룸 시스템'이라는 장치가 보여주는 삶의 간편함 등등이 환기되는―만들기에, 즉 가상적 공간 설정에 상당히 성공했다고 볼 수 있다. 텔레비전 드라마의 줄거리와 등장인물, 대사 들을 그대로 차용하는 최근의 많은 광고―펜잘, 영비천광고 등은 <한 지붕 세가족>을, 바로크 가구, 삼성전자렌지, 비바화장지…는 <사랑이 뭐길래>를 모체로 한다―들은 이 가상의 세계를 현실로 생산해내고자 하여 자본의 논리에 부응한다.

요즈음의 광고담론은 그 내용상 사용가치의 소비에서 행복, 안락, 사회적 권위, 근대성의 소비로의 전환이 두드러진다. 이런 성격전환이 현대 광고를 그 전 시대의 광고와 두드러지게 차별지우는 지점 중 하나인데, 우선 티코의 세 번째 카피를 보자. 비디오 가게를 경영하는 카메라 맨에게 이 소형차는 상당한 정도 사용가치를 지닌다고 볼 수 있다(물론 이 사용가치라는 것도 우리 사회 전반의 결혼풍속도 변화와 맞물려 있는 것이지만). 따라서 우리는 이 카메라 맨이 자신의 티코로 신랑신부를 실어 나를 때 사용가치의 소비가 이루어진다고 말할 수 있다. 여섯 번째의 여천군 농촌지도소 과장의 경우도 이와 비슷하다. 티코 선생님, 티코 영농후계자 경우까지는 그래도 인간적 덕목의 실천과 고양을 통해 다소의 사용가치가 부여되고 있다. 크게 보아 이런 단계까지를 필요에 의한 욕구 단계라고 볼 수 있는데 현단계에 오면 실제로 구매욕을 부추기는 것은 더 이상 명확히 규정된 상품의 기능이나 기능에 따른 욕구와 큰 관련을 갖지 않는다. 욕구는 주로 느닷없이 찾아온 연애의 달콤한 감정(티코 대학생)이나 의기양양한 행복감이나 안락감(티코 아빠나 티코 새댁쯤에 이르면 그것은 최대치가 된다)으로 대체되는데 이때 소비는 사용가치의 소비에서 행복이나 안락, 사회적 권위의 소비로 전환된다. 진짜 '미제 청바지'를 단지 바지가 아니라 하나의 태도로 본다[10]는 지적 역시 본래의 사용가치를 덮어씌우고 있는 상품의 '비본래적인 사용가치'가 실제의 소비 양태에서 중요하게 부상한 점을 지적한 것이다. 이런 소비 성격의 전환은 자동차라는 상품을 구입하게 되면 펼쳐질 가상의 세계를 보여줌으로써, 다시 말해 인간을 욕망구조 속으로 편입시킴으로써 자본의 자기운동 혹은 자기증식을 촉진시킨다. 앞서 소비성격의 전환이 현대 광고의 특징 중 하나라고 했는데 그 말은 이 전환이 자본주의의 자본증식과 맺는 필연의 관계를 염두에 둔 말이라고 보면 되겠다. 따라서 자본주의 체제는 자본의 자기증식을 위해서라도 욕망을 극대화시킬 수밖에 없다. 광고의 존재 이유는 여기서도 찾아진다.

그러나 광고담론이 소비 성격의 전환을 담고 있다는 말로는 불충분하다. 그것은 현상에 불과하기 때문이다. 소비 성격의 전환이 언어와 맞물려 있는 지점을 찾아보자.

사물은 대체될 수 있는 그 객관적 기능의 영역 밖에서는, 그리고 그 명시적 의미의 영역 밖에서는, 달리 말해서 사물이 기호가치를 지니는 암시적 의미의 영역 안에서는 다소간에 무제한적으로 대체될 수 있게 된다. 따라서 세탁기는 도구로 사용되는 것과 함께, 행복, 위세 등등의 요소로서의 역할도 한다. 바로 이 후자의 영역이 소비의 영역이다. 여기에서는 그밖의

10_ 같은 글, 56쪽.

모든 종류의 사물들이 의미표시적 요소로서의 세탁기와 대체될 수 있다. 상징의 논리에서와 마찬가지로 기호의 논리에서도 사물은 명확하게 규정된 기능이나 욕구와 더 이상 관련되어 있지 않다. 바로 그 이유는 사물이 전혀 다른 것(그것은 사회적 논리일 수도 있고 욕망의 논리일 수도 있는데)에 대응하고 있으며, 그것에 대해서 사물은 의미작용의 불안정하고 무의식적인 영역으로 사용되기 때문이다. …사물은 미끄러짐, 전이, 자의적으로 보이는 무한한 가변성이라는 논리에 따르고 있다. …소비 속에서 사물은 또 하나의 언어가 거절당하고 다른 무엇인가가 말하는 광대한 패러다임이 된다.[11]

사물이 의미작용의 불안정하고 무의식적인 영역으로 사용될 때, 언어는 사물을 대신해 사물의 자리로 들어간다. 즉, 언어의 물신화가 이루어지는 것이다. 바로 이 언어의 물신화가 일어나는 지점에서 행복이나 안락의 소비가 시작된다. 세탁기 광고가 "아내 사랑 알고 보면 참 쉬워요"(대우세탁기)라는 카피를 사용할 때 세탁기는 아내 사랑을 보장해준다, 적어도 광고 안에서는. 그럼 광고 밖에서는 어떠한가? 빨래해 주는 남편이 있음으로 해서 아내는 사랑받는다고 느낀다. 아내 역시 그런 남편을 사랑한다. 단 중요한 것은 이제 광고 밖에서는 실제의 이 '세탁기'가 있어야 이 모든 사랑이야기가 가능해진다는 것이다. 세탁기가 그려내는 가상의 세계가 현실의 세계를 생산해내는 지점, 즉 언어가 물신화되는 지점에서 광고담론이 가지고 있는 가상의 틀거리대로 현실에서 행복의 소비가 이루어지는 것이다. 이제 다시 여기서 앞서 이야기했던 광고언어

11_ 장 보드리야르, 앞의 책, 98-100쪽.

의 현실생산성으로 돌아갈 수 있겠다.

"차가 다르면 생활도 다르다." 이것은 현대자동차의 엑셀GS 광고카피로, 실제 이 카피는 캐쥬얼 복장을 한 젊은 남녀가 자동차에 기대어 선 사진과 함께 신문에 실렸는데, 아마 이런 복장에 걸맞게 자유로운 삶을 살아가는 사람이라면 이 차를 타라는 의미일 것이다. 그러나 이 카피를 곰곰이 뜯어보면 생활에 따라 자동차를 고르는 것이 아니라 자동차가 마치 생활의 형태를, 양식을 규정짓는 것 같이 선언하고 있다고 느껴진다. 특정 상품의 소비를 통해 특정한 생활양식을 향유하는 사회적 차별화를 조장해내는 효과로 마치 상품이 우리의 삶을 규정지을 수 있는 것처럼 확신하고 있다. 앞서 인스턴트 식품에서 칼슘영양제에 이르는 메커니즘을 이야기했을 때 광고가 인간 삶의 관리방식에 개입해 들어가면서 자본주의와 어떻게 결탁하는지도 보았다. 그때 광고의 개입 방식은 그리고 그것과 자본주의와의 결탁 모습은 은폐되고 잠재된 조심스러운 모습이었다.(물론 은폐되고 잠재된 방식이라고 그 효과마저도 미약할 것이라고 생각하면 안 된다는 것은 알고 있을 것이다.) 그러나 "차가 다르면 생활도 다르다"는 광고언어는 다분히 호전적이다. 광고언어가 호전적이라는 말은 분명 격에 어울리지 않는다. 광고언어와 결탁하는 자본주의가 호전적으로 변해가고 있다는 말이 오로지 맞을 뿐이다. 김완선은 더 이상 "저 이뻐요"라고 물어오지 않는다. "예쁘게 사세요"를 강요한다. 화장품 선전도 '사서 바르세요, 새로와진다니까'라는 어법을 구사하지 않는다. 단지 "지금 새로와지세요"라고 단호하게 말하기 시작한다. 이래서 광고언어의 현실생산성은 광고의 세계가 아니 보다 엄밀히 말하면 자본주의가 현실을 어떻게 규정짓고 있는가 하는 그것들의 인식의 내용범주까지를 되잡아볼 수 있는 단서가 된다. 그런데 그 용어가 현실생산성이 되든 호전적이 되어 현실규정력, 구속력이 되든 그것은 광고가 현실을 생산해내는 효과의 문제이지 실제 생산의 문제는 아니다. 그럼에도 불구하고 광고언어가 현실생산성을 가졌다라고 말한다면 그 때의 현실은 계급투쟁 속에서 계급투쟁의 효과를 은폐·전이시킨 자본주의적 현실일 뿐이라고 분명히 말해야 한다. 그것은 이미 실제의 광고분석을 통해서도 밝혀졌다. 자본주의는 지배의 논리를 관철시키기 위해 관념이 현실을 만들어내는 것 같은 착각을 강하게 불러일으켜야 할 필요가 있다. 광고언어가 현실규정력을 내보임은 이런 이유에서이다.

따라서 이제 우리는 우리의 현실을 구속하고 규정짓기까지 하는 '가상'이라는 표제를 단 이 억압적 자본주의 언어현실에 대해 투쟁해야 한다. "바로 이 투쟁이 담론의 의미를 구성하는 '외부'인 것이다."[12] 이 외부가 바로 결코 관념의 세계로 환원되지 않는 인간 노동이 쌓은 물질세계인 것이다.

4. 글을 맺으며

결론은 앞에서 이미 말해버린 것 같다. 그렇더라도 광고는 분명히 자본주의, 즉 생산양식의 재생산과는 맞물려 있다는 것은 다시 한번 이야기해야겠다. 더불어 그 재생산과정에서 언어가 중요한 역할을 한다는 것

12_ 이것은 미셸 페쉬의 언명인데, 다이안 맥도넬의 『담론이란 무엇인가』, 임상훈 옮김, 한울, 1992, 60쪽에서 인용.

은 이제까지의 서술에서 익히 보았을 것이다. 르페브르는 광고가 현대사회의 이데올로기이며 상부구조라고 말하며, 이 광고와 이데올로기가 공히 시그널화되어 유통되고 소비된다는 점도 지적한다.[13] 광고가 유통되고 소비되기 위해서는 시그널화되어야 하는데, 여러 형태가 있을 수 있겠지만 대체로 언어의 형태로 시그널화될 때 유통과 소비가 보다 원활해질 것이다. 따라서 자본에게 언어는 지배의 논리를 관철시키기 위해 상당히 유용한 것이 된다. 마찬가지로 피지배측에서는 그것이 지배와 결탁해 있는 부분에 개입해 들어가기 위해서라도 언어에 대한 연구를 소홀히할 수는 없다. 광고언어들은 분명히 권력과 연결되어 있는 부분이면서도 그런 용도로 쓰이는 발톱을 광고언어들이 표출하는 가상이나 매혹의 언술 밑에 숨기고 있는 것이다. 바로 이 지점에 개입해 들어가는 것이 지배담론의 틈새에 개입하는 것이다.

이제 「혁명의 무기로서 철학」에서 따온 부분으로 우리의 결론을 대신하고자 한다. 이제까지 말랑말랑한 광고언어에 대해 이야기하다가 갑자기 엄격한 태의 엄정한 말로 우리의 논의를 마무리짓고자 함은 연극배우 윤석화가 감미로운 어투로 내뱉는 '여자와 커피처럼 부드러운' 광고언어를 거슬러 그것을 우리의 언어로 전유해야 함에는 엄정함이 요구되기 때문이다. 그 언어들이 말랑말랑해 보이는 것은 단지 다음의 언명처럼 '이 경우 이 단어들은 결정적이기는 하지만 아직 결정되지 않은 싸움의 관건'이므로 그럴 뿐이다.

왜 철학이 단어를 놓고 싸우는가? 정치적, 이데올로기적, 철학적 투쟁에서

13_ 최종욱, 「앙리 르페브르」, 『이론』 창간호, 1992년 여름, 151-152쪽.

단어는 무기, 폭약이 아니면 마취제, 폭약일 수 있기 때문이다. 전체 계급 투쟁이 다른 단어에 대항한 한 단어의 투쟁으로 요약되는 경우가 있다. 어떤 단어들은 자기들끼리 서로 적으로 싸운다. 다른 단어들은 애매함의 위치에 있다. 이 경우 이 단어들은 결정적이기는 하지만 아직 결정되지 않은 싸움의 관건이다….14)

14_ 루이 알튀세르, 「혁명의 무기로서의 철학」, 『레닌과 철학』, 이진수 옮김, 백의, 1991, 29쪽. 번역은 다소 수정하였습니다.

제 4 부

여성과 스타일의 정치학

정상성 · 여성성/패션, 그리고 그것으로부터의 탈주

패션—욕망과 육체, 그리고 그 지배의 경로

11

정상성 · 여성성/패션
그리고 그것으로부터의 탈주

1. 권력의 편재와 자기감시

　여성 패션사(史)에서는 1909년을 다음과 같이 기록한다. "1909년, 푸아레가 여성 코르셋을 없앴다"라고. 그래서 젊은 여성들은 환호했다라고 그렇다. 여성 패션의 역사를 억압/피억압의 틀로 보는 '한, 그 코르셋이라는 '기구'—기구? 영화 <바람과 함께 사라지다>에서 비비안 리는 흑인 하녀의 도움 없이는 그걸 입어내지도 못한다. 제법 세련된 용어로 말해서 이너 웨어는 아닌 것 같고 혼자서는 옭죄기도 어려운 도구나 기구임에 틀림없다—는 억압의 상징으로는 더할 나위없이 완벽했다. 그러나 그 기구는 패션이 가시적이고 명시적인 것이라고 한정짓는 틀 내에서만 억압의 상징으로서 완벽할 뿐이다. 이제 패션이 '특정한—패션을 의복이라는 형태로 가시적으로 보여지는 것으로만 간주할 때는 '특정한이라는 이 용어가 적합할지 몰라도—부문이 아니라 사회 전체에 작동하는 일반적인 형식이 된 것과 마찬가지로 패션에 작용하는 억압적 권력 역시 사회 전체에 걸쳐 작동하고 있다. 따라서 '코르셋'이라는 가시적 억압틀은 부분적으로만 기능할 뿐이다. 그러나 물론 이 가시적이고 명시적인 억압틀의 작동을 부정하자는 것은 아니다. 여성 패션에 있어 비가시적인 억압이 얼마나 일상적이고 거대한 권력망 안으로 우리를 포섭해 내는지에도 주목하자는 말이다.

명시적인 억압틀은 부분적으로만 기능한다는 것으로 우리는 이 글에서 무엇을 말하려 하는가. 그것은 앞서도 다소간 언급했듯이 권력의 편재(두루 퍼지어 있음)성에 대해 말하려는 것이다. 억압/피억압의 틀은 권력을 누군가 개인이나 집단이 소유한 것으로만 볼 때 가능한 것이다. 그러나 오히려 권력은 푸코가 설명한 바처럼 탈중심화된 세력 간의 역학이나 그물망이다. 그리고 이러한 세력들이 닥치는 대로 아무렇게나 움직이지 않고 특정한 역사적 형태를 나타내도록 배치된다는 점을 인식해야 한다. 이런 특정 형태의 지배는 행정상의 물리적 힘과 법을 통해 이루어지는 것이 아니라, 공간 시간 욕망 체현의 구성이라는 가장 친밀하고 상세한 요소들을 규제하고 있는 상이한 기원을 가지고 있고 지역적으로도 산재해 있는 여러 회로를 통해서 이루어진다.[1]

슈퍼 모델 출신의 MC 이소라의 다이어트체조 비디오 열풍에 이어 여성 개그맨 조혜련의 살빼기 체조 비디오가 작년 하반기 내내 화제를 몰고 왔다. 큰 키에 슈퍼 모델 출신인 이소라의 비디오는 그런 비디오물들이 으레 그렇듯이 상향지향적 몸매 가꾸기용이었다면, 조혜련의 체조

1_ 미셸 푸코, 『감시와 처벌』, 오생근 옮김, 나남, 1994, 206-207쪽.

비디오는 보다 평범한, 그래서 더욱 일상적이기도 한 여러 지점들을 가지고 있었다. 이 여성 개그맨은 몸이 주는 느낌으로 대체로 배역이 정해졌던 것 같은데, 가령 <울 엄마>에서의 경석이 엄마, 인기 드라마 <미스타 Q>에서 미모가 아닌 여자들이 늘 그렇게 취급받듯 절대로 까다로울 수 없거나 남성들에게 무시당하는 역할을 맡았다. 마침 비디오 출시 전후 무렵 결혼을 하고, 마치 그 결혼이 살빼기 비디오에서 보여준 바처럼 7kg 감량이 가져다준 선물인 양, 신혼 침실부터 결혼식의 몇몇 장면들, 그 신혼부부의 갖가지 거동 등등이 연일 연예가 소식의 화면을 채웠다. 그러나 텔레비전 화면에 잡힌 조혜련의 살빼기 비디오와 그것을 둘러싼 조혜련의 신변잡기는 의외로 이중으로 고통스럽게 포박되어 있는 실제 여성을 묘사하고 있었다. 그것은 여성들이 자신을 결점을 지닌 존재로 보도록 부추기고, 다른 한편 이들 여성들이 그 결점 때문에 자신없이 불안을 느끼고 있다고 마구 질책하는 형국이다. 그러면서 그것은 일반 여성들에게 모델의 체형에 일치시키도록 노력해야 한다고 설득한다.[2] 그리고도 그것은 전적으로 너의 결심에 달려있다고 부추긴다. 자신감을 불어넣는다. 조혜련도 했다고, 조혜련도 7kg이나 살을 빼서 화면에 보여지는 바처럼 예뻐졌고—물론 나는 그렇게 생각하지 않는다. 그러나 조혜련을 불러다 앉힌 온갖 토크쇼에서는 그렇게 말했다—결혼에 골인했다고 자주 속삭이면서…. 바로 자기감시의 철저한 결과로 이것은 바로 자아에 대한 새로운 개념이 등장했음을 지시한다. 여성이 자신의 역할 속에서 끊임없이 자신의 수행을 감시하는 수행적 자아로 등장한 것이 바로 그것

2_ 수잔 보르도, 「페미니즘·푸코·신체의 정치학」, C. 라마자노글루 외, 『푸코와 페미니즘』, 동문선, 1997, 232쪽.

이다. 권력이 부단한 자기감시의 관행을 조장하는 성애화된 여성성의 규범을 통해 비가시적으로 편재되어 있기 때문이다.

이처럼 주체 구성은 신체에 가해지는 구속과 강요를 통해서보다는 개인이 규범에 따라 행하는 자기-감시와 자기-수정을 통해서 이루어진다. 각 개인은 응시를 내면화하여 스스로가 그 스스로의 감시자가 되는—조혜련 비디오가 보여주는 바처럼—경로를 거쳐 주체 구성에 도달한다. 그러나 이 주체 구성의 과정은 아주 일상적이어서 가시적인 억압적 형국으로 우리를 포박하는 것이 아니다. 조혜련의 예에서 보듯 여성의 신체적 생존 중에서 가장 일상적이고 사소한 국면이 사실상 억압적인 여성 규범의 사회적 구성에 있어서 가장 중요한 요인이 되어온 것이다.

1914년 미국에서 개최되었던 최초의 페미니스트 대중회합은 여러 가지 사회적이며 정치적인 권리를 요구한 바 있는데, 이 중 가장 신랄한 슬로건은 '패션을 무시할 수 있는 권리'였다고 한다. 여기서 우리는 이미 일상생활의 물질적 '세부-실행'이 순전히 개인적 영역에 국한되어 있지 않고 정치적 영역으로 확대 진출한 모습을 보게 된다.[3]

2. 정상성·여성성/패션

"남자이다. 여자이다"는 단순한 진술문에 불과하다. 그러나 이 진술문은 남자로 만들어주고, 여자로 만들어주는 "반복적인 사회적, 문화적 규범과 장치"에 의해 수행문으로 변형된다. 이럴 경우 수행적인 젠더는 일회적으로 구성되는 것이 아니라 거듭 반복함으로써 구성된다. 따라서

3_ 같은 글, 214쪽.

남자가 되고 여자가 되는 방식에도 사회적으로 확립된 방식이 나온다. 젠더의 수행성을 단일한 행위에 의해 성취할 수 있는 어떤 것으로 간주해서는 안된다.[4]

여자로 만들어주는 "반복적인 사회적, 문화적 규범과 장치"는 무엇을 상정하는가? 우리는 우선 이 물음에 답해야 한다. 그것은 '정상성'을 상정한다. 아무런 설명 없이 다시 얘기한다면 여성이라면 정상인 것은 '여성적'인 것이다. 그래, 여자가 된다는 것은 사회적으로 무엇을 의미하는가. 그것은 소위 여성으로서의 '정상성'을 기초로 한 개념이다. 버틀러의 지적대로 젠더의 수행성은 젠더화된 주체를 활성화하고 구속하면서 강박적으로 반복하는 것인데, 그 구속과 반복은 남성성/여성성이라는 일상적 관습에 맞추어 스스로를 '정상화'시키는 과정을 통해 젠더화된 주체를 '자발적으로' 재생산되게 하고 있다. 사회문화적 측면에서는 더욱 그래 보인다. 남성 지배와 여성 종속의 상당부분은 이 정상화의 반복 과정을 통해 '자발적으로' 재생산되고 있다고 말할 수 있다. 이 정상화란 끊임없이 자기 스스로 나는 이런 존재지, 나는 원래 여자지, 내가 여자구나라고 생각하는 주체를 (재)생산한다.

그런네 이 정상화에 편입되지 않으려는 '저항'조차도 '정상'으로 환원될 때, 여성들에게 정상을 확인시켜 주는 효과, 정상에 편입되는 상투성—자연스러움을 가장한—의 작업은 훨씬 강력한 강도를 가지게 된다. 그것은 마치 자기-결정에 관한 담론이 전적으로 여성에게 전유되는 것 같은 효과를 생산하기 때문이다.

4_ 이 부분의 서술은 주디스 버틀러(Judith Butler)의 *Gender Trouble* (New York: Routledge, 1990)에서의 논의를 중심으로 이루어졌다.

최근에 종영되거나 방영중인 드라마 몇 편을 보자. 젊은 여성, 그것도 20대 초중반 혹은 30대 초반을 갓 지난 여성 판검사나 변호사를 주인공 혹은 주요 등장인물로 삼은 드라마의 행진이 계속되고 있다. <애드버킷>이라는 드라마를 필두로 <해피투게더>의 여검사 한고은, 방영중인 <장미와 콩나물>의 셋째 며느리 김규리, <마지막 전쟁>의 주인공인 변호사 심혜진 등이 그들이다. 당당하고 남자들과 적수이며, 자신의 의견을 조금도 굽힘없이 개진하는 등 전문직 여성으로서의 지식, 차림새 등 거의 완벽해 보인다. 소위 법조계 인사로 권력에 근접해 있는 아주 '특별한 전문직—그녀들은 통칭 정치적 '권력'에 그녀들 이상으로 더 가까울 수 없는 관계로 이때 이 전문직이라는 말도 어울리지 않지만—여성들이 이들 드라마에서 왜 필요했는가. 그녀들의 평소의 언행, 명석한 두뇌, 칼로 자른 듯한 현명한 태도는 현대 전문직 여성들의 '참다운' 상징처럼 보인다. 거의 그런 징표들의 집합이다. 그리고 이것은 이제까지 '여성'에게 징표처럼 부과되었던 이미지와는 너무도 상이해서 남성들에 대한 태도 역시 저항적일 것으로 예측되며, 실제로도 저항적이다. 드라마는 그녀들에게 착 달라붙어 있는 선택과 자기—결정의 수사학에 의해 기존의 여성상과는 판이하다는 징표를 그녀들 스스로 전유하게끔 한다. 그러나 기억해 두어야 할 것은 여성성을 규정하고 있는 지배 담론은 오히려 전략적으로 이런 '상이함'의 분출을 무한대로 허용하고 있는 형국이라는 것이다.

그런데 소위 사랑을 나누거나, 부부관계로 맺어졌을 때 그들은 언제나 이미 '여성'에게 징표처럼 부과되어 있는 정상성의 이미지와 한 치의 오차도 없이 합치한다. <해피투게더>에서는 이미 약혼녀가 있는 동료 검사 송승헌을 사랑하는 동료 여검사는 자기가 가진 모든 것—부와 재능, 심지어는 탁월한 자신의 외모까지—을 아낌없이 주면서 상대방의 사랑을 얻으려고 한다. 사랑이 절대절명의 진리라고 목매는 순애보의 주인공들과 한치도 다르지 않다. 그저 그녀의 말씨와 차림새만이 그녀의 직업에 걸맞게 도전적일 뿐이다. 그건 <장미와 콩나물>의 셋째 며느리의 경우에도 전혀 다르지 않다. 이 여성 사법연수생의 경우, 결혼이 여의치 않자 머리를 깍고 절로 들어가 평생을 부처에 귀의하겠다고 낙향한다. 그러나 그 돌발적인 '출가' 사건으로 사랑하는 남자와 순식간에 결혼에 '골인'하게 되며, 마치 인생의 모든 목표를 이룬 듯 안심하며, 시집 일에 열심이다. 아직도 '전쟁'을 치르고 있는 드라마 <마지막 전쟁>도 현재로서는 그 결말을 알 수 없으나, 드라마의 진행 과정들은 늘 저항을 표방하되 언제나 '정상'으로의 복귀이다. 남편 강남길의 폭행에 대항하여 부인 심혜진도 똑같이 남편의 따귀를 올려붙이는 '전쟁'을 벌이고 있어 표면적으로는 상당히 저항적으로 보인다. 그러나 이제까지 진행된 비중있는 몇 개의 에피소드들 모두는 정상적 규범에 따르도록 이끄는 메시지로 복귀하고 있다. 남편의 사업자금 조달, 시어머니 집으로 들어간 남편을 따라 마음에도 없는 시집살이 하기 등등.

이 몇 편의 드라마가 보여주듯 저항이 정상으로 복귀될 때의 위력은 정상이 정상 그대로 표현될 때와는 비교할 수 없을 정도로 강력하다. 그 위력이란 물론 우리 여성들이 스스로를 '나는 이런 존재지', '그래 나는 여자구나'라고 인지하며 자신을 여성으로 재생산할 때의 그 생산력의 정도에 끼치는 강도를 말하는 것이다. 그건 그 드라마에 같이 모습을 보이는 50대의 시어머니들과 비교해 보면 금방 드러난다. 이 어머니들이 등장하는 <장미와 콩나물>, 그리고 <마지막 전쟁>을 보자. 결혼생활(평생)

내내 남편에게 짓눌려 살아온 이 어머니들은 하나같이 90년대 식 신세대인 똑똑한 며느리들의 영향으로 자신의 입장을 다시 생각해 보며 자신의 한 인간으로서의 결정을 실행하는 저항의 순간에 다다른다. 그러나 드라마에서 이 순간의 어머니들은 상당히 희화화된다. '저항'의 노선을 따를 때 생각나는 남편, 아들들로 인해 말하자면 갈등을 겪게 되는데, 작가들은 바로 이 순간에 그녀들을 희화화시켜 버린다. 그 어머니들은 인습과 저항 사이에서 생각한 바대로 결연히 실행하려는 순간, 대체로 인습에 머무른다. 이 경우에도 결행 이전의 사소한 에피소드들은 반항—평생 해볼 수 없었던 맞대꾸, 묻지마 관광에의 참여, 결연한 가출—의 적극적 양태를 보이지만 결정적인 순간에는 대체로 기존의 규범이 지시하는 대로 따른다. 그러나 우리에게는 이것이 오히려 사실적으로 느껴진다. 그런데도 이들이 희화화되는 것은 작가들—아니 오히려 우리 여성들이라는 말이 적합하겠다—이 표면적으로는 기존의 규범에 따르는 것은 수치스러운 일이라고 표방하기 때문일 것이다. (그 작가들은 젊은 며느리들의 표상을 빌어 적어도 자기들만은 시청자들에게는 저항적으로 보이길 원하는 것 같다.) 그리고 오히려 젊은 며느리들의 양태에서는 저항의 측면만을 두드러지게 함으로써, 이 젊은 당당한 여성들이 인습에 한치의 오차도 없이 적응하는 모습조차도 우리로 하여금 저항의 모습으로만 잘못 보도록 강요하고 있다. 오히려 이 드라마들은 반항적 요소를 허다히 배치함으로써 우리에게 정상의 규범에 따르도록 이끄는 메시지를 강력하게 유포하고 있을 뿐이다. 그리고 그것의 효과로 이 드라마들은 여성의 저항이 개인적 투쟁이나 사회적 변화에 대한 그 어떠한 필요성도 의식할 수 없을 정도로, 이미 우리 문화 내부에서 문화 그 자체로 번성하고 있다는 환상에 우리 모두를 동참시킨다. 즉 이 드라마들은 저항적 젊은 여성을 등장시킴으로써 우리가 거울 속에서 잘못된 것보다는 제대로 된 것을 바라볼 만큼 자기-결정적이며, 강력한 힘을 이미 부여받았다는 환상을 지니게끔 한다. 이런 신비화 과정에 대한 폭로 작업이 우리 문화 내에서 저항에 대한 안이한 칭송으로 인해 방해받아서는 안될 것이다.[5]

최근의 드라마들에서 우리는 '저항과 정상'의 혼용 때문에 잠시 혼란스러웠다. 하지만 규범에 따르는, '정상'으로 복귀하는 여성들이 요즈음 우리 사회의 여성관 내지 여성 이미지라는 것은 이즈막의 광고 몇 편을 보면 훨씬 더 직접적으로 이해할 수 있다. 광고에서 한동안 유행하던 구성적, 설명적 내러티브가 사라진 지는 조금 오래 됐다. 그것은 내러티브를 구성할 만한 시간의 경과가 우리에게 주어지지 않기 때문일 것이다. 속도가 점점 빨라지는 사회문화적 현상인데, 따라서 광고에서도 압축적인 단 한 번의 도상이 필요할지 모르겠다. 내러티브가 사라진 대신 앞서의 드라마에서 보여준 여성(의 정상)성은 광고에서 압축되어 나타난다. 김혜수도 소주 광고에서 아름다운 정결한 백색 여인으로 나오고, 이영애도 하얀 시드루-룩을 걸친 맑은 여인으로 등장한다. 순종할 것 같은 여인, 순수한 여인, 그래서 순백으로 시각화된 여인이 단 한 번의 도상으로 형상화되어 등장한다. (나는 올여름 내내 유행한 백색도 이런 맥락에 위치지우고 싶다.) 앞서의 드라마에서도 저항-정상의 복잡한 지그재그 이후에 결국 그려내려 했던 여성도 오직 순종만 할 것 같은 이런 형상의 여성들이 아니었을까. 여성다운 여성, 저항하지 않는 순백의 여인. 정상적으로 '여성적'이라고 표방되는, 실제로는 '강박적'인 문화적 압력으로

5_ 수잔 보르도도 이 점을 지적하고 있다. 수잔 보르도, 앞의 글, 234쪽.

인해 여성답게 생성되어 나간 여성들이 도처에 존재한다.

그러나 우리의 이제까지의 서술은 문화적으로 억압된 강요의 결과로 구성된 여성성이 정상성인 것—여자라면 여자다워야지와 같은 정상성—으로 서술되었다. '정상'의 개념을 좀 더 설명해야 할 필요가 있다.

이제 다시 조혜련으로 돌아가보자. 그녀는 자기감시를 수행하는 길들여진 신체로서의 역할을 실제 맡아 연기하면서 '권력'의 환영을 경험하고 있다. 푸코가 설명한 것처럼, 권력과 쾌락은 서로가 서로를 말소시키지 않는다. 그녀가 새로 얻은 살빠진 몸매 덕으로 자신의 삶—텔레비전 등 각종 대중매체는 물론 결혼이 있었던 실제의 생활도, 물론 이것도 그녀가 연기한 가상물처럼 상품으로 통용되고 있지만—에서 보다 더 강력하게 자신을 드러내고, 즐거워하고, 주장할 수 있는 힘을 갖게 되었으니 말이다. 따라서 우리는 이 유순함의 상태가 개인적으로는 자유를, 문화적으로는 변화를 가져다 줄 수 있었다고 말할 수 있는 것도 사실이다. 정말로 정상의 기준에 맞추어진 신체는 창조적 자기-형성의 과정에서 만들어진 바로 그 신체, 심지어는 문화적 저항운동을 벌이는 신체가 되기까지 한다.6) 이 경우 여성의 섹슈얼리티는 남성의 권력과 경쟁적 관계를 맺으면서, 동시에 스스로를 사회에서 받아들이기 쉬울 정도로 여성적인 여성으로 구성해 나가는 여성들을 통해 남성 권력이 지속적으로 성공할 수 있도록 기여한다는 면에서 대단히 모순적이다. 권력과 쾌락이 서로를 말소하지 않는다는 것은 명백하게 드러난 셈이다. 그렇다면 여성들은 자신의 신체를 배려하는 의미에서가 아니라 남성의 욕구를 충족시키면서 자신의 여성성을 표현하기 위해 자신의 신체를 훈육시킨다고 말할 수 있

6_ 같은 글, 231쪽.

다. 조혜련의 노력하는 육체는 우리로 하여금 우리가 거울 속에서 잘못된 것보다는 제대로 된 것을 바라볼 만큼 자기-결정적이며, 강력한 힘을 이미 부여받았다는 환상을 지니도록 한다. 더욱이 그것은 정상의 기준에 맞추어진 육체일 뿐이며 어떠한 차이도, 본래의 개성도 인정하지 않는다.

또 그것은 진실과 외양 사이의 구별을 없애는 것이다. 조혜련의 육체는 본래 결국 수정되고 말 결점으로서만 의미를 갖게 되었다. 다이어트 혹은 살빼기 체조 이전의 신체가 결점으로 성립된 것은 7kg이나 살이 빠진 새 이미지가 바로 정상적인 것에 대한 기준이 되었기 때문이다. 그 이전의 살찐 그녀의 육체는 그녀가 그간에 텔레비전에서 맡았던 역할만큼이나 웃음거리가 되었고, 자신의 육체에 대해 수행하지 않았던 자신의 게으름에 대한 수치였다. 이제 자기결정과 선택으로 자신의 인생을 만들어가는 것에 대한 자신감과 더불어 결과적으로 보다 슬림해져 스마트해진 육체에 붙이는 "정상에 가깝다"는 표현은 그녀가 출연한 모든 프로들에서 표방되었다. 그러나 이렇게 정상과 비정상 사이에 경계선을 긋는 이런 체제는 '차이'를 정당한 것으로 인정하는 작업에 제한을 가한다. 이 체제는 패션을 둘러싼 가시적으로 보여지는 모든 것에 등급 매기려 하고 있다. 정상과 비정상이라는 이름으로 배제와 횡포가 각인되었는데도 자연과 규범으로 가장하여.

3. 탈주의 몇몇 지점들

움베르토 에코가 「청바지에 잘 어울리는 사고」[7]라는 짤막한 글에서

7_ 움베르토 에코, 『포스트 모던인가 새로운 중세인가』, 조형준 역, 새물결, 1993, 182-187쪽.

도 얘기했듯이 하이힐, 패치코트, 물고기뼈로 된 흉부 버팀기구, 팬티스타킹, 코르셋 등 여성들이 사용하는 의류들은 고래적부터 늘 여성들로 하여금 이러저러한 태도를 취하도록 강요해 왔다는 것인데, 이는 옷차림이 어떤 경로를 거쳐 인간 육체와 더불어 정신까지도 관리 혹은 통제하는지를 보여준 예라는 것이다. 이런 관점에서 볼 때 여성들은 의복을 골라입는 행위자가 아니라 피해자이며, 이때 우리 여성들의 적은 "남성들과 그들의 욕망"이라는 것이다. 결국 패션의 명령에 복종하는 것을 선택의 차원이 아니라 구속의 차원에 속하는 문제로 봐야 한다는 것이다. 우리는 다시 이 글의 서두에서 거론했던 '코르셋'이라는 가시적 억압틀로 돌아온 느낌인데, 이것까지 포함해 우리가 패션을 가지고 권력의 편재망으로부터 탈주할 수 있는 지점은 없는 것인가.

1) 젠더정체성 가로지르기

1910년대 말, 20년대 초반 코코 샤넬은 소년들이 입음직한 '가르손느룩을 내놓았다. 잘룩한 허리, 풍만한 젖가슴, 여성적 우아함 등 남성의 시선을 끌 만한 요소는 그 어디에도 없었다. 아니 적극적으로 남성의 시선을 배제했다는 생각이 든다. 짧은 머리, 가슴이 전혀 강조되지 않은 아니 오히려 밋밋한 가슴을 그대로 표현한 재킷, 치렁치렁하지 않은 스커트 기장 등. 그때까지 패션 내에서 통용되던 여성을 남성의 욕구, 기대, 욕망에 종속되는 것으로 만들어놓은 이성애주의의 틀을 전면적으로 거부한 것처럼 보인다. 이런 맥락에서 보면 복장도착은 이성애중심주의가 사회의 필요에 의해 만들어진 것이면서도 자신이 만들어진다는 사실을 은폐하는 것을 다시 드러내 보여주는 행위이다. 양성간 옷바꿔입기라는 행위는 전치(轉置)된 옷입기 행위를 통해 이성애가 만들어진 것이라는 점을 패러디하는 것이며 풍자하는 것이다. 뿐만 아니라 두 카테고리가 상호교접함으로써 의미의 교란이 초래된다. 이때 여자의 몸, 남자의 몸도 더 이상 경계가 확실한 고정된 범주로서의 의미가 없다. 이렇게 되면 이성애라는 규율에 의해 만들어진 신체가 자연스럽고 고유한 것이라는 주장은 가부장제의 이데올로기로 드러난다.[8]

최근 패션 경향에서 드러나는 소수 집단의 부상 역시 이것과 연동된 현상이다. 왜냐하면 소수 집단의 가치관 부상은 바로 가족 개념이 희박해짐과 동시에 일어난 사회적 현상이기 때문이다. 역사적 예를 보더라도, 2차 세계대전이 끝나고 영국의 정치적, 경제적 위기상황이 도래했을 때, 젊은이들은 가족으로부터 이탈해서 자신들만의 독특한 문화적 정체성을 패션을 통해 만들어 나갔다. 이른바 60-70년대 영국 청년들의 독특한 스타일의 문화를 지칭하는 하위문화(subculture)가 그것인데, 여기에 속하는 소수 집단인 모드족, 스킨헤드족, 펑크족, 록커족들의 스타일은 부모문화와 지배계급문화에 대한 저항을 담고 있었으며, 부모세대와 문화적으로는 완벽하게 단절된 양상을 보여줬다.

남성/여성 스타일의 혼융(혼란)은 둘 사이의 전염과 확산에 의한 것이며, 이런 현상 모두는 사회적, 경제적, 성적인 기능이 상대적으로 혼합된 사회의 이미지에 대응하는 것이기도 하다.[9] 남성들의 긴 머리, 혹은 묶은 머리는 성차를 무화시킨다. 요즈음 젊은 남성들 사이에 유행하는 한쪽 귀걸이 역시 그렇게 보인다. 성차를 가로지르는 코드가 양성간의

8_ Judith Butler, op. cit.
9_ 쟝 보드리야르, 『소비의 사회』, 이상률 옮김, 문예출판사, 1991, 133쪽.

평등, 두 성간의 자유로운 교통을 추구하는 데 기여하고 있는 것이다. 자연을 가장한 규범이 지시하는 바대로의 정상/비정상의 기준이 사라진 비위계적 관계가 표명된다. 이제 더 이상 개인의 외모는 차별을 위계화하는 미적인 기호가 될 수 없다.

2) 세대—배제된 소수집단들, 밀리오레, 그리고 비자본주의적 방식들

거울 앞에서 머리칼을 살펴보던 최명길의 표정이 순식간에 어두워진다. 흰머리를 발견했기 때문이다. 염색약 '비겐크림톤'으로 염색한 후 다시 거울을 본 최명길, 기쁨에 겨워 N세대처럼 춤을 춘다. 그 춤을 출만큼 젊어보이는 것이 너무 좋아서. 덩달아 기분이 좋아진 거의 대머리인 남편도 거울 앞에서 춤을 춰댄다. 그렇다. 이제 자신의 현재 나이보다 젊어 보이는 것은 자신의 사회적 위치를 드러내는 것보다 더 중요한 것이 되었다.[10]

패션에서 젊은이다운 혹은 10대의 가치들이 나타나게 된 것은 미니(스커트)의 창시자로 알려진 쿠레주(Courrèges) 스타일로 인해서라고 한다. 패션에서 젊음의 코드가 긍정적인 것은 그것의 실험성과 전위성, 기존 규범에서의 이탈이 새로운 양식의 문화와 주체 형태를 낳으며 잠재된 저항의 문을 열어 미래의 저항이 가능할 수 있는 지점들을 마련해 주기 때문이다. 물론 이런 지점들이 단지 '스타일'의 외화만으로 가능할 수 있는 것은 아니다. 스타일의 실천은 감수성의 실천이다. 그것은 도덕과 윤리, 금기를 생산하고 재생산하는 지배적 검열 코드를 분쇄하는 반주체들의 육체적 저항지점을 발견하는 것이다. 이런 주체형태들의 등장은 한편

10_ 질 리포베츠키, 『패션의 제국』, 이득재 옮김, 문예출판사, 1999, 165쪽.

으로는 사회구조의 변화―소비자본주의로의 경제체제의 전환이나 가족주의의 부분적인 해체/저소득층의 위기와 핵가족주의의 과잉화, 학교교육제도의 대안 부재―를 지시해주면서, 또 다른 한편으로는 문화환경이 생산되는 방식들을 변형시킨다.11)

작년 개장하여 문화생산의 주요한 한 지점으로 떠오른 '밀리오레'나 '두타'의 예를 들어보자. 그곳들은 단순히 의류 등속을 파는 장소가 아닌 것 같다. 한편으로는 거대 상업자본과는 관계없이 도심을 자유롭게 떠도는 일종의 노마드적 주체들인 또래패션그룹들, 폭주족, 가출 청소년, 삐끼들과 같은 청소년 주체들이 자신들의 문화공간으로 새롭게 만들어 나가는 공간이 되었다. 이 노마드적 청소년 주체들은 불만과 사회적 검열에의 거부, 그리고 새로운 자유를 향한 욕망들을 그들의 육체에 각인된 스타일을 통해 드러낸다. 과잉되고 이질적인 스타일은 그 공간들과 상호작용하며 폭발 순간에 있는 문화, 사회적 도전의 형태를 나타내는 문화를 생성하고 있다. 이 힘이 바로 기존의 체제에 편입되지 않으려는 탈영토화의 힘이다. 스타일적 실천에서 발흥하여 탈표상적이고 탈영토적인 새로운 흐름과 운동의 생성이 생겨나는 것이다. 물론 이 주체들이 독특한 개성을 표출하는 것 같아 보이지만, 모두 다 유행에 따라 하나같이 똑같은 스타일을 복제한다는 비판도 틀린 말은 아니다. 그러나 과도함을 통해 일상적인 외양과 단절을 일으키는 젊은 패션은 개인적 외양의 새로운 시대를 특징짓는 패션행동이 일반화되고 개인화되는 흐름을 반영하는 것12)이며 자기 스스로 자기를 구축하는 것이다. 소수자 집단이기

11_ 이동연, 『서태지는 우리에게 무엇이었나』, 문화과학사, 1999, 235-236쪽.
12_ 질 리포베츠키, 앞의 책, 176쪽.

는 하되, 전체적이지 않고 파시즘적이지도 않은 자기를 구축한다. 그리고 이것이 자본과 관련되지 않는 비자본주의적, 혹은 반자본적 인간형을 구축할 때 그것은 탈영토화의 변이 지점에서 구축되는 특이점으로서의 개인 주체이다.

3) 소비의 전화—감성적 실천

실제로 우리가 지금까지 논의한 문제들은 '소비'의 문제와 어떤 식으로든 연관되어 있다. 그런데 우리의 논의선상에 있는 패션(의 유행)과 소비, 광고나 드라마 등을 통해 재현된 소비문화 속의 여성 이미지들, 스스로를 끊임없이 '정상'의 규범에 맞추어온 소비문화 속에 가로놓여진 여성 육체 등등에서 나타난 소비 개념은 대체로 경멸적 성격을 내포한 것으로 느껴진다. 그것은 소비가 욕망에 비굴하게 굴복하는 여성을 연상시키기 때문일 것이다. 최근에 이루어졌던 '옷청문화'에 등장한 4명의 여성이 지독한 경멸의 대상이 되었던 것—"여자들이 할 일이 없어서" "그 시간에 책이나 볼 일이지"—도 대체로 소비의 개념이 경멸적인 느낌을 가진 연유로 더욱 그 경멸의 정도가 심해졌던 것만은 틀림없다. 물론 그 4명의 여인들은 자기들 세계 속에서 당연한 상식이고 교양이던 것이 대사회적이 되었을 때 범죄라는 사실을 감당하지 못하고 아주 더럽고 추한 형국으로 우리를 대면하고 있었으니 그 황폐함은 도저히 그대로 간과하기도, 잊혀지기도 어려운 사실이었다.

흔히 이성애적 관계에서 대상으로 묘사되었던 여성은, 오직 다른 대상과의 관계에서만 능동적인 주체의 지위를 획득할 수 있는 것처럼 생각되었다. 그리하여 욕망의 회로는 남성에서 여성으로, 그리고 여성에서 상품으로 흘러가게 되었다.13) 여성들이 보는 잡지는 특별히 '여성적인' 소비양식—멋지게 옷 입어내는 법, 집안 잘 꾸미는 법 등등—만을 강조했고, 심지어는 젊은 여성—소녀—들도 그들이 열심히 빠져드는 대중음악에 대해서도 생산자가 되기보다는 늘 수동적으로 지독히 열광하는 팬이 되거나, 폭주족 젊은이들의 오토바이 뒷자리에 매달려 있거나 순정만화의 독자가 될 뿐이라고 남성들에 의해 비방당해 왔다. 또 종종 자본주의 비판이 여성에 대한 여성혐오증적 태도를 표현하기 위한 알리바이로 제공된 것 또한 사실이다.

페미니즘 이론가들은 최근까지도 근대적 여성성의 구성에는 자본주의와 가부장제적인 이해관계가 체계적으로 수렴된다고 지적하며, 여성을 그들의 참된 정체성으로부터 소외시키는 이미지의 덫에 걸린 소비주의 이데올로기의 희생양으로 묘사했다. 패션, 화장품, 여성잡지를 비롯하여 소비문화의 뚜렷하게 여성화된 측면에서 얻어지는 쾌락은 모두 다 단순히 여성이 제도화된 가부장제적 통제 메커니즘에 의해 조작된다는 것을 보여주는 또 다른 징후로만 해석했다.14) 여성들이 좀 더 많은 억압과 차별들을 정치, 법, 직업의 장에서 파괴하면 할수록 '미의 신화'는 여성들의 의식과 일상생활을 통제하는 경향이 있다고 설명하는 나오미 울프의 분석들도 이런 틀과 그리 큰 거리가 있어 보이지는 않는다.

실제로 이 시기에 소비는 욕구가 체제의 내적 논리에 의해 개인들 속으로 유도된 기능, 즉 실제 체제 자체의 작용에 의해, 체제의 재생산 및 생존과정에 의해 요구된 생산력으로 정의되는 데까지 일반화된다.15)

13_ 리타 펠스키, 『근대성과 페미니즘』, 김영찬·심진경 옮김, 거름, 1998, 110-111쪽.
14_ 같은 책, 108쪽.
15_ 장 보드리야르, 『기호의 정치경제학 비판』, 이규현 옮김, 문학과 지성사, 1992, 82쪽.

그리고 생산력의 논리에 반하여 소비 욕구가 단순히 경제적 이해관계의 수동적 반영이 아니라 상대적으로 독립적인 다양한 문화적, 이데올로기적 요인에 의하여 형성되는 것이라는 인식이 확장되고 있고, 그중에서도 성별은 특히 가장 중요한 요인으로 부상하고 있다.[16]

실제로 여성들은 상품의 생산보다는 상품의 구매를 책임지고 있기 때문에 급변하는 패션과 생활양식에 개인적인 친밀감을 느끼게 되었다. 이 친밀감은 여성의 사사로운 요구, 욕망, 자아 인식 등이 공적인 상품의 표상과 그것이 약속하는 만족에 의해 매개되는데, 이것은 여성의 새로운 주관성의 형식을 형성하는 데 기여한다.

앞에서도 이야기했지만 스타일의 실천은 감수성의 해방이 외화된 것이다. 감수성의 ˙해방은 보기, 듣기, 만지기, 느끼기, 표현하기 등의 감각적 생성이 코드화된 의미, 단일한 재현체로부터 탈영토화하는, 어떤 고정된 틀을 벗어나기 위해 탈주선을 타는 방식으로 이루어져야 한다. 그러나 이 감성적 실천과는 그 대척 지점에 있는 실천으로서 유행을 따른다는 것은 무엇인가. 프로그램화된 모델들이 사람을 부드럽게 그 모델들에 동화시키는 것은 패션이 표현되는 한 가지 양상일 뿐이다. 그러나 유행은 한 가지를 전체화함으로써 개개인의 취향이나 기호(嗜好)의 삭제를 이미 그 안에 담고 있다. 뿐만 아니라 그 안에서는 역사적 맥락의 단절도 빈번하다. 올 여름 내내 유행했던 검은 민소매 원피스, 일명 '리틀 블랙 드레스'는 그때까지 치렁치렁한 고가의 드레스를 입어볼 수 없었던 비부르주아 여성들을 위해 1910년대에 선보였던 코코 샤넬의 작품이다. 이 옷이 처음 등장했던 때의 맥락은 바로 계급타파였던 것이다.

16_ 리타 펠스키, 앞의 책, 106쪽.

유행 안에서는 취향의 단절과 맥락의 사상이 예사이고 유행 복장 서로에 대한 시차적 관계만이 의미의 기준으로 작용한다.[17] 따라서 패션에 있어 감성적 실천의 하나는 유행을 따르지 않을 것임이다.

패션에 있어서 표현의 특이성은 우리에게 감성적 실천을 행할 수 있게 한다. 우리는 감각들과 더불어 그리고, 조각하고, 구성하고, 쓰고, "입는다". 우리는 감각들을 그려내고, 조각하고, 구성하고, 기술하고, "입어낸다".[18] 옷을 입는다는 행위는 이미 그것 자체로 비문자적 표현을, 감각의 횡단성을 실험하는 행위이다. 횡단성은 "한 풍경에 대한 여러 관점들을 단일화하지 않고도, 자신의 고유한 차원에 의거해 그 차원의 관점들이 서로 소통할 수 있겠끔 해주며, 이 횡단성의 차원에서 통일성과 전체성은 대상들이나 주체들을 단일화하거나 전체화하는 일 없이 그 자체만으로 정립된다."[19]

완성된 단계에 이른 패션은 사물들의 영역을 다양하게 함으로써 개인의 선택기회를 증가시킨다. 개인들이 스스로 정보를 숙지하게 하고 새로운 것들을 받아들이게 하며 주관적으로 선호하는 것들을 고르게 해주었다. 그리하여 각 개인은 영구적이고 결정을 내리는 중심이 되었고, 만화경 같은 상품들을 가로지르는 열려 있는 주체가 되었다[20]는 것이다. 그 주체가 육체의 감수성에 대한 욕망을 편재된 권력의 망에 투과하지 않고, 그대로 드러내는 행위가 바로 감각적 실천을 행하는 것이다.

17_ 장 보드리야르, 『기호의 정치경제학 비판』, 77-78쪽.
18_ 질 들뢰즈·펠릭 가타리, 『철학이란 무엇인가?』, 이정임·윤정임 옮김, 현대미학사, 1995, 237쪽. 여기서 큰 따옴표 안에 있는 "입는다", "입어낸다"는 인용자가 첨가한 것임을 밝혀둡니다.
19_ 질 들뢰즈, 『프루스트와 기호들』, 서동욱·이충민 옮김, 민음사, 1997, 260-261쪽.
20_ 질 리포베츠키, 앞의 책, 245쪽.

12

패션—욕망과 육체,
그리고 그 지배의 경로

오스카 와일드, 장폴 고드, 보들레르와 같은 댄디스트들에 의해 향유되었던 매니쉬 룩은 복고풍의 열기와 함께 93년 가장 커다란 유행 패션 테마로 재등장한다. 남성복의 이브닝에서 착상을 얻은 매니쉬 룩은 최고의 소재와 디자인, 액세서리 등 하이퀄리티를 지향하는 섬세한 패션테마이나 93년에는 로맨틱, 캐주얼, 클래식, 와일드 섹시룩 등으로 자유롭게 해석되어 표현될 전망이다. 시드룩을 표현하는 쉬폰 소재의 블라우스나 섬세하고 풍성한 레이스 장식의 블라우스 등에 여성의 향기가 담겨지고 남성적 실루엣의 팬츠 수트, 혹은 매니쉬 룩의 대표적 아이템인 베스트 등과 코디네이션되어 로맨틱 매니쉬 룩으로 완성된다. 여성적인 느낌의 대담한 액세서리와 코사지 등으로 악센트를 주는 센스 또한 훌륭하다.

나는 무너짐이 아닙니다. 또하나의 새로운 탄생입니다. 반항이라 불리기엔

전 너무 진지합니다. 솔직하게, 강하게,

나만의─안전지대

이 두 개의 짧은 글은 어느 여성잡지에서 인용한 것이다. 앞의 글은 디자이너의 소견이 전적으로 피력된 유행 모드에 관한 글이고, 뒤의 것은 의류 광고카피이다. 사실 이 두 글의 층위는 다르다. 그럼에도 불구하고 여기서 함께 인용한 것은 이것들이 담고 있는 내용이 모드에서의 양극의 전범을 보여준다고 생각했기 때문이다. 유행을 따른다는 의미에서 혹은 기존의 패션규범에 순응한다는 의미에서 '동일화', 유행과는 무관한 그리고 오히려 그 규범들에 역행하거나 반항한다는 의미에서 '반동일화' 양상을 보인다는 말이다.

오스카 와일드, 보들레르 등 지난 세기 서구 문학판의 '기행아'들을 등장시키면서 93년 최고의 유행 모드를 '확신'하는 앞의 글은 그 확신의 정도만큼이나 부르디외(Pierre Bourdieu)가 언급했던 "고급 의상에 대한 신뢰에 의거한 권력"을 발휘하고 있는 듯하다. 이 글은 엄청난 의상비 지출로 유명했던 낸시 레이건과 같은 퍼스트 레이디나 할리우드의 유명 여배우들의 이름과 함께 거명되는 크리스찬 디오르나 지방시, 이브 생 로랑 등과 같이 전세계 자본주의 패션시장(중국에서 열리는 패션쇼 장면을 텔레비전의 해외소식에서 바라보는 것처럼 이제 이 자본주의 패션시장이라는 말도 다소 부분적으로 적용되는 말이기는 하지만)을 주무르는 거물급 디자이너들과 연관되는 정치적, 문화적 권력의 요소요소를 연상시킨다. 안정된 어조, 그러면서도 매니쉬 룩에서 와일드 섹시룩으로까지 이어지는 화려한 어휘들의 종횡무진은 디자이너들이 의상에 쏟아붓고 있다고 공인되는 창의력만큼이나 그 행보가 자유롭다. 이런 어휘들은 패션세계의 화려함—물론 그것은 오스카 와일드 등이 지난 19세기 당시 '대륙'에서 보여준 탐미주의 등에 완전히 병치되는 이미지적인 것인데, 오히려 이렇게 이미지적이어서 그 효과가 상승하는 것이지만—을 사람들로 하여금 동경하게 만든다거나 디자이너들의 창의의 이데올로기를 믿게 하는 데에 있어 거의 완벽하게 기능한다. "혹은…베스트 등과 코디네이션되어…매니쉬 룩으로 완성된다"는 어구는 패션 규범에 순응하는 그러면서 최신의 유행을 지향하는 이런 패션을 그야말로 잘 지어진 고급 양복의 마무리에 사람들이 던지는 신뢰만큼이나 완성도 높게 격상시킨다. 뿐만 아니라 "…악센트를 주는 센스 또한 훌륭하다"고 옷을 입어내는 착용자에 대해서도 마지막으로 빠짐없이 부추겨 주는 능숙한 상인의 태도까지 겸비하고 있다.

그러나 최고라고 이야기되는 디자인의 옷이라면 또 최고의 디자이너라면 '값싸게' 아무에게나 이런 말을 건네지는 않을 것이다. 이제 이 글을 가로질러 보건대 가장 분명한 것은 이같이 패션 규범에 순응하는 양상의 패션에서는 계급분할이 명확하게 이루어지고 있다는 점이다. 물론 패션 규범에 순응하는 패션인가 아닌가를 구분하는 기준이 앞의 글에 대한 우리의 분석에서 나타났던 것처럼 가격이나 유행인 것은 아니다. 사소한 예로, 통상적으로 입는 의복에 따라 블루칼라나 화이트칼라로 구분되는 육체노동자와 정신노동자의 경우를 들어보자. 육체노동자가 블루칼라의 옷을, 정신노동자가 화이트칼라의 옷을 입었다는 것은 이미 패션 규범에 순응한 셈인데 이 때 그 규범의 기준은 결코 가격이나 유행은 아닌 것이다. 정확히 말하자면 패션에서 이 가격이나 유행을 관통해버리거나 압도하는 것은 결국 계급이다. 말하자면 고가의, 최신 유행의 의복을 착용하는 사람들에게는 적극적으로 혹은 상대를 의식하는 배타성을 가지고 그들만의 패션을 만들어내고 또 그 패션을 통해 다른 계급과 구별되는 '차별성'을 지키는 것이 언제나 중요하다는 것이다. 이 때 가격은 차별의 '논리적' 과정을 뒷받침하게 된다. 이제 이 차별성 유지의 결과로 베레를 쓰는 것과 중산모를 쓰는 것이 그 의미가 같지 않다는 것을 사람들은 '스스로' 알게 된다. 물론 이런 인식에 도달시키기 위해 그 과정에 지배체제의 나름대로의 운용법이 작동하는 것이다. 그리고 또 차별성에 의거해 정립된 이런 인식은 사람들로 하여금 그 착복의 규범을 따르도록 강요한다. 물론 이 강요가 가시적인 것은 아니되 그것은 제도로 활동한다. 패션을 통한 생산관계의 재생산이 지속적으로 보장되는 지점이다. 패션이 지배와 관련되는 것은 바로 이래서다.

이런 맥락에서 보면 패션에 있어 순응한다는 것은 어떤 집단에 고유하고 어떤 사람들을 다른 집단의 사람들과 구별하게 하는 바로 그 '차이의 기호'들을 나누어 갖는 것이라고 볼 수 있다. 여기서 물론 기호라는 용어를 썼지만 그것이 환원되는 지점은 '계급'일 수밖에 없는데, 사실 패션은 늘 한 사회에 있어 계급 및 그 갈등에 깊이 관련되어 있다. 대체로 비판적 시각에서 쓰여진 의복변천사나 패션에 관한 글들에서 이런 내용이 언급되는데, 그것을 총체적으로 거론한다면 다음과 같은 말로 요약할 수 있을 듯하다. "패션은 사람들이 스스로에게 개인으로서, 혹은 집단의 구성원으로서 정체성을 부여하는 한 방식이다."[1] 이 때 그 정체성을 드

1_ Stuart & Elizabeth Ewen, "The Ends Justify the Jeans," in *Channels of Desire: Mass Images*

러내 주는 변별적 요인들로 인해 계급구별이 이루어짐은 물론이다.

　유행 모드에 관해 말하고 있는 것이 앞의 글이라면, 뒤의 글은 더 이상 모드에 대해 말하지 않는다. 사실 문구의 끝에 달라붙은 '안전지대'라는 상표가 없이 이 카피만 보아서는 그것이 의류 광고임을 알아내는 것조차 거의 불가능해 보인다. 패션에 관해 이야기하는 것이 아니라 삶의 양식이랄까, 뭐 그런 것에 관해 이야기하고 있기 때문이다. 구체적으로는 '새로운 탄생'이라는 문구가 지시하듯 유행 모드와는 분명히 '변별'되는 '새로운 자아'에 대해 이야기하고 있다. 규범에서 벗어난, 그래서 혁신적이라고 불리는 패션들이 늘 그렇듯이 새롭고 자유롭고 진지하고 거리낌 없는 강한 '자아'를 말하고 있다. 우리가 여기서 알 수 있는 것은 동일화 양상을 보이는 패션보다는 이런 반동일화의 패션이 '개성'을 더욱 강조한다는 점이다. 물론 동일화 양상의 패션에서도 개성이 중시되기는 마찬가지이다. 그러나 같은 청바지라도 이태리의 빈민굴 출신인 그래서 아주 불우한 한 때를 보내야 했던 여배우 소피아 로렌이 "있는 자들이 없는 사람들을 모독했다"라는 의견을 표명했던 '찢은 청바지'라면 개성 표현이라는 말을 갖다 붙이기에는 분명히 미진한 구석이 있다. 찢은 청바지는 청바지이기는 하되 노동자 의복으로 출발한 그 기원으로부터 시작해서 68년 무렵의 저항의 패션으로까지 이어지던 그 의미 변천사, 그리고 부르주아 패션으로 편입되고 겪어야 했던 수많은 모드나 색깔의 변천사, 말하자면 정통 웨스턴 스타일—색깔로 보자면 블루진—로부터 우리가

and the Shaping of American Consciousness (New York: McGraw-Hill, 1982), p. 116; 스튜어트/엘리자베스 유웬, 「블루진/패션/자본주의」, 『문화/과학』 3호, 1993년 봄, 216쪽에서 재인용.

지금 시점에서 기억하는 한도(구체적으로는 필자의 젊은 시절) 내에서 스노우진, 스톤 위시, 다양한 칼라진들, 그리고 가장 최근의 더티진에 이르는 것과는 또 다른, 우리가 패션이라는 것에서 도저히 생각할 수 없었던 맥락에서 그녀/그의 가죽(살)의 어떤 부분이 드러나는지에 따라 패션이 다원화되는 그런 청바지이다. 그 의미는 개성이라는 범주로 수렴되지 않는 어떤 극단성을 가지고 있는 듯하다. 이런 맥락에서 우리는 이 반동 일화 패션에서의 '개성'을 차라리 '차이의 극대화'라는 말로 집약해볼 수 있다. 그러나 이때의 차이 혹은 차별성은 위의 순응의 패션이 보여주던 계급에 의한 차별성과는 분명히 다른 점이 있다. 우선 여기서 이 '차이'라는 것의 논리를 살펴볼 필요가 있다. 그것이 '차이'의 본질을 규명하기 때문이다.

가까운 예로 '서태지'의 모자, 그리고 가격표가 그대로 붙은 옷들을 이야기해보자. 그것들은 그것들이 의미하는 '차이'에 따라 '서태지와 아이들'에 의해 착용되었던 것이다. 여기서 그 차이란 것은 어떤 차이든지와 마찬가지로 대충 다음과 같은 효과를 생산하리라 예상되어 갈구되는 것이리라. 이러이러한 패션을 입게 되면 대체로 이런이런한 '차별성'을 가진 인간이 되리라는 예상. 그런데 이런 차별성의 효과로 가격표를 그대로 붙인 '서태지식' 의상을 걸친 청소년들이 도처에서 눈에 띄거나 거의 전국적으로 서태지가 즐겨 쓰던 모양의 모자를 가뿐히 머리에 얹은 갓난아이들로부터 어른까지 줄줄이 생산된다. 이 서태지식 패션의 다량 생산과 복제는 여전히 '서태지와 아이들'이 처음에 의도했던 그와 같은 차이에 따라 갈구되고 '소비'된 결과이다. 그런데 차이를 제 일의 개성으로 삼던 낱낱의 개체들이 이제는 '서태지식' 의상이나 모자의 복제로 그 어떤 차이도 상실한다. 즉 그것이 의미하는 차이에 따라 착용되었던 패션은 차이의 효과로 인해 대량복제됨으로써 그 차이가 무화된다. 이것이 바로 차이의 '모순'이다.

「개성화하는」 차이는 개인들을 서로 대립시키는 것이 아니라 어느 무한한 척도 위에서 서열화되며 또 모델들 속으로 수렴한다. 차이는 이 모델들에 입각해서 교묘하게 생산되고 재생산되는 것이다. 그러므로 자기와 타자를 구별하는 것은 바로 어느 한 모델과 일체가 되는 것, 어느 한 추상적 모델 및 어느 한 양식의 결합 형태에 근거해서 자기를 특징짓는 것이며, 따라서 바로 그러한 방법으로 실제적인 차이와 특이성을 포기하는 것이다…. 이것이야말로 차이화의 기적이며 비극이다.[2]

이제 차이는 진짜 차이가 아니다. 그 차이는 어떤 한 사람의 개인적 특징을 의미하는 것이 아니라, 반대로 코드에의 그의 복종, 가치들의 유동적 서열에의 통합을 나타내는 것이기 때문이다. 바로 차이에 의한 지배[3]가 가능해지는 지점이다.

차이의 지배는 위의 보드리야르도 지적하고 있듯이 구체적으로는 스타 시스템과 같은 제도를 통해 이루어지기도 한다. 단순하게는 착복과정으로 대변되는 패션에서의 소비과정에 인위적으로 그 수가 감소된 모델의 생산에 의해 지배된다고 말할 수 있는 측면이 분명히 생겨났다. 요사이 젊은층에 범람하는 서태지식 의상, 좀 더 범주화시켜 말한다면 랩스

2_ 쟝 보드리야르, 『소비의 사회』, 이상률 옮김, 문예출판사, 1991, 117-118쪽.
3_ 같은 책, 118-119쪽.

타일의 전범 모델은 '서태지와 아이들과 같은 식으로 말이다. 십자가형 목걸이나 귀걸이의 범람은 마돈나의 그것을 전범으로 하듯이 말이다. 따라서 사람들 간의 실제적 차이는 없어지고 개성과 생산물은 균질화된다. 그리고 더불어 체제는 인위적으로 그 수가 감소된 모델들을 통해 최대 자본의 논리를 구현한다. 더욱이 이렇게 상업이 집중되고 사람들이 혼잡하게 생활하는 이런 사회에서는 차이화를 요구하는 정도가 오히려 물적 생산력보다 빨리 증대하기도 하여 소비력에 의한 충층결정의 가상 '지점'[4]들이 생겨난다.

그러나 단순히 개성의 균질화나 스타시스템을 이야기한다고 해서 반동일화 패션에서 일어나는 '차이에 의한 지배'가 온전히 설명되는 것은 아니다. 좀 더 근본적인 이야기를 해야 할 필요가 있다. 일상적 행위인 착복행위에서 차이의 증대를 꾀하면 꾀할수록 그것은 없는 주체를 만들어가는 경로(과정)에 합치해 나가게 되는 것이다. 실제로 그리고 구체적으로 일정한 모델과의 일체를 꿈꾼다 해도 그것은 늘 상상적 관계에 불과하다. 결국은 베끼기의 대상인 그 모델이 원형인 가상적 주체의 '이미지'에 자신을 통합시켜 나가는 것이기 때문이다. 패션에서 이 '이미지'란 어찌 보면 아주 중요한 것이어서 주체의 역할을 대신할 정도이다. 그러나 이미지로써는 영원히 주체에 도달하지 못한다. 따라서 현실에서의 주체의 모순은 작동되지 않는다. 모순이 작동하지 않을 때 처음 반동일화의 의식으로 착복했던 의복은 가상적 주체를 욕망하는 자본주의적 장치로만 기능한다. 이제 그것은 시장자본주의의 논리를 극대화시킴으로써

4_ 최대의, 최신의 패션 중심지로 떠오른 '압구정' 같은 경우 그 가상 지점의 적절한 예인데, 여기에서 지점이란 지리적 위치를 일컫기보다는 오히려 물적 현실성, 구체성을 가르킨다.

처음의 그 착복의도와는 오히려 정반대로 자본주의 전체제에 순응하는 결과를 가져온다.

그리고 이미지로써 주체에 도달하려 할 때, 그 이미지가 변형된 주체의 모습은 언제나 자아분열적이고 다양한 복제의 모습이다. 중요한 것은 이런 분열된, 복제된 다양한 형태의 주체는 소비자본주의가 필요로 하는 이상적 주체라는 점이다. 왜냐하면 이런 주체는 자기가 원하는 모습이 이것이라고 생각하는 순간, 곧 그것이 아니라고 느끼는 듯(이런 인식조차 불확실하므로)도 하여 또 다른 것으로 관심을 옮겨가는, 즉 모든 욕망을 다 섭렵하면서도 동시에 일체의 욕망에 만족하지 못하는 존재이기 때문이다. 이런 주체가 바로 자본주의가 필요로 하는 존재임을 더 이상 부언할 필요도 없다. 이런 경로를 통해 이제 비로소 우리는 정식으로 반동일화 패션에서 '차이에 의한 지배가 가능해졌다고 말할 수 있는 것이다.

앞서 동일화 패션에서도 차이(혹은 차별성)에 의한 지배가 가능하다고 하였는데, 그 때 그 지배의 경로는 상당히 명약관화하게 보였고 또 그 회로는 비교적 직선에 가까워 판별하기가 쉬웠다. 베레를 쓰는 것과 중산모를 쓰는 것의 차이가 지시하는 의미는 의복 착용이라는 개인적 일을 '랑그'처럼 사회화된 것으로 환원시켰기 때문이다. 그러나 반동일화 패션에서 착복의 행위는 견고하게도 그리고 당연하다는 듯이 '파롤'의 입장을 견지하는 듯 보여 착복자 개인의 범주를 결코 벗어나지 않는 것처럼 보였다. 따라서 여기에서는 패션이 지배와 연결되는 지점을 찾기가 그리 용이하지 않았다. 거기에서 지배의 경로는 중첩되어 있기도 하였고 보다는 은폐된 부분이 대부분이기 때문이다. 그리고 실제로 그 '차이'의 증대란 것도, 역시 개성이라는 이름을 내걸었던 앞의 동일화 패션에서와 같이 반드시 사회계층 상하간의 거리의 증대를 의미하는 것도 아니었다. 그것은 '차이'라는 의미와는 전혀 상반되게도 그리고 거의 아이러니하게도 차이표시기호의 감소경향을 의미했다. 따라서 이 반동일화 패션에서는 동일화 패션에서와는 달리 균질화와 상대적인 민주화가 진행되는 것처럼 보인다.5)

그러나 결과는 그와는 정반대로, 즉 패션에서의 부정과 이탈의 행위는 역설적이게도 균질화와는 상반되는 사회적 불평등을 끊임없이 창출하는 자본주의체제를 더욱 심화시키는 것으로 귀결되고 만다. 그 귀결 여부는 자본주의가 심화될수록 더욱 예외가 없어지는 것 같다. 사실 말이지 60년대 말이나 70년대 초의 청바지나 통기타, 장발에 이르기까지 반동일화 패션 내부에는 분명히 저항의 내역들이 담겨져 있었다. 그러나 반패션이라는 이름으로 그때의 그것들과 비견할 수 있는 90년대 초반의 서태지 등의 복장은 외견상의 일탈일 뿐 최대 자본의 논리를 구현하고 있는 셈이다. 이것은 끼어들 만한 객담인데, 언젠가 텔레비전에서 서태지와 아이들의 '스타일리스트'가 하는 이야기를 들은 적이 있었다. 스타일리스트란 의상뿐 아니라 머리에서 발끝, 아니 여기서는 인간 신체의 뒷부분(예를 들면 서태지가 춤추고 노래하면서 등을 돌렸을 때 거기에 장난감이나 가격표가 달린 배낭이 메어져 있었던 경우를 상정해서)까지도 다 꾸며주는 포괄적 의미의 디자이너라는데, '서태지와 아이들의 스타일리스트가 되기 이전의 어려움을 토로하고 있었다. 자신이 하는 일을 서태지류 가수들의 매니저가 되는 사람들에게 아무리 설명해 줘도 선뜻 자신을 채용해 주지 않더라는 것이다. 그러나 서태지의 매니저에 의해서는

5_ 장 보드리야르, 앞의 책, 79쪽.

전격 기용이 되었고, 말하자면 그 스타일리스트는 성공한 캐리어 우먼으로 텔레비전의 '여성' 프로에 나온 셈이었던 것이다. 나로서는 그녀의 설명만 듣고도 선뜻 그녀를 기용한 매니저의 선견지명이 놀라왔다.

그러나 그것은 선견지명이라기보다는 자본주의 시장 판도를 읽어내는 그 매니저의 능력이었던 셈인데, 패션에만 국한시켜 놓고 보더라도 서태지식 의상이 몰고온 자본의 여세는 굉장한 것이었다. 그것은 기존의 패션 시장을 부분적으로는 허물면서 나름의 새로운 시장형성 효과도 수반할 정도였다. 왜냐하면 '서태지식' 복장은 통상의 랩스타일이 그렇듯이 기존의 허접 쓰레기 같은 것을 재조직하는 방식으로 구성되는데, 이것이 다분히 기존 시장이 보유한 재고를 처리하는 역할을 했기 때문이다. 창고에 쌓여 있던 헐값의 티셔츠나 그 위에 덧입는 조끼류, 간단한 반바지들, 모자, 잡다한 액세서리 등 결코 비싸지 않은 의류들이 청소년층에서부터 2-30대의 젊은층에까지 광범위하게 확산되었다. 이런 랩스타일의 범람은 실제로 만원 미만의 돈으로 스타들과 같은 '멋진' 의복 구입을 가능하게 하였다. 반동일화 패션의 이런 점은 말하자면 동일화 패션이 가지고 있는 계급분할선을 사상한 듯이 보여 앞서도 말했듯이 여기서는 균질화와 상대적인 민주화가 진행되는 것처럼 보인다.

더불어 최근의 반동일화 패션에서 남녀스타일의 구분이 사라진 점 역시 이런 인식에 일조한다. 부르주아 계급의 성장과 함께 상대적으로 위축된 귀족계급의 복장이 가졌던 극단적 계급의 발현인 호사스러움 대신 산업사회의 새로운 복장 규범으로 나타난 이 성별에 의한 복장의 차별화는 패션 규범으로 등장한 이래 수세기 동안 지속되어 왔던 정석화된 규범이다. 따라서 이 반동일화의 패션에서 남녀구분의 규범 이탈은 그 자체로 성차별의 소거로 보인다. 왜냐하면 여성은 보다 여성답게, 남성은 가진 힘의 표현을 위해 보다 남성답게, 그리고 더욱 편중되게는 남성에게 아름답게 보이기 위해 여성은 아름답게만 표현되어야 했던 그런 규범이었기 때문이다. 따라서 반동일화 패션은 체제에 반항하는 듯이 보인다. 그러나 엄밀하게 따져보면 그것은 패션 체계 내에서 통용되는 패션 규범을 거스르는 것일 뿐이다. 그리하여 그것은 결국 셔츠의 앞 칼라에서 리본 장식을 떼느냐, 마느냐의 문제이고, 남녀 모두 균일하게 통바지를 입느냐 마느냐의 문제일 뿐이다. 반동일화 패션 내부에는 이처럼 민주화의 결과로 착각하게끔 만드는 요인들이 작동하고 있다. 실제로 이런 요인들은 복합적으로 작용하여 반동일화 패션의 막강한 자본연계력을 은폐하는 효과를 생산한다.

물론 차이의 복제라는 문제틀에서 벗어나 반동일화 패션을 다시 바라볼 필요는 있다. 예를 들어 서태지와 아이들이 그런 식의 반동일화 복장을 처음 착용했을 때, 그것의 의미는 기존의 자기규정 방식 파괴와 관련을 맺고 있었기 때문이다. 요즈음 일종의 통제 내지는 관리로서의 패션이 가장 잘 드러나는 곳인 남성 회사원의 복장과 비교해 보면 그 반동일화 패션이 여타의 기존 틀거리와 대척하는 방식이 비교적 잘 드러난다. 자본주의적 실현이 가장 선명하게 보이는 남성 회사원의 복장에서 우리는 정석화된 주체형성의 행정과정을 본다. 몇 해 전부터인가 더운 여름철에도 긴 소매의 흰 와이셔츠가 '성공'의 신사 패션에서는 정석화된 느낌이다. 이 긴 소매의 흰 셔츠는 에어컨이 장착된, 여름철에도 한 치의 창문을 열 수 없게끔 구조지어진 근대적 빌딩을 연상시키고, 뒤이어 그

안의 넓은 사무실, 일렬로 늘어선 사무용 책상들, 파일에 담긴, 혹은 디스켓에 정리된 여러 기안서들을 차례로 떠오르게 한다. 이렇게 순서를 지어 떠오르는 경로들이 바로 이런 신사 패션이 지시하는 주체—정석화된 체제 속에서 대학 교육을 받고 엘리트로서 살아가는—의 형성과정 자체이다.

텔레비전의 <성공시대>에 나오는 젊은 회사원들을 보자. 그들은 하나같이 웃저고리를 벗고 긴 소매의 흰 와이셔츠 차림으로—'성공'의 차림으로—등장하는데, 그 모습은 그 자체로 열심히 일하는 근면의 이미지를 주면서 그들이 자본주의 사회에서 가지는 위치—마치 대기업의 정돈된 일렬의 사무용 책상 앞 같은 식으로—를 지정해 준다. 게다가 화면에 비치는 흰 셔츠의 군단은 하나같이 자신감에 가득 차있다. 대학 졸업, 대기업의 엘리트 사원, 일벌레 같은 느낌을 주는 근면성, 한결같은 자신감, 이런 것들이 동일화 패션에서의 신사 패션을 착용하는 주체형성의 행정과정일 듯싶다. 그러나 여기서 무엇보다도 주목해야 할 점은 그 주체들은 좁은 의미의 지배계급으로 이해되는 것이 아니라, 부르주아 질서에 자발적으로 스스로를 복(從)속시키는 주체6)라는 점이다. 그래서 성공의 신사 패션을 착용하는 이런 주체들은 상대적으로 이런 제도에 편입되지 못한 주체들로 하여금 구조의 모순이 아니라 자신의 무능력으로 인해 거기에 편입되지 못했다고 인식하게끔 만든다.

이와 같은 신사 패션과는 달리 우리가 언급하고자 하는 반동일화 패션은 다른 지반 위에 있는 패션이다. 반동일화 패션을 착용하는 사람들

6_ 볼프강 프리츠 하우크, 「이데올로기적 가치와 상품미학」, 미술비평연구회 엮음, 『상품미학과 문화이론』, 눈빛, 1992, 67쪽.

은 위의 동일화 패션을 따르는 사람들과는 분명히 다른 사고방식, 다른 라이프스타일로 살아가기 때문이다. 그래서 이들에게는 신사 패션이나 동일화 패션이 규정하는 기존의 제도에 편입된다든가 되지 않는다든가 하는 문제는 그리 중요하지 않다. 실제로 이런 다른 사고방식, 새로운 삶의 양식——이 경우 이 새로운 삶의 양식은 대부분 소비주의 생활양식과 관련된 것이다——들은 위의 동일화 패션을 입고 살아가는 주체들과는 다른 형태의 주체를 만들어낸다. 이 글의 서두에 나왔던 "나는 무너짐이 아닙니다. 또하나의 새로운 탄생입니다…"로 요약되는 반동일화 패션과 같은 것이 형상화해내는 주체가 바로 그런 유형이다. 여기서는 기존의 사회가 가진 자기동일성이 깨지고, 그 구성원들은 지배 블록이 만들어내는 게임에서 일단 벗어나 있다. 따라서 이 이탈의 정치적 의미는 억압에 대한 저항이며 전일적 지배의 전횡을 차단하는 지점이 될 수도 있다는 것이다. 대안문화 혹은 대항문화의 가능성이 이야기되는 이유이기도 하다. 앞에서도 말했듯이 이 이탈은 기존의 자기규정 방식 파괴로부터 연원하는 것인데, 그것이 패션의 장에서 나타날 때 어떤 이탈보다도 가시적 형태로 나타나게 마련이다. 이렇게 가장 가시적으로 나타난다는 특성 때문에 그것은 현재에 와서는 자본주의 상품문화와 만날 수밖에 없다. 그 때 반동일화 패션의 반체제 효과는 사상된다.

패션에서의 반동일화 태도가 적극적으로 체제를 인정하는 것으로 귀결되고 마는 것은 그것이 생산관계를 재생산함으로써 더욱 그렇다. 『교육과 계급재생산』——이 책은 노동자계급의 자녀가 반동일화의 과정을 거치면서 또다시 노동자계급으로 귀속되는 과정을 현장기술지적 방법에 의거해 밝혀놓은 책인데——의 한 장에서 보자.

교사에 대한 저항과 '얌전이'들에 대한 우월감을 스스로 확인케 해주는 요소 중에 가장 눈에 띄고 개성화되며 즉각적으로 인지되는 것으로서의 옷은 '사나이'들에게 매우 중요하다…. (그들의) 첫번째 신호는 옷과 머리모양에서의 급작스런 변화이다. 이러한 또 다른 형태의 의복의 특별한 유형은 외부의 영향, 특히 청년문화의 광범위한 상징체계내의 패션 경향에 의해 결정된다. 이에 따라 길게 잘 가꾸어진 머리 모양을 하고 플랫폼 타입의 신발, 반코트나 데님, 자켓 아래 받쳐입은 넓은 칼라의 셔츠, 거기다가 꼭 통이 넓은 바지 등을 즐겨 입게 되는 것이다. 이들의 옷의 형태가 어떻든 간에, 그것은 절대로 교복이 아니며, 넥타이(교복을 강요할 수 없을 경우 많은 교장들이 차선책으로 선택하는 것)를 매는 일도 거의 없다…. 제도적인 복장을 구성하는 것에 대한 아주 전형적인 관념이 있는데, 예를 들어 스파이크는 칼라의 모양을 설명하면서 '꼭 선생님같구나'라고 말한다.7)

이 예는 특히 동일화 복장이라 지칭되는 교복, 넥타이, 교사의 전형적 복장이 의미하는 지배체제에 대항하는 반동일화 복장의 착용에 대해 이야기하고 있다. 여기서 '사나이'들로 지칭되는 노동자계급 자녀들은 학교에서 이미 '스스로' 반문화를 만들어 나간다. 흔히 자본주의 체제에 의해 공급되어 노동자계급 그 나름의 목적에 따라 다양하게 수용되는 세 가지 주요한 소비품들—즉, 옷, 담배, 술—이 만들어 내는 어떤 상징적 언설8) 속에서 이런 반문화의 형성이 부분적으로 구체화된다. 이 세 가지 상품 중 학교라는 현장에서 뒤의 두 가지가 보다 은폐되어 나타나는 것이라면

7_ 폴 윌리스, 『교육과 계급재생산—노동자자녀들이 노동자가 되기까지』, 김찬호 옮김, 민맥, 1989, 41쪽.
8_ 같은 책, 40-41쪽.

패션은 분명하게 가시적이어서 반동일화 양상의 대표적 패턴으로 간주된다. 이런 반동일화의 과정을 거치면서 노동자의 자녀는 다시 그들의 부모와 똑같은 노동자가 되는 생산관계를 재생산한다.

그런데 여기서 우리가 주목해야 할 점은 패션을 통한 그 계급관계의 재생산이 자발적으로 이루어진다는 점이다. 위의 현장기술지적 연구의 예에서처럼 그들은 공을 들여 신발, 셔츠, 바지, 웃옷 등등을 선택하고, 또한 자신을 꾸미는 데 많은 시간을 투여한다. '패션'이라는 어휘의 어원이 '창조한다'라는 의미에 맞닿아 있는 것처럼, 여기서 패션은 자신을 생산해내는 과정이다. 여기서는 '얌전이'로 지칭되는 동일화 주체와는 다르게 '사나이'는 자기가 원한 것을 다 함으로써 기꺼이 노동자가 된다. 말하자면 기꺼이 이 구조 속의 한 성원으로 자기 스스로를 생산해낸다. 이런 주체형태의 생산을 통해 결국 반동일화 패션은 그것이 처음 의도했던 것과는 정반대로 모순된 지배구조를 지속적으로 재생산하는 데 기여하게 되는 것이다.

동일화 패션이나, 그와는 상반되는 반동일화 패션 모두 그 지배의 경로가 비교적 단순하다거나 복잡하다는 정도의 차이를 제외하고는 궁극적으로 지배의 문제에 관련되어 있음을 본 셈인데, 이로써 우리는 패션이라는 옷 입는 행위 속에 전에 착안했던 것과는 다른 방향에서 그것이 궁극적으로 지배의 문제와 결부되어 있다는 점을 알게 된 셈이기도 하다.

그러나 문제가 이렇다고 해서 옷을 입지 않고 살아갈 수는 없다. 가장 중요한 것은 실제로 옷을 벗어내는 행위—이건 은유적이고 가상적인 표현이긴 하나 분명한 목표를 갖고 있는 것이기는 하다—가 진정으로 체제를 벗어내는 행위가 되어야 한다는 점이다. 그리고 그 탈의의 행위 뒤에 오는 착복의 행위는 보다 세부적이고 미시적으로 억압과 해방의 변증법이 강고하게 투쟁하는 행위가 되어야 한다는 것이다. 여기에는 동시에 감성적 실천도 병치되어야 한다.